Hartwig Kalverkämper
Wissenschaft als Berufung

ZeitZeugnis.

Vitale Historiographien aus den Geistes-, Sozial- und Kulturwissenschaften

Hrsg. v. Hartwig Kalverkämper

Band 1

Hartwig Kalverkämper

Wissenschaft als Berufung

Frank & Timme
Verlag für wissenschaftliche Literatur

Umschlagabbildung: *Borghese Palace, Rome* (1831) von William Miller (1796–1882) nach einer Zeichnung Samuel Prouts (1783–1852).

ISBN 978-3-7329-0195-1
ISSN 2365-2403

Herstellung durch Frank & Timme GmbH,
Wittelsbacherstraße 27a, 10707 Berlin.
Printed in Germany.
Gedruckt auf säurefreiem, alterungsbeständigem Papier.

www.frank-timme.de

Meiner Mutter

in Liebe und Dankbarkeit

gewidmet

Inhaltsverzeichnis

Persönliche Erinnerungsorte – eine Initiative für die Wissenschaftsgeschichte

Eine Gesellschaft, die nur nach vorn, in ihre Zukunft hineinstrebt, verliert sich. Dort ist nichts gesichert, nichts klar, nichts logisch, nichts konsequent, nichts mit Sicherheit prognostizierbar. Aber wir bewegen uns alle mit kosmischer Sicherheit in die Zukunft: Sie ist die kommende Gegenwart aller, und so bauen an ihr die je Einzelnen mit ihren individuellen Taten, Entscheidungen, Meinungen, Lebensformen, Denkweisen. Die prognostische ‚spätere Wirklichkeit' ist die gegenwärtig weitergerechnete Gegenwart, Zukunft ist die vorweggedachte Gegenwart, der Gedankenentwurf auf der Basis des Jetzt, die Erwartung aus empfundener oder erlebter Wirklichkeit, der Traum als Folie – vielleicht als Kontrastentwurf – zur Gegenwart.

Dies seinerseits beginnt oder entsteht allerdings auch nicht aus der stets flüchtigen Gegenwart, sondern haben ihre Verwurzelungen, sind verankert, erwachsen aus Erlebtem, Gelerntem, Gewusstem, aus Bildungskenntnissen, aus Erziehungsweisen, aus eigenen Einbettungen in Traditionen und erzählter wie erlebter Geschichte – kurzum: sie erwachsen aus der Lebensgeschichte, aus der Vergangenheit: und zwar natürlich der eigenen wie auch, wer wollte das leugnen (für die aktuelle Moderne) angesichts der Geschehnisse im 20. Jahrhundert, der gemeinschaftlichen Vergangenheit, die eben Dimensionen des Volkes oder der Nation, sogar kontinentale (wie „Europa") und sphärische (wie „der Westen") bis hin zu globalen (wie zum Umweltschutz, zu den Menschenrechten, zum Weltkulturerbe u.a.) Reichweiten umfasst.

Diese Dimensionen nehmen ihren Brennpunkt, wenn Bewegung des Einzelnen auf ein kommendes fernes Ziel in der Flüchtigkeit des Jetzt erfahrbar wird durch einen Blick zurück, um die gemeisterte Strecke zu erfassen ... worin dann dem Zukünftigen schon etwas Kontur – zeitliche, räumliche, ereignishafte – abgewonnen wird. Das folgende Bild, ein Photo[1], illustriert diese gleichsam dialektische Einheit als Zeicheneinheit, zerlegbar in seine semiotischen Komponenten: die *semantische* (‚Bedeutung': Rückblick auf dem Weg in die noch unbekannte Zukunft), die *syntaktische* (‚Verbindung'[2] in den Zeiten, in den getrennten Örtlichkeiten, in den Seinszuständen), die *textuelle* (‚Kohärenz': Bewegung als Ablauf, ein Zusammenhang des Weges von einem Vorher über ein Jetzt zu einem Nachher, Begrenzung – ‚Delimitation' – durch einen Beginn und ein individuelles Ende), sogar in die *kulturelle* Komponente (wie Umfeldbedingungen, Gegebenheiten, Identität). Das Bild kann diese Verdichtung auf seine künstlerische Weise demonstrieren und so auch noch die *ästhetische* Komponente (wie Schwarz-weiß-Wahl, Anordung, Schärfe-Unschärfe-Relation, Nähe-Ferne-Bezug, Bildformat) in den Fokus rücken:[3]

Die geistesgeschichtliche Denktradition hat zu diesen Zusammenhängen ihrerseits ebenfalls einschlägige Überlegungen vorgestellt. Hier darf das berühmte Dictum des Frühscholastikers Bernard von Chartres (*Bernardus Carnotensis*, † um 1130), das uns als Metapher aus dem *Metalogicum* (1159) des Angelsachsen Johannes von Salisbury († 1180), Bischof von Chartres, überliefert ist, eine eigenständig kompakte Weise

1 Ich behalte die etymologische Schreibung zu griech. φάος *pháos*, attisch zusammengezogen als φῶς *phōs*, Genitiv φωτός *phōtós* (‚Licht', ‚Helligkeit') im Deutschen bei.

2 Im etymologischen Sinne der ‚Zusammenbindung' (griech. συν-τάττειν *syn-táttein* ‚zusammen-stellen', ‚ordnen').

3 *http://www.photoline-berlin.de/images/slider/slide6.jpg* [Mai 2015].

des Erfassens für sich beanspruchen: *Nani gigantium humeris insidentes – ‚Wir [modernen Zeitgenossen] sind [wie] Zwerge, die auf den Schultern von Riesen sitzen'* … mit der besonderen, dadurch entstandenen Qualität, eben weiter sehen zu können als der Riese unter uns. Das Epigramm bietet eine sehr sympathische Formel einer bewussten Bescheidenheit der Gegenwart gegenüber dem gewaltigen Bildungserbe, das die Vorfahren uns erarbeitet und zum Gebrauch hinterlassen haben; es relativiert damit auch das Können der jeweiligen Gegenwart, eben als etwas, das nur aus der Tradition des Wissens, der Weitergabe an Kenntnissen, Fertigkeiten, Bildung von Generation zu Generation überhaupt kreativ möglich ist und seine zur aktuellen Zeit dem Menschen dienenden Funktionen ausüben kann; und die Formel verweist auch in die Zukunft, indem der Anspruch der ‚modernen' Jetztzeit gesehen wird als der Baustein für die kommende Zukunft, in die zu blicken man sich bemüht. So vermittelt dieser Ausspruch aus dem Mittelalter auch für die heutige Zeit neben seiner bildungsdidaktischen und der relativierend aufklärerischen Dimension auch eine gegenwärtig-appellative, nämlich, indem wir auf dem respektvoll anzuerkennenden riesenhaften Wissensfundus der Vorfahren sitzen, verantwortungsbewusst in die Zukunft hinein gestalten zu sollen.

Dieses Gedankenmodell der Untrennbarkeit von Gegenwart, Vergangenheit und Zukunft des Einzelnen als Glied einer Gemeinschaft, die ihrerseits ebenfalls zwingend diesen drei Zeitstufen unterworfen ist, muss eigentlich dazu aufrufen, die **Vergangenheit** als erlebten Raum und erfahrene Zeitspanne so zu im Gedächtnis zu halten und sie kognitiv zu pflegen, dass sie in der **Gegenwart** als Weg in eine prosperierende **Zukunft** – dem alten Menschheitstraum – nutzbar sind und ihren Wert in die kommende Zeit hinein entfalten können.

Memoria – das Gedächtnis, im Griechischen μνήμη *mnḗmē*[4], erfährt so eine hohe, ja grundlegende Reputation, und die

4 ‚Gedächtnis', ‚Erinnerung', ‚Andenken', ‚Erwähnung'. – Im Spätgriechischen und da eher in einem vorwiegend poetischen Verständnis μνημοσύνη *mnēmosýnē* ‚Erinnerung'.

Gesellschaften praktizieren sie ja seit alters her: in Mythen und Erzählungen, in historisch bezogenen Aufzeichnungen, in einer tradierten Kultur des Feierns und Gedenkens, in Bibliotheken, Museen und anderen Sammlungen des Vergangenen, in aufbereitenden wissenschaftlichen Untersuchungen, in Umsetzungen als Theater oder Film und anderen modernen Formen medialer Narration. ‚Memorialkultur', ‚Erinnerungsorte', ‚kollektives Gedächtnis'[5] – das sind aktuelle Begriffe, mit denen die *Spannbreite* aus der Vergangenheit in die Gegenwart und für die Zukunft gefasst wird, darin aber auch die *Spannung* als eine Art Belastung und konstruktiver Widerstreit (bis hin zu Kontroversen und gesellschaftlicher Zerrissenheit) spiegeln, was ihrerseits dabei das *Spannende* für den gemeinsamen Weg in die Zukunft ausmacht.[6]

Die Diskussionen hierzu, der Dialog zwischen den beteiligten Gruppen und auch den nicht direkt Betroffenen, bewegen sich, gerade nach den weltweiten Erfahrungen des Zweiten Weltkriegs und seiner globalen Folgen, vorzugsweise auf den Themengebieten von Architektur und Städtebau, von ideellen Werten und ihrem Fortbestand und ihrer Pflege, von Unrecht und Buße, von Identität und ihrer kritischen Prüfung, von Selbstortung und einem für die Zukunft angestrebten Platz in der Völkergemeinschaft. Das sind Themen, die sich vornehmlich soziologisch, politologisch, kulturell und kunstgeschichtlich bestimmen.

5 Begrifflich differenzierte Alternativen noch: ‚nationales', ‚soziales', ‚kulturelles Gedächtnis'; vgl. auch als affine Begriffe ‚öffentliche Inszenierung', ‚kulturelle Identität'.

6 Als übergeordnete Antipode zum ‚Erinnern' steht das ‚Vergessen' (bzw. als erlernte Prozesse: die Mnemotechnik und die Vergessenskunst). Deren Dialektik scheint in praktisch allen Diskussionen um die Memorialkultur auf. Der Gesamtrahmen dieser auch gesellschaftlichen Einfluss bewirkenden Diskussionen nach dem Zweiten Weltkrieg ist die Kulturanthropologie. Wichtige Vertreter sind hierzu z.B. Aleida Assmann (z.B. 1999) oder Jan Assmann (z.B. 1992) oder Harald Weinrich ([3]2005).

Die allgemeine gesellschaftliche Disposition scheint dafür sehr gut aufnahmebereit zu sein: Wir können in den Informationsangeboten der Medien, in den Sachbuch-Publikationen, in den Themen öffentlicher Vortragsreihen, in den Aktivitäten von Verbänden und Institutionen wahrnehmen: Es gibt inzwischen – das war nach dem Zweiten Weltkrieg nicht immer so – breitenwirksam ein grundsätzliches Interesse an einer historischen Verankerung der Jetztzeit, eine fundierte Bereitschaft, erklärungsstarke Brücken zu schlagen in die Umstände der Vergangenheit, ein offensichtliches Anliegen, prinzipiell die historischen Prozesse in der Gegenwart mit einzubeziehen und die aktuellen Gegebenheiten aus ihren Vorläufergeschehnissen heraus zu verstehen und zu erklären.

Die wichtige und das gemeinschaftliche Können einer Gesellschaft ebenfalls wirkmächtig ausweisende Komponente der **Wissenschaften** kommt nur vereinzelt vor, dabei selbstkritisch und für die historische Selbstachtung aufarbeitend, folglich auch wieder eher soziologisch perspektiviert.

Da gerade bei den Wissenschaften die Leistungen eher an das Vermögen der Einzelnen gebunden sind, gerade dort ja auch die Einzelleistungen besonders prämiert werden, selbst wenn sie in Teams und Forschungsgruppen erarbeitet wurden, dürfte auch der Spannungsbogen von der Gegenwart in die Vergangenheit hinein mit Blick auf die Zukunft eher als die gesammelte Erfahrung des jeweils Einzelnen ausgelegt sein. Was der oder die einzelne WissenschaftlerIn erlebt, geleistet, geschaffen und weitergegeben hat, konfiguriert sich möglicherweise erst später als eine großräumige Einheit, so wie wir es für die Vergangenheit als Ordnungshilfen des wissenschaftlichen Fortschritts schon praktizieren mit Begriffen wie ‚Strukturalismus' oder ‚Rezeptionsforschung' oder ‚Theorie und Praxis des kommunikativen Unterrichts', sogar mit entsprechenden Wegmarken, für die sich der englische Ausdruck *turn* leider durchzusetzen scheint, so dass wir von einem *linguistic turn* (‚Linguistische Wende'), einem *cultural turn* (‚Wende zur Kultur-Dimension hin'), einem *pragmatic turn* (‚Wende zur

Pragmatik'), einem *iconic turn* (,Ikonische Wende', ,Hinwendung zu einer Wissenschaft der Bilder, der Visualisierung'), einem *spacial turn* (,Topologische Wende' mit dem ,Raum' als Zentralkonzept), einem *rhetorical turn* (,Wiederzuwendung zur Rhetorik') und anderen Wendepunkten, jeweils mit ungefähren Zeitpunkt-Angaben, im gemeinschaftlichen wissenschaftlichen Forschungsvorgehen und Themenbesetzen sprechen. Hierzu hatte sich seit dem bekannten Buch *The Structure of Scientific Revolutions* (Chicago 1962, ^{2}erw. 1970) des US-amerikanischen Wissenschaftstheoretikers Thomas S. Kuhn (1922–1966) auch der Begriff des ,Paradigmenwechsels' in den Vordergrund gebracht, um den es, wohl wegen seiner Apodiktik und auch seiner Begrenztheit auf die Naturwissenschaften, inzwischen zugunsten des Wende-Bildes (*turn*) eher still geworden ist.

Solche Kollektivsichten bieten Einblicke in Trends, Überblicke über die Fachgeschichte, Ausblicke auf mögliche Entwicklungen. Die Bausteine solcher geistigen Bewegungen entstehen aber aus den Entwicklungen der **Einzelnen** in ihrem Denken, Forschen, Handeln, Lehren, Publizieren und Wirken als Wissenschaftler in ihrer Zeit mit deren Interessen und Bedarfslagen. Diese Motoren für das übergeordnete Ganze oder zumindest Teilganze sollten eine Möglichkeit erhalten, ihren Erfahrungsschatz und ihre Sicht auf das Geschehene so zu artikulieren, dass daraus Gewinn für die Zukunft gezogen werden kann, als Rat, als Perspektive, als Impuls.

Für diese Artikulationsweise gibt es bislang keinen Ort angemessener und verbleibender Präsenz und vielsichtiger, breit perspektivierter Gestaltung.

Es liegt in der Natur des Anliegens, hier nicht auf die forschende Jugend, auf die NachwuchswissenschaftlerInnen, auf die noch aktiv im universitären Lehrbetrieb Tätigen zu schauen. Die vielmehr hier Geeigneten sind jene, die im Rückblick die Gegenwart intellektuell markieren können, um von dorther Geeignetes für die Zukunft aufweisen zu wollen, im Sinne eines Hinweisens aus der Kompetenz eines langen Forscherlebens heraus, mit kritischem Bewusstsein für die gegenwärtige Lage ihres Faches, ihrer Disziplin, der Wissenschaft, der Bildung, der intellektuellen Disposition in der Gesellschaft.

Vor diesem Hintergrund

ist die Idee entstanden, dass gestandene Wissenschaftlerinnen und Wissenschaftler – insbesondere der Geistes-, Sozial- und Kulturwissenschaften – einen publikatorischen Ort angeboten bekommen, auf dem sie ihre Sichtweise, ihren Erfahrungsschatz an Erlebtem, ihre Bewertung der sich wandelnden Bildungssituationen, ihre Einschätzungen und gern auch ihre Hinweise, Impulse, Ideen der Verbesserung aus dem langjährigen Fundus ihres Wissenschaftlerlebens formulieren können. Gefragt sind die persönlichen Erinnerungsorte – vorzugsweise im weiten Bereich der Wissenschaft(en) –, aus denen die Leserschaft Erkenntnisgewinn, Nutzen und Anregungen für die eigenen Fragen und Überlegungen gewinnen können.

Finden sich im Laufe der Zeit immer mehr solcher persönlichen Erinnerungsorte mit Ausstrahlungskraft in einer Reihe zusammen, geben sie gemeinschaftlich wachsendes Zeugnis ab über die wechselnden Zeiten, wie sie sich im wissenschaftlichen Leben und im Leben der Wissenschaften offenbaren. So will der Name der Reihe –

Zeit**Z**eugnis –

ebendiesen Anspruch signalisieren, an dem alle mitbauen können, indem sie ihren individuellen Beitrag als Band der Reihe bieten. Und die Reihe ihrerseits dokumentiert dann in ihren je einzelnen Bänden wie auch in ihrer wachsenden Gesamtheit ein historisches und zugleich aktuelles

Zeit**Z**eugnis.

Die neue Reihe soll sich mit einem semantisch angemessenen Signet ausweisen, das

(a) die **Konstanz** des Bestehenden wie auch der Entwicklung bei aller **Varianz** der beteiligten Komponenten symbolisiert, das

(b) die Dialektik zwischen **Natur** und **Kultur** spiegelt, das

(c) die Gemeinschaft von ‚Gewesen, Sein und Werden' – **Vergangenheit**, **Gegenwart** und **Zukunft** – vermittelt, das schließlich

(d) die wichtigsten Elemente aus historischem Wissen (spätestens seit Aristoteles [384–322 v.Chr.]), nämlich Erde oder Stein und Wasser – beide *die* zentralen Elemente („Essenzen") des menschlichen irdischen Seins (neben Luft und Feuer [7]) – repräsentiert.

Die Überlegungen, die auch FENSTER-Motive oder TÜREN oder auch das Motiv TREPPEN als durchaus möglicherweise passend einschlossen, um den Bogen zwischen *Vergangenheit* über die *Gegenwart* mit Blick in die *Zukunft* zu spannen, haben schließlich das Motiv des **BRUNNEN**s wählen lassen. Es vermittelt mit hohem metaphorischen Gehalt evident die semantische Spannung zwischen starrem, vor Zeiten gebautem Artefakt des Menschen und vitalem, gegenwärtigen Wasser aus der Natur; und es lässt seine kulturmythologische Bedeutung als Einstieg in eine andere, neue Welt – Höhle, Hölle, *Frau Holle*, wie es die Märchen (so auch der *Froschkönig*) erzählen[8] – wirken.

So sind in diesem Motiv ‚Brunnen' alle intendierten Bestandteile vereint, um gesamtheitlich – als Brunnen – einen pro-

---

7 Als fünftes, die „Quint_essenz" (lat. *quinta essentia*), die allen anderen zugrundeliegt und außerhalb der Erde, zwischen den Gestirnen, vorhanden ist als (hypothetisch) masselose, nicht veränderliche, ewige Substanz: der Äther (griech. αἰθήρ *aithḗr* ‚der [blaue] Himmel', ‚obere Luftschicht', ‚heiterer Himmel').

8 Vgl. die literarische Motiv- und Themenforschung oder auch die Kunstgeschichte (Jungbrunnen-Motiv, z.B. von Lucas Cranach d.Ä. von 1546 [Gemäldegalerie Berlin]; Unsterblichkeitswunsch); die Psychoanalyse hat hierzu einschlägige Interpretationen des (sexuellen, geburtlich-vaginalen) Symbolgehalts vorgelegt (bei Carl Gustav Jung: als ein Mutter-Archetyp).

grammatischen Anspruch der **beabsichtigten Ziele der neuen Reihe** ZeitZeugnis zu repräsentieren:

- Sie soll das je aktuell Bestehende als einen Stand-Punkt von Entwicklungen aufzeigen, dabei berücksichtigen, wie stark die Natur der Menschen und seine Regeln und Normen – was wir gemeinschaftlich gesehen als ‚Kultur' fassen – Einfluss nehmen; darin wäre sie dann in der Tat ein Zeit-Zeugnis;
- sie soll weiterhin die individuellen Erfahrungen im Bereich der Geistes-, Sozial- und Kulturwissenschaften – ihrer Forschung, Lehre, Verwaltung, Bildungsentwicklung, Politik, gesellschaftlichen Einbettung usw. – vorstellen;
- sie soll gern offen sein für individuelle Wahl der Darstellung: als kritisch, analysierend, narrativ, prosaisch, dialogisch, essayistisch, kommentierend usw. Da die Persönlichkeit und ihre Sicht, die Authentizität des Erlebten und nun Mitgeteilten im Vordergrund stehen, ist auch die Wahl der Textsorte an die Entscheidung der Autorin, des Autors geknüpft: Ob als Dialog oder Interview, ob als Bericht, als Erzählung, als Bilanz und Abrechnung oder als was auch immer – die gewählte Form dient mit dazu, im Laufe des Aufbaus der Reihe eine Vielfalt zu präsentieren, deren Art vielleicht einmal ihrerseits Rückschlüsse ziehen lassen kann, und sei es generell auf die Textsorten des Erinnerns, auf die textuellen Formen der Erinnerungskultur ab der zweiten Dekade des 21. Jahrhunderts;
- sie soll in den drei genannten machtvollen Wissenschaftskulturen als Zeit-Zeugnis eine spezifische Wirkung ausüben: die Kraft des Erreichten soll Einfluss nehmen auf die Gestaltung der gegenwärtigen Entwicklungen; diese Wirkungsmacht wird erreicht, wenn möglichst viele sich daran beteiligen.
- dem eigenen Anspruch als ZeitZeugnis entsprechend, repräsentiert auch die formale Ausstattung die persönlich-dokumentierende Grundhaltung: Prinzipiell soll – im Rah-

men eigener Akzeptanz – angestrebt sein, den Bänden ein Frontispiz, gern mit Unterschrift, voranzustellen und ein vollständiges Schriftenverzeichnis der Autorin, des Autors abrundend beizugeben.

Berlin, im Mai 2015
Hartwig Kalverkämper

Photo: Hiltrud Spelz (Essen)

Vorwort

Der vorliegende Band eröffnet eine neue Reihe –

ZeitZeugnis. *Vitale Historiographien aus den Geistes-, Sozial- und Kulturwissenschaften* –

mit der Einladung, dass sich weitere WissenschaftlerInnen, Gelehrte, Intellektuelle, Persönlichkeiten mit Bildungswissen zu Wort melden, um in einem je eigenen Band ihre persönliche Sicht, ihr Erleben der öffentlichen und privaten Umstände während ihres Berufslebens im Bereich der Geistes-, Sozial- und Kulturwissenschaften darzustellen. Ziel dieser Initiative soll es sein, ein gemeinschaftliches Gedächtnis aus verschiedenen Perspektiven zu erarbeiten, das den Folgegenerationen einen authentisch-persönlichen Einblick in die historischen Kräfte, Bedingungen, Gegebenheiten ihres dann eigenen Standes im Entwicklungslauf zu bieten.

In den Geistes-, Sozial- und Kulturwissenschaften soll ein solcher Blick zurück aus den je eigenen Erfahrungen und in persönlich-authentischer Sicht nunmehr ebenfalls für eine breite öffentliche Wahrnehmung möglich werden. Mit der Zeit werden wir so gemeinsam eine Erinnerungskultur aufbauen, deren Bausteine – die einzelnen Bände dieser Reihe – eine Basis für die Einschätzungen der kommenden Generationen in den Wissenschaften bilden: seien diese wertenden Sichtweisen bezogen auf die Gegebenheiten und Belange der (dann historischen) Gesellschaft, auf den wissenschaftlichen Stand, auf die beruflich-praktischen Bedingungen, auf die Umstände der Lehre, auf die Situation und den Habitus der Studierenden, oder worauf auch immer (das werden dann die Beiträge der Bände mit ihren Themen bestimmen).

Ich habe für dieses Buch den Titel *Wissenschaft als Berufung* gewählt. Er formuliert, analog zu Max Webers schönem und auch nach hundert Jahren noch beherzigenswertem Vortrag

Wissenschaft als Beruf (1917)[9], eine beschreibende Grundhaltung als gelebtes Programm, als Lebenseinstellung. Diesem Programm fühle ich mich verbunden, und indem man in diesem Bereich ‚Wissenschaft' Verantwortung durch Forschung und Lehre erarbeitet und gegenüber den Studierenden und der Wissenschaftsgemeinschaft übernommen hat, sehe ich mich diesem Programm auch verpflichtet. Wissenschaft ist Berufung, indem man gleichsam „spürt" – und möglicherweise andere (in meinem Fall mein „erster" Professor, Wolfgang Rothe) dies einem als Einschätzung sagen[10] –, dass man im wissenschaftlichen Arbeiten, in der Lehre und Forschung, sich wohlfühlt, Glück empfindet und somit etwas leistet und weitergibt. Diese Qualitäten gehen eigentlich über das hinaus, was ‚Beruf' ausmacht; ‚Berufung' vermittelt sich dynamisch, als appellativ, intentional, dialogisch, aktiv, auch verbunden mit Erwartungshaltung und vielleicht sogar gebunden an Anspruch – an sich selbst und von außen. Und genau dies ist es, was Weber als ‚Leidenschaft'[11] bezeichnet, man kann

---

9 Der deutsche Soziologe und Kulturwissenschaftler Max WEBER (1864–1920) hat den wirkungsmächtigen Vortrag am 7. November 1917 in München gehalten. In erweiterter Fassung wurde er 1919 veröffentlicht; heutzutage z.B. als Separatum bei Reclam (Stuttgart 1995). Es gibt noch einen parallelen Vortrag, *Politik als Beruf*, am 28. Januar 1919 in München gehalten und gedacht als Weiterführung des erstgenannten. Auch dieser Vortrag, ebenfalls veröffentlicht 1919 (als Separatum bei Reclam, Stuttgart 1992), gilt heute als Klassiker der Disziplin. Beide Texte gibt es auch online.

10 Mit seinem entschiedenen Rat während meines Studiums, ich solle mein angestrebtes Ziel ‚Gymnasiallehrer' zugunsten einer Universitätslaufbahn verändern, hat mir Wolfgang Rothe die Weichen meines studentischen und beruflichen Lebens gestellt. Ich bin ihm dafür sehr dankbar. Vgl. unten S. 142.

11 „Nur durch strenge Spezialisierung kann der wissenschaftliche Arbeiter tatsächlich das Vollgefühl, einmal und vielleicht nie wieder im Leben, sich zu eigen machen: hier habe ich etwas geleistet, was *dauern* wird. Eine wirklich endgültige und tüchtige Leistung ist heute stets: eine spezialistische Leistung. Und wer also nicht die Fähigkeit besitzt, sich einmal sozusagen Scheuklappen anzuziehen und sich hineinzusteigern in die Vorstellung, dass das Schicksal seiner Seele davon abhängt: ob er diese, gerade diese Konjektur an dieser Stelle dieser Handschrift richtig macht, der bleibe der Wissenschaft nur ja fern. Niemals wird er in sich das durchmachen, was man das »Erlebnis« der Wissenschaft nennen kann. Ohne diesen seltsamen, von jedem Draußenstehenden belächelten Rausch, diese Leidenschaft, dieses: »Jahrtausende

auch ‚Hingabe' wählen, noch intensiver sogar ‚Liebe' zu dem, was man erkennen wollend lehrend verfolgt – jedenfalls eine Haltung, die, wie Weber beschreibt, an Irrationalität reicht, von anderen kaum verstanden wird, auch einsam macht, aber höchste eigene Zufriedenheit schafft, die die Beziehung von sich selbst zum Erkenntnisgegenstand, zur erforschten Sache ausmacht und sich eben nicht narzisstisch, nicht egoistisch auslebt. Das ist möglicherweise schon etwas Vertracktes, und eigentlich können es nur diejenigen verstehen, die einem liebend nahestehen oder selbst in dieser Zunft sich beheimatet fühlen – also irgendwie Seelenverwandte …

Ich gestatte mir, genau hier anknüpfend, noch eine Danksagung, die sich an zwei mir wichtige Menschen richtet und zu dem <Rückblick aus der Gegenwart heraus> in zwei mir zentralen Bereichen bestens passen:

Im persönlich-privaten Bereich
widme ich dieses Buch dankbar und freudig meiner 91jährigen Mutter Ingetrud Kalverkämper (geb. 27. Febr. 1924), die, in bester Rüstigkeit bei Körper und Geist, mir im Gespräch über das geplante neue Reihen-Projekt die geistige Affinität zu Conrad Ferdinand Meyers *Der römische Brunnen* (1882) nahegelegt hat. Ihr, die stets auf Sprache höchsten Wert gelegt und mir ebendiese Sensibilität auch weitervermittelt hat, zu Ehren habe ich ihren schönen Gedanken aufgegriffen und das Bildfeld und den metaphorischen Gehalt des *Römischen Brunnen* für mein Buch hier als Abbildung und, mir noch wichtiger, als dessen Strukturgebung mit vier „Schalen" (S. 31, 1.–4.) gewählt.

Im wissenschaftlich-akademischen Bereich
denke ich mit hoher Verehrung und intensivem Gefühl an meinen großartigen Lehrer Prof. Dr. Drs. h.c. Harald Weinrich. Seine Wirkung auf mich und auf meine Forschungsarbeiten

mussten vergehen, ehe du ins Leben tratest, und andere Jahrtausende warten schweigend«: – darauf, ob dir diese Konjektur gelingt, hat einer den Beruf zur Wissenschaft *nicht* und tue etwas anderes. Denn nichts ist für den Menschen als Menschen etwas wert, was er nicht mit *Leidenschaft* tun *kann*."

empfinde ich dankbar als bereichernd und tief.[12] In diesem Jahr der Publikation des ersten Bandes von ***ZeitZeugnis***, 2015, wird Harald Weinrich am 24. September 88 Jahre alt. Ich gratuliere ihm von Herzen und wünsche ihm Gesundheit, Glück und Schaffensfreude.

Berlin, im Mai 2015 Hartwig Kalverkämper

12 Vgl. unten S. 145.

Hinführung

Auf dem sorgfältig geordneten Schreibtisch meiner Mutter liegt ein Büchlein, hübsch gebundene blanco-Seiten zum eigenen Beschreiben. Darin sammelt sie seit vielen Jahren Gedichte, die ihr gefallen und prinzipielle Aussagen vermitteln. Als ehemalige Lehrerin hat sie da etwas Grundsätzliches verinnerlicht, nämlich das ordnende Sammeln und die gezielte **Weitergabe**, wie sie gerade der Lyrik eignet. Seien es Fertigkeiten der Hand, seien es Formen der liebenden, sozialen Hinwendung zum Mitmenschen, seien es Inhalte des Wissens – die **Weitergabe** ist das Prinzip, das, bis in die Vererbungsbiologie hinein, die Gesellschaft zusammenhält und ihr Prosperität und Glück schenkt, als Können, als Bildung, als Mentalität, als Gemeinschaft, als kulturelle Identität. Von einem zum nächsten, von diesem zum Folgenden – darin steckt das konkrete Bild des Fortschritts, lateinisch genauso: *progressus*[13].

Den Grund dieser Bewegung hat schon Aristoteles (384–322 v.Chr.) erkannt und somit eine anthropologische Erkenntnis formuliert: πάντες ἄνθρωποι τοῦ εἰδέναι ὀρέγονται φύσει *pántes ánthrōpoi tū eidénai orégontai phýsei* ‚Es steckt in der Natur des Menschen, dass er nach Wissen strebt.'[14]

---

13 *Prōgressus* ist abgeleitet von dem Deponens *prōgredī* ‚vorwärtsschreiten', ‚fortschreiten', ‚weitergehen', von *gradī* ‚gehen', ‚Schritte machen', ‚schreiten' Alternativ, aber ebenfalls von diesem Verb abgeleitet, das Substantiv *prōgressio* ‚das Fortschreiten', ‚der Fortgang', ‚Fortschritt', ‚Zunahme', ‚Wachstum', ‚Steigerung'. Vgl. auch *gradus* ‚Schritt'.
Im Griechischen analog zu dem Verb βαίνειν *baínein* ‚schreiten', ‚gehen' das spezifisch gerichtete (πρό *pró* ‚voran', ‚vor') προβαίνειν *probaínein* ‚fortschreiten', ‚vorwärts gehen', ‚sich entwickeln', ‚Fortschritte machen'. Ableitungsverb für ‚Fortschritt' im Altgriechischen, προκοπή *prokopḗ*, ist προκόπτειν *prokóptein* ‚(durch Schlagen) vorwärts bewegen', ‚weiter bringen', ‚fördern', ‚Fortschritte machen', das wieder als direktiv (πρό) zu κόπτειν *kóptein* ‚schlagen' gehört. –
Das Bildfeld des Raumes, die Idee des Anstiegs, die Bedeutung der Verbesserung sind also schon in der Antike konzeptbestimmend vorhanden.

14 Aristoteles, *Metaphysik* [τὰ μετὰ τὰ φυσικά *ta meta ta physiká*] I 1, 980a 21 (d.h. gleich zu Beginn des Werkes wie programmatisch).

Das andere Fundamentale des Menschen, das ihn als ζῷον πολιτικόν *zṓon politikón* auszeichnet und seine Chance als ‚Gemeinschaftswesen‘ global so unschlagbar hat werden lassen, hat ebenfalls Aristoteles erkannt und definitorisch erfasst:[15] λόγον δὲ μόνον ἄνθρωπος ἔχει τῶν ζώων *lógon dè mónon ánthrōpos échei tōn zṓōn* – der Mensch als „das einzige Lebewesen, das Sprache hat“, als ζῷον λόγον ἔχον *zṓōn lógon échon* – als ‚sprach- und vernunftbegabtes Lebewesen‘[16].

Die Sprache – die ja stets eingebettet in ein Handeln funktioniert[17] – wird von einer Generation zur nächsten weitergegeben, und in all ihren Veränderungen im Laufe der Zeiten ist sie gleichsam der Prototyp lebensbegleitender Weitergabe an Fertigkeit, an Wissen, an Lebensgut in der Gemeinschaft, was wir letztlich ‚Kultur‘ nennen.

‚Weitergabe‘ lebt aber auch noch in einem anderen Begriff, dem der **Tradition**, erst recht dann, wenn man ihn etymologisch nimmt. Das *trans-dare*[18], das Hinüber-Geben, ist eine Weiter-Gabe, und zwar mit der besonderen Qualität, in Rückbindung in die Vergangenheit gepflegt zu sein in der Ge-

---

15 Aristoteles, *Politik* [Πολιτικά *Politiká*] I 2 [1253a]; III 6.

16 Das deshalb auch mit Hilfe des λόγος *lógos* Regulative und Ordnungsformen der Gemeinschaft hat ausbauen können, nämlich <‚gut‘ und ‚schlecht‘>, <‚gerecht‘ und ‚ungerecht‘> (*Politik* 1253a 7–18).

17 Erst die 1960er Jahre haben in der Linguistik die Pragmatik „entdecken“ lassen, wobei auf Wilhelm von Humboldt (1767–1835) oder Karl Bühler (1879–1963) oder, sprachphilosophisch, auf Ludwig Wittgenstein (1889–1951) als Wegbereiter kaum Bezug genommen wurde, stattdessen die angloamerikanische Forschung sich dafür geltend macht (John L. Austin, John R. Searle, Paul Grice u.a.). Letztlich aber finden sich diese Überlegungen des Zusammenhangs von λόγος *lógos* (‚Rede/Text über einen Gegenstand/Sachverhalt/Handlungszusammenhang‘) und πρᾶγμα *prãgma* (‚Sache‘, ‚Ding‘, ‚Sachverhalt‘) bereits bei Aristoteles (wobei er πρᾶγμα *prãgma* terminologisch nicht verwendet, wohl aber den dynamischen Begriff πρᾶξις *prãxis* einsetzt; vgl. die beiden Lemmata bei Höffe [Hrsg.] 2005) und zudem bei der ganzheitlich philosophierenden Stoa.

18 Morphologisch transparente Auseinanderziehung von lat. *trādĕre* ‚übergeben‘, ‚weiterreichen‘, ‚anvertrauen‘, ‚überlassen‘, mit dem Partizip *traditus*, vgl. auch die Verbalableitung *traditio* ‚Überlieferung‘. Die Basis ist natürlich *dare* ‚geben‘, dessen Partizip wir ja in ‚Datum‘ – ‚das zeitlich Gegebene‘ – kennen.

genwart als ein orientierendes Vermächtnis für die Zukunft. Diese Spannbreite gilt es, ernst zu nehmen, denn niemand lebt in und von der Gegenwart allein. Uns umgeben Zeugen der Vergangenheit, und unsere Hoffnungen, Erwartungen, Ziele liegen stets in der Zukunft. Man mag dies im jeweiligen Fall materiell verstehen, ideell, werte-orientiert, wissens- und bildungsbezogen, erzieherisch – immer handelt es sich um ein Geben und Empfangen, um Weitergabe als dialogischer Akt, um Prozesse des Austausches, um Dialog als Dialektik, um kulturelles Wirken.[19]

Die **Poesie** kann diese Bestimmungen einfangen und – im wahrsten Sinne – verdichten. Conrad Ferdinand Meyer (1825–1898), der Schweizer Dichter des Realismus, hat im Motiv des Brunnens das Geben und Nehmen als weiterführenden Dialog metaphorisch gesehen und dabei speziell den Stufenbrunnen mit seinen nach oben sich im Umfang verkleinernden Schalen im Blick gehabt. Auf seiner Italienreise 1858 sah er im Park der Villa Borghese[20] in Rom den Brunnen *Fontana dei cavalli marini*, der mit seinem kunstvollen Wasserspiel ihn zu einem

---

19 Max Weber spricht in *Wissenschaft als Beruf* davon, dass diese Art Fort-Schritt durch Intellektualisierung (lat. *intellegĕre* bedeutet ja ‚einsehen'!) und handwerkliche Perfektionierung, wie sie sich in der Weitergabe ergeben, letztlich ein Weg ist, der zur „Entzauberung der Welt" führt.

20 Die Villa nahe der Porta del Popolo in Rom wurde ab 1613 für Kardinal Scipione Caffarelli-Borghese (1577–1633) mit weiten Parkanlagen (ca. 5 km^2) im Stil der Renaissance und des frühen Barock errichtet. Scipione Borghese begründete als Kunstmäzen in der Villa die berühmte Gemäldesammlung *Galleria Borghese*. URL: http://upload.wikimedia.org/wikipedia/commons/0/07/GalleriaBorghese_modified.jpg [Mai 2015].

Fassade der Villa Borghese (Rom), Galleria Borghese

Gedicht *Der römische Brunnen* inspirierte (1860) und ihn in den Folgejahren mit insgesamt sieben Versionen immer wieder in seinen Bann schlug. Diese Varianten in mehr als zwanzig Jahren thematisieren dichterisch die Örtlichkeit, die Geschehnisse, die Höreindrücke oder, mit der letzten, der siebten Fassung (1882), die vom Auge wahrgenommenen Abläufe. In unserem Kulturkreis gilt das Auge als Einstieg in die Seele, und so wird es nicht verwundern, dass diese Letztversion auch die berühmteste, die meistzitierte geworden ist. Sie gehört auch zu jenen Lieblingsgedichten meiner Mutter, und so gestatte ich mir, das Gedicht hier zum ästhetischen Verweilen und zur geistigen Vergegenwärtigung von Geben und Nehmen sowie zum Genuss der bedeutungsvollen Spannweite von der Vergangenheit über die Gegenwart in die Zukunft hinein wiederzugeben.

Aufsteigt der Strahl und fallend gießt
Er voll der Marmorschale Rund,
Die, sich verschleiernd, überfließt
In einer zweiten Schale Grund;
Die zweite gibt, sie wird zu reich,
Der dritten wallend ihre Flut,
Und jede nimmt und gibt zugleich
Und strömt und ruht.

Der in diesem Real- oder Dinggedicht besungene Brunnen (1882) findet sich bis heute an seinem dortigen Platz, wenngleich die Fontäne bei weitem nicht mehr imposant gen Himmel zischt, sondern nur noch einen bescheidenen Stumpf der Wassersäule bietet, der auch das Weitergeben verlangsamt und den ganzheitlichen Eindruck deutlich gemütlicher ins Plätschern hinein stimmt, als es das Gedicht in seinem mitreißend dichten, grandiosen Schwung leistet. Ein Photo aus der Jetztzeit[21] belegt diesen Eindruck der Bescheidenheit, ja Entkräftung, im sonnendurchfluteten Park der Villa Borghese.

21 *http://de.wikipedia.org/wiki/Der_r%C3%B6mische_Brunnen#/media/File:Fontana_villa_borghese.JPG*

Dagegen habe ich für das Brunnen-Motiv des Umschlags die künstlerisch wiedergegebene Situation aus der Zeit des Gedichts gewählt: nämlich den Stich *Borghese Palace, Rome* (1831) des schottischen Kupferstechers William Miller (1796–1882) nach einer Zeichnung des britischen Aquarellmalers Samuel Prout (1783–1852). Ich stelle ihn noch einmal ohne die Grundfarbe des Umschlags als normalen Druck vor:[22]

22 *http://commons.wikimedia.org/wiki/Category:Fontana_dei_Cavalli_marini?uselang=de#/media/File:Borghese_Palace_Rome_engraving_by_William_Miller_after_S_Prout.jpg*

Hier bietet sich für den Betrachter die Metaphorik des wasserlebendigen Brunnens in der ganzheitlichen Topographie des Ensembles von Garten und Villa: mit den künstlerischen Konstellationen, den Blickachsen und Eckgestaltungen, mit der Harmonie von Natur, Gartenkunst und Architektur, und schließlich mit dem majestätisch hochschießenden Brunnen im Bildzentrum des Mittelgrunds. Gerade er spielt hier eine erklärende Rolle für das Gedicht, als Zeitzeugnis der Erlebnisdichte um 1831 (Bild-Entstehung) und 1858 (C.F. Meyer sieht diesen Brunnen zum ersten Mal und setzt sein inneres Erleben poetisch in einer ersten Version um).

Wir sollten einige **Qualitäten** als generelle Aussagen aus der Darstellung ableiten:

(a) Die einzelne – zentrale – Auffälligkeit (Brunnen) ist kontextuell eingebettet (hier: in die Landschaft);

(b) Artefakten des Menschen in ihrer Aktualität und in ihrer Vergänglichkeit (Brunnen, Herme, Villa, historische bzw. antike Bruchstücke, gleichsam zeitenüberdauernd, im Vordergrund links und rechts) einerseits, und die wuchernde, üppige mediterrane Natur auf allen Höhenebenen bis in die Gipfel, umrahmend und dominierend, aber vergänglich und nur aktuell, hier: wohl im Sommer, geltend;

(c) Gegenwart wird gelebt und erfahren (es laufen zwei Spaziergänger im linken Vordergrund), aber sie wird in demonstrativen und optisch auffälligen Bezug gebracht zur Vergangenheit (die antike oder antikisierende Herme links);

(d) die Gegenwart ist zugleich sicherer Bestand (Architektur, Gartenschmuck) und dynamisch-flüchtige Veränderung (Wasserstrahl und Wasserkunst, die Natur).

Ein Brunnen schenkt, so dürfte sich gezeigt haben, ein kraftvoll aussagendes Bildfeld für die Belange des Lebens, insbesondere wenn sie dialektisch angelegt sind, sich aber dabei ergänzen und ein harmonisches Ganzes bilden.

Zum besagten Leben gehört für die wissenschaftlich Tätigen auch die Wissenschaft, die Disziplin, in der sie arbeiten, die Forschung, die sie beseelt und beflügelt, die intellektuelle Herausforderung, die sie anreizt.

Aus dieser komplexen Metaphorik heraus möchte ich mich nunmehr dem **Anliegen des vorliegenden Buches** zuwenden, nämlich das wissenschaftliche Leben von 45 Jahren in einigen Facetten zu betrachten und mich über gegenwärtige Positionen der Ausbildung und des Forschungsbetriebs kritisch äußern. Um zu einer strukturierten Vorgehensweise zu gelangen, nehme ich die Metaphorik gern auf und setze mit Bezug auf die gerade vorgestellten Aussagequalitäten des gewählten Brunnenbildes von 1831 vier Aussagelinien fest:

(a‘) Die Einbettung meines jeweils fokussierten Themas in seinen historischen und aktuellen Zusammenhang;

(b‘) Entscheidungen von Menschen sollen auf ihren gesellschaftlichen Bleibewert bzw. ihre Ephemerität hin kritisch benannt werden, soweit ich dies beurteilen kann;

(c‘) Ereignisse sollen, wenn sie hier dargestellt werden, in ihrem jeweiligen systematischen Bezug und mit Blick auf ihre geistige Relevanz für die Gesellschaft besprochen sein;

(d‘) der Zusammenhalt von Bestand und Flüchtigkeit zeigt sich in den Wissenschaften sehr deutlich in der Relation von Theorie und Praxis, wobei klar sein sollte, wie eng und gegenseitig abhängig die beiden Seinsweisen menschlicher Erkenntnis, Kenntnis, von Wissen und Bildung sind.

Dementsprechend möchte ich meine Gedanken unter den folgenden vier großräumigen Aspekten vorstellen:

(a“) **1. Wissenschaft als historische Kette je gegenwärtiger Forschungsleistungen.**

(b“) **2. Bildung und Ausbildung als universitäre und gesellschaftliche Aufgabe.**

(c“) **3. Gespräch über Disziplinen und Interdisziplinarität, Lehre und Wissen.**

(d“) **4. Wissenschaft und Lebenspraxis.**

Ich habe mich entschlossen, zu den vielen und unterschiedlichen Aspekten eher eine auf der Erfahrung gründende diskursive Darlegungsart zu wählen, also die Textsorte des Dialogs, wobei dieser eher dem Interview-Stil angenähert ist und doch ausführliche Antworten zulässt. Meine Gesprächspartnerin ist Andrea Möwius, langjährige Mitarbeiterin am Lehrstuhl.[23]

Im Einzelnen thematisiert unser Gespräch folgende inhaltlichen Fragen und Anregungen zu den genannten vier Großbereichen:

23 Andrea Möwius hat die Universität im Jahr 2009 nach 15 Jahren der Zusammenarbeit, davon 10 Jahre als Sekretärin und mit den wissenschaftlich-publikatorischen Aufgaben des Lehrstuhls eng vertraute und bestens redaktionell wirkende Mitarbeiterin verlassen, um eine Stelle als Gymnasiallehrerin für Französisch und Latein in Berlin anzutreten. Für ihren geleisteten vorbildlichen Einsatz bin ich ihr sehr dankbar.

Andrea Möwius im Gespräch mit Hartwig Kalverkämper, vor einem Ausschnitt der Renaissance-Abteilung seiner Bibliothek

Photo Berlin, Juli 2010

Dialog

über

Wissenschaft – Bildung – Disziplinen – Leben

maxima pulchritudo humanae naturae
consistit in splendore scientiae

Die größte Schönheit der menschlichen Natur
besteht in dem Glanz der Wissenschaft

ZITAT:

Santo Tommaso d'Aquino (um 1225–1274), Pariser Schüler (1245–1248) und Mitarbeiter in Köln (1248–1252) des Hl. Albertus Magnus (um 1200–1280), beide Domenikaner (gegründet als Bettelorden 1215), beide Universalgelehrte und Hauptvertreter der Scholastik des Mittelalters, beide neuartig als katholische Aristoteliker, beide seit dem 20. Jahrhundert im Rang des Ehrentitels eines Kirchenlehrers (lat. *doctor ecclesiae*, ital. *dottore della Chiesa*).

Thomas Aquinas / Thomas de Aquino:
Quaestiones disputatae De malo, q. 4 a. 2 arg. 17.
[q.=*quaestio*; a.=*articulus*; arg.=*argumentum*]
Text [ed. 1953] online: *http://www.corpusthomisticum.org/qdm04.html*

1. Wissenschaft als historische Kette je gegenwärtiger Forschungsleistungen

Andrea Möwius:

1.1. *Auf die Frage nach dem Beruf antworten Sie ‚Wissenschaftler'. Was zeichnet diesen Berufsstand aus oder macht ihn markant in der Gesellschaft, erst recht in einer Gesellschaft im Wandel?*

Hartwig Kalverkämper:

☐ Seit dem Altertum gibt es neben dem alltäglichen Tun und Handeln, das sich eher am praktischen Nutzen, am erfolgreichen Ergebnis, an der Befriedung der Lebensbedürfnisse, an der prinzipiellen Zufriedenheit im Lebensablauf mit anderen Menschen orientiert, auch noch eine Weise der Reflexion über das Handeln, der Suche nach Gesetzmäßigkeiten, des Erstellens von Regeln, also der Abstraktion. Praxis und Theorie gehören als menschliche Handlungsweise und Denkform zusammen, sie bedingen einander und bauen ein Wissenspotential auf, das seit Menschengedenken in Generationen vererbt wurde und wird. Die geistige Handhabung solcher Schätze ist Verpflichtung der jeweils sie innehabenden Generation.

Wissen ist ein Geschenk der Gemeinschaft an den einzelnen, und dieser hat die Verpflichtung, es kreativ zu verwenden – die Bibel (Matthäus 5, 14–16) thematisiert ebendiese eigens, indem sie auffordert, „du sollst dein Licht nicht unter den Scheffel stellen". Fortschritt, Erkenntnisgewinn ist zuerst einmal in das Wollen und Können eines Einzelnen gestellt, aber er schafft diese Aufgaben nur als Glied in der Weitergabe – lat. *trans-dare* –, in Tradition, sei es bewusst, als Student, als Lehrender, sei es relativ unbewusst und „natürlich", nämlich als Eltern und Großeltern mit der verantwortungsbewussten Sorge um die Bildung des Nachwuchses.

Darüber hinaus gibt es Menschen, die sich um ebenjene allgemeinen Gesetze, um das Finden von breit, sogar allgemein, vielleicht auch universal Gültigem bemühen, die ihr Handeln und Denken wiederum in solche Strukturen und Ordnungen eingliedern und dadurch eine Materie genauer, spezieller, intimer erfassen und kennen: sie haben das fachliche, theoriegeleitete Wissen.

Für die Wissenschaften gilt, spätestens mit dem ἐπιστήμη *epistḗmē*-Begriff des Aristoteles[24] begründet, die geistige In-Zucht-Nahme, das kriterienbestimmte Denken, das Suchen nach und Finden von Strukturen und deren höheren Organisationsformen, dem System bzw. den Systemen. Spätestens seit dem Strukturalismus im ersten Drittel des 20. Jahrhunderts hatte der Begriff des ‚Systems' Konjunktur, und letztlich half er ja auch, den Zusammenhalt und die gegenseitigen Beziehungen (‚Relationen') des Einzelnen im Verbund, der Teile

---

24 Griech. ἐπιστήμη *epistḗmē*; lat. *cognitio, scientia*; ‚Wissen', ‚Erkenntnis', ‚Wissenschaft'. – Aristoteles (384–322 v.Chr.) unterscheidet nach dem

- betrachtenden („theoretischen"),
- handelnden („praktischen") und
- erschaffenden („produktiven") Wissen.

Die Entstehung von Wissen ist ein hierarchisch-integrativer Prozess, der in aristotelischem Sinn nach folgender Stufung abläuft:
Wahrnehmung führt, bei geeigneten Lebewesen, zu Erinnerung; aus der Erinnerung entsteht durch Abstraktion und Zuordnungen die Erfahrung; die konkreten Fälle der Erfahrung werden, was nur der Mensch kann, verallgemeinert durch Bündelung von spezifischen Merkmalen und wird in faktische (*dass* [Sachverhalt]) und kausale (*warum* [Grund, Ursache]) Komponenten zerlegt: diese Stufe des Erkenntnisprozesses nennt man Wissen bzw., als geregeltes Denksystem, Wissenschaft (beides im Griechischen *epistḗmē*):

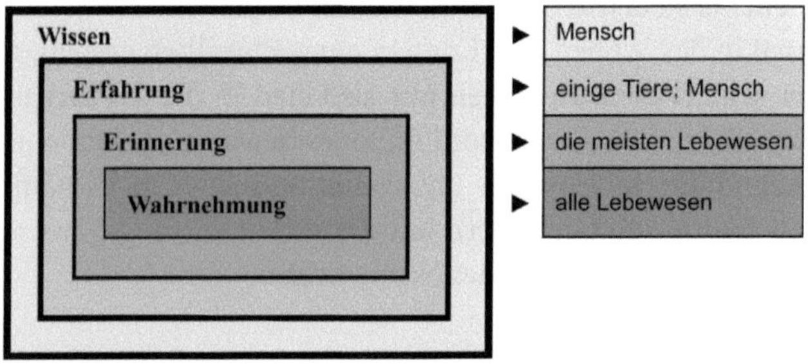

im Ganzen, aufzudecken und das Funktionieren des Ganzen durch seine Teilganze zu erklären. Heute sprechen wir (stattdessen) gern vom ‚Vernetzen', von vernetzten Einheiten, wohl weil dabei mehr Dynamik mitschwingt. Für das Denken, erst recht das wissenschaftliche, was man dann ‚Erkenntnissuche' nennt, gilt hier im Besonderen das Postulat der Vernetzung. Diese leisten zu können und zu höherer Erkenntnis zu verwerten, zeichnet wissenschaftliches Arbeiten aus. Dazu bedarf es, zweifellos als Vorbedingung für ein Gelingen,

(1) einer ausgeprägten Begabung des Individuums; aber eben auch
(2) deren Anregung, Ausbildung und Inkraftsetzung ist vonnöten; schließlich bedarf es auch
(3) eines geeigneten Umfeldes, das geschaffen wird
(3.a) als intellektueller Austausch,
(3.b) durch eine sich vielfältig manifestierende gesellschaftliche Akzeptanz,
(3.c) im Rahmen eines kulturellen Selbstverständnisses für die Richtigkeit solcher Aktivitäten.

Wissenschaftler sind Fachleute mit einem bestimmen, sehr hoch anzusetzenden Fundus an strukturiertem und somit speziellem Wissen, das sie auf bestimmte, ebenfalls reflektierte Weise einsetzen: also mit methodischem Können, wofür sie Beurteilungsmaßstäbe benötigen, also Kriterien, die sie ihrerseits erarbeitet haben und anzuwenden verstehen.

Das ist eigentlich insofern nichts Außergewöhnliches, als so auch Kinder oder Menschen in Alltagsgeschäftigkeiten vorgehen: Ausgestattet mit Wissen um Sachen oder Geschehnisse und Konsequenzen auf einem zielgerichteten Weg (griech. μέθοδος *méthodos*!) mit Urteilen (griech. κρίνειν *krínein* ‚trennen', ‚sichten', ‚unterscheiden', ‚auswählen', ‚beurteilen'; Basis für κριτήριον *kritḗrion* ‚Kriterium', ‚Unterscheidungsmerkmal'; vgl. lat. *cernĕre* ‚entscheiden' und *crībrum* ‚Sieb'), um ein Ergebnis anzustreben.

Und dass ebenso diese Bestimmung auch für kluge und versierte Handwerker gilt, zeigt eigentlich die Nähe beider beruflicher Arbeitsweisen, also der wissenschaftlichen und der handwerklichen; und die Kunst hat dies ja schon längst behauptet und erwiesen, spätestens seit der Renaissance, mit Leonardo da Vinci oder Albrecht Dürer, dann im 20. Jahrhundert wieder thematisiert im Dadaismus und der Collagenkunst, im modernen Design und in der Performancekunst, und die Gattung des Theaters, der Poesie und Prosa auf der Bühne, bietet den steten künstlerischen Beleg, schließlich, daraus abgeleitet für die technischen Möglichkeiten der Moderne: ebenso der Film.

Aber: Der Wissenschaftler strafft diese Zusammenhänge durch theoretisierenden Zugriff und Modellbildung, er beachtet sein Vorgehen komplexer und unterwirft sich nachprüfbaren und wertebezogenen Aspekten. Das gilt für unsere abendländische und europäisch exportierte Auffassung vom Wissenschaftler, die stark von Aristoteles und der altgriechischen Denktradition bestimmt wird. Es gibt natürlich auch noch andere Wissenschaftskulturen, die andere Schwerpunkte und Gültigkeiten setzen, wie die asiatischen oder die arabischen.

Für uns und unser verwurzeltes Verständnis ist Aristoteles maßgebend, mit

- ἐπιστήμη *epistḗmē* ‚Wissen', ‚Wissenschaft',
- ἀλήθεια *alḗtheia* ‚Wahrheit', ‚Wahrhaftigkeit' und
- νόος / νοῦς *nóos* / *nūs* ‚Verstand', ‚Vernunft', ‚Einsicht',

eingebettet in Werte der *humanitas*, die sich schon antik im hippokratischen Eid[25] verewigt haben, im Mittelalter als der christliche *charitas*-Gedanke weiterlebten und dann in wiederkehrenden Verlautbarungen inhaltlich zu einer allgemeinen ‚Gerechtigkeit' erweitert und im Kern als ‚Heilung der Welt' bekräftigt wurden, wie z.B. in der *Erklärung der Menschenrechte* (26. August 1789) seit der französischen Aufklärung als Errungenschaft der Französischen Revolution, mit Wirkung

25 Hippokrátēs von Kōs (gest. um 370 v.Chr.). Begründer der Medizin als Wissenschaft. Im 2. Jahrh. n.Chr. wurde sein Wissen von Galenos von Pergamon (129 oder 131–199 oder 201 oder 216), dt. Galēn, tradiert und weiterentwickelt.

und vergleichbaren Willens- und Wertebekundungen bis in die Moderne hinein.[26]

Der verantwortungsbewusste Wissenschaftler muss sein Wirken über das notwendige fachliche Können hinaus wertegebunden begreifen; eine ethische Haltung kommt also zur pragmatischen hinzu, die sein Denken und die Präsentation der Ergebnisse seiner Arbeit, also die Erkenntnisse, unbedingt bestimmen. Dieser Aspekt als ἔθος *éthos* ist für einen Wissenschaftler unverzichtbar. Deshalb ist es auch richtig, wenn bei Verstößen – wie Plagiat oder Laborfälschungen – universitäre und gesellschaftlich-öffentliche Sanktionen, z.B. Aberkennung von Doktor-Titeln, unehrenhaften Relegation, öffentliche Bloßstellung als Betrüger und juristische Verfolgung, u.a. greifen.

☐ Für mich besagen diese vielverflochtenen **Anspruchsqualitäten** und Verwirklichungswerte tatsächlich etwas Besonderes, eine Verbesonderung des Einzelnen in der Gemeinschaft (und nicht ohne Grund kennt die Kulturgeschichte die Extrakleidung [z.B. die Talare, die Amtstrachten, die Uniformen], die besondere Behandlung, eigene gesellschaftliche An-Sicht zu den *Pédants*, zu den *Intellectuels* oder Intellektuellen, zu den *gens de lettres*, den *docti*, *professores*, zu den Sachverständigen, Fachleuten, Koryphäen, Experten und Spezialisten, zu den sogen. geistigen Eliten einer Gesellschaft – hier gibt es ein ganzes Florilegium für die begriffliche Fassung dieser Spezies <‚Kopf-Mensch‘ (mit Händen)>, also zu den Theorielastigen, die sich, gegebenenfalls, auch mit Anwendung, mit Praxisbezug, beschäftigen, aber diesen wiederum für die theoretisierende Verarbeitung (rück-)verwerten. Aus ihrer besonderen Position ergibt sich aber, nochmals gesagt, zwingend auch eine besondere, dann auch einzulösende Verantwortung für die Gesellschaft und ihr Gesamtwohl. Insofern haben seit 2008 gerade die Raffer und Gierer und Egoisten – die Finanzfachleute, die Bänker, die Finanzpolitiker – durch ihre verantwortungslosen,

26 Vgl. z.B. Heer (2004).

gesellschaftsschädigenden, kriminellen Handlungen eine schlimme öffentliche Markierung für bzw. gegen das Ansehen der Studierten, der Ausgebildeten, der Kenner und Könner, der gehobenen Kompetenzen, der geistigen Elite gesetzt und diesen Teil der Gesellschaft diskreditiert.

Diese Gemeinschaft von Faktoren, seien sie positiv konnotiert, seien sie durch Falschverhalten in Verruf gekommen, prägt das soziokulturelle Bild von ‚Wissenschaft' und von den Personen, die sie ausüben:

- die hohe Reputation des Berufsbildes ‚Wissenschaftler' und vielleicht auch (wegen der Koinzidenz) ‚Professor' in den modernen Gesellschaften unserer Welt bestätigt dies;
- die starke Überzeugungskraft des Arguments ‚Wissenschaft' belegt dies;
- die unbezweifelbare, wertvolle und nachhaltige Funktion von Ausbildung, Bildung, Wissensbeständen und ihrer Pflege und aktiven Anwendung für das Selbstverständnis von Individuen und Gesellschaften beweist es.

Der dafür geeignete Kreativort ist die Universität, sind es natürlich auch die anderen institutionellen Formen von Hochschulen. Aber der spezifische und positiv konnotierte Stellenwert von ‚Wissenschaft' ist nun mal, zu Recht, mit der Universität und deren lang gewachsener Identität verbunden.

☐ Man wird sich allerdings fragen, ob „die **Universität**" heute solchen werthaltigen Kriterien, solchen hehren Ansprüchen, solchen gehaltvollen Erwartungen gerecht wird; oder wie sie dem gerecht zu werden sich bemüht.

Und so ist es die Aufgabe der Universität, das Prinzip der *universitas* – ‚Gesamtheit', ‚Ganzheit', ‚umfassender Zusammenhalt' – eben gerade darin aufrecht zu halten, diese *universitas*

- nicht als homogenes und starres System zu sehen, nicht als „Sein" und „Gegebenheit", als Faktum, sondern
- vielmehr als dynamische, interrelationale, vernetzte Entität, als Auftrag, Herausforderung.

Leben erhält dieses Konzept aber durch die Forscher und WissenschaftlerInnen, und in dem Vermögen, das leisten zu können oder zu wollen, zeichnen sich ebendiese aus.

Die Zeiten des von Fremdbestimmung und Außenerwartungen losgelösten Forschens im Sinne von Wilhelm von Humboldt (1767–1835) und seinen Idealen der Freiheit von Forschung und Lehre sind in den heutigen Zeiten Vergangenheit. Die Jagd nach Drittmitteln und der dafür notwendig zu investierende Aufwand (Akquise, Kooperationen absprechen, Koordinationen, Organisationsberechnungen, Antragerstellung) bestimmen die Wertigkeit des Wissenschaftlers (der ja sogar in den ‚W'-Besoldungen seit 2005 [geltend für Nachwuchswissenschaftler] nach solcher Maßgabe – Einwerbungsleistung – evaluiert und dann möglicherweise neu oder nicht neu prämiert besoldet wird) und absorbieren enorme Kapazitäten an Zeit und Kraft (was der Forschung und der Lehre verlorengeht).

Ebenfalls die – die bewährten Traditionen und deren Verankerung im Berufsleben (wie die Diplom-Studienabschlüsse, deren Stellenwert als Ausweis vorberuflichen Könnens die Arbeitgeber einschätzen konnten) zerstörenden – politischen Willensbekundungen im Bildungssektor, die die goldenen Kälber

- ‚Amerika-Imitation' (und diese meist unkritisch),
- ‚Europäische Angleichung durch Selbstaufgabe' (Diplom-Studiengänge werden abgeschafft, Dual-Semester soll zu Trimester gewandelt werden) und
- ‚Globalisierung' (Lehre und universitäre Außenkommunikation in Deutschland und Europa auf Englisch)

betreffen, verlangen dem heutigen Wissenschaftler an der deutschen Universität enormen Zeitaufwand und Kräfteverschleiß ab.

Die Umsetzung des sogen. Bologna-Prozesses sollte mal volks- und vor allem betriebswirtschaftlich (investierte Arbeitskraft für die Universität) quantifiziert und qualifiziert werden: Sitzungen, Arbeitsbesprechungen, Vorschlagspapiere, Konzeptionsentwürfe, Initiativen der Institute, um dann doch wieder verworfen, doch nicht umgesetzt zu werden: Folge sind die selbstverständlich vorausgesetzten Neusitzungen, Neubesprechungen, Umarbeitungen, revidierten Vorschläge usw. usw. – ein Florilegium an Textsorten und ihren Vernetztheiten, mit einer Flut von deren Texten. Das dann schrecklichste Argument gegen all diesen Aufwand, diese Investition letztlich unnötiger, weil nicht zum Ziel führender Kraft und kollegialer wie individueller Leistung außerhalb (!) von Forschung und Lehre, im belastenden Volumen meist: auf Kosten von Forschung, weniger von Lehre – das schrecklichste, weil alles erstickende Argument gegen all solche Anstrengungen sind die finanziellen Abhängigkeiten durch die Vorgaben von der Politik: die Zuweisungen des Landes an die Universität.

Eine Berliner Tageszeitung hat vor einiger Zeit einen hochbestückten Panzer für Afghanistan auf ihrer politischen Seite gezeigt, der auf dem Weg zu seiner Auslieferung ebendort von den Taliban abgeschossen worden war und sich so zu unbrauchbarem, nutzlosem Schrott gewandelt hatte: Dessen – *eines* Panzers! – pekuniärer Gegenwert hätte in Berlin alle Kitas sanieren helfen … oder die Krankenhäuser besser ausstatten können … oder die soziale Versorgung der äußerst Schwachen finanziell für ein Jahr abgesichert … oder die Universitäten mit Ausbildungsverbesserungen beglücken können … oder in vielen seit Jahren auf Renovierung wartenden Schulen bessere Verhältnisse – Lehrerstellen, bauliche Ausbesserungen, Lehrmittel – schaffen können ... Die Liste der Investitionen im eigenen Land zum eigenen Wohl mit Mitteln aus den eigenen Steuern ist lang und begehrlich, es gibt in diesem reichen Land genug Geld, es wird nur falsch verteilt; die Rettung Deutschlands am Hindukusch – im Dezember 2002 so vollmundig wie ineffizient (was die Fakten der Gegenwart beweisen) propagiert (Peter Struck, SPD) – gilt als wichtiger gegenüber einer verbesserten Ausbildung unserer eigenen Jugend und gediegener Wissenschaft im eigenen Lande. Und Jahre später stellt sich dann solch eine Argumentation von Politikern als Lüge, als Verdrehung, als Fehleinschätzung, als Flop heraus. Und statt Haftung der Verantwortlichen für solche Unverantwortlichkeiten bleibt nur die Abwahl solcher Leute, alle vier Jahre und viel zu spät und ohne schlechtes Gewissen der so aus dem Amt Getriebenen, denn diese fallen wegen ihrer Netzwerke auf weiche Pfoten.

Und in solchen Lagen hört dann der Steuerzahler, dass für die Bildungseinrichtungen, für die Universität kein oder nur kontingentiertes Geld vorhanden sei. Wem Wissenschaft und wissenschaftliche Ausbildung, wem Bildung und unsere Jugend, die Zukunft unseres Landes, brennend am Herzen liegt, den kann, nein darf diese schiefe Situation nicht kalt lassen.

Aber zur Zeit fügen sich die Universitäten, fügen sich die mit solchem Fachfremden belasteten Professoren, fügen sich die Studierenden, die immer mehr verschult werden, Faktenwissen anhäufen und das Denken verlernen, die *universitas* – das ‚Wenden zum Ganzheitlichen‘[27]) – aus dem Blick verlieren, nur noch möglichst gut durchkommen wollen.

Ich empfinde die heutigen Prozesse an der Universität, die sich politisch abhängig macht, weil sie finanziell abhängig geworden ist und den Zuweisungsbeschlüssen durch „Bildungs“politiker gehorchen muss, als für ein Kulturvolk unerträglich.

Es ist einzig das Geld, das regiert in den Argumentationen. Es ist die Verlogenheit oder aber die Trübsichtigkeit von Politikern, die den allseits ungeliebten Bologna-Prozess, der *in praxi* an den Universitäten sich als Verschulung nicht bewährt hat, dennoch in höchsten Tönen selbstlobend darstellt. Das Diktat des Geldes lässt es ohne Empörung, ohne kulturellen Ekel zu, Universitäten nach Sponsoren zu benennen – der Witz von der *Aldi*-Universität ist ja schon längst keiner mehr angesichts von *Jacobs*-University (Bremen, nach dem Kaffeeröster) oder, wieder auf Englisch, *Hertie* School of Governance in Berlin, von *Aldi*Max (‚Aldi Süd‘-Hörsaal, FH Würzburg) und *Sparkassen*-Hörsaal (FH Würzburg) und *Audi*-Hörsaal (früheres Au-

27 Lat. *unum* ‚das Eine‘, *vertĕre* ‚wenden‘ (vgl. *versus* ‚Wendung‘, ‚Vers‘; im Griechischen στροφή *strophḗ* ‚Wendung‘).

dimax an der Universität Karlsruhe, frühere TH Fridericiana, nach dem Sponsor Audi), von *Hasso-Platter*-Institut (Gründer Software-Unternehmen SAP) an der Universität Potsdam usw. usw. Unser akademisches Denken wird bestimmt von Fundraising (Mittelakquisition) als mittlerweile einer der Hauptaktivitäten der Professoren[28] und vom Einrichten außenfinanzierter Professuren in Abhängigkeit von oder Ausrichtung auf die Interessen der eben nicht so selbstlosen Drittmittelgeber.

Und umgekehrt: Eine schwache Universität ist dies ja nicht, weil „sie“ so ist, sondern weil ihre Mitglieder, die Professorinnen und Professoren, so sind. Aus meiner Sicht tragen sie einen gewichtigen Teil der Schuld an der Misere, weil sie sich in diesem System eingerichtet haben, weil sie mitmachen, weil sie schwach sind, weil kein Rückgrat vorhanden ist, weil Egoismen und Feigheit herrschen. Mitläufertum und Anpassertum aber finden wir bei den Brüdern Grimm, mit den Humboldt-Brüdern, mit anderen Leuchtgestalten edlen universitären Selbstverständnisses, zu Recht schon historisch geächtet.

Dass, als ein Beispiel für ein intellektuelles Skandalon an der Humboldt-Universität zu Berlin, bei Sparbeschlüssen im SommerSemester 2008 zwar die Forstwirtschaft als ganze Fakultät gerettet wurde (einer der Vizepräsidenten stammte von dort), aber die Translationswissenschaft als Studiengang, der den Menschen und ihren internationalen Verhältnissen dient, schamlos rausgeworfen wurde, von der „eigenen“ Fakultät, um Geld zu sparen, gehört auf die Schuldseite derer, die vorgeben, Intellektuelle zu sein.[29] Für mich ist deshalb das (ja schon einmal vergebliche) Jagen nach dem Etikett <„Elite“-Universität>, die die Humboldt-Universität so gern sein will, ein Qualitäts-

28 Es wirkt befremdlich, wie aufdringlich die Informationen auf Homepages von ProfessorInnen dieser Generation gerade zu dieser „professoralen Leistung“ herausgestrichen werden, als ob damit auch nur irgendetwas über die fachlich-wissenschaftliche oder eine didaktische Eignung dieser Person ausgesagt würde – höchstens über gewisse Manager-Qualitäten, und da wären wir wieder am Punkt der Kritik zur berufsexternen Neuleistung heutzutage.

29 Deutliche bildungspolitische und universitätskritische Worte dazu habe ich schon zu jener aktuellen Zeit gefunden (s. Kalverkämper 2009 a).

anspruch, der sich, was die Philosophische Fakultät II betrifft, als kollektive Leistungsbeschreibung nicht rechtfertigt.

☐ **Wissenschaftler** zu sein, bedeutet eine Chance zur Gestaltung zu haben: von Wissensbeständen, von Lehre, allerdings wenig, eigentlich gar nicht von Handlungsräumen, die durch das Geld aus der Politik bestimmt sind. Niemand heutzutage wird die Lebensumstände der Brüder Humboldt, im 19. Jahrhundert, sich als solche herbeisehnen, aber deren Schwung, Aufbruchwillen, Ethos im Bildungsbereich und universitären Leben sollten, weil verlorengegangen, dann doch das moderne Engagement wieder deutlich bestimmen. Die Handlungsabfolge

< Ideale – Theorie – Praxis >

wird heute ersetzt durch die Effizienzabfolge

< Idee – Umsetzungskosten – Nutzen / Verwertung >,

und das sind ökonomische Argumente, die zwar vorhanden sind, aber die sich nicht wissenschaftsbeherrschend auswirken sollten.

1.2. *Als Romanist, Linguist, Translations- und Kulturwissenschaftler vertreten Sie an der Universität ein breit definiertes berufliches Gebiet. Wie sieht dieses Format gegenüber früher heute aus?*

Mit den Bereichen ‚Sprache', ‚Fremdsprachen', ‚Kultur' sowie ‚Fremdkulturen' vertritt man als ‚Geisteswissenschaftler' ein sehr breites Spektrum von ‚Kommunikation'; dieses wird in den Naturwissenschaften wie selbstverständlich genutzt und ist insofern auch für diese und die Technologie bzw. Technikwissenschaften von Belang (Fachsprachen, Internationaler Wissenstransfer, Globale Vernetzung von beruflich-fachlichem Handeln).

☐ Bei dem Problem der **Anglophonie** in den Wissenschaften ist hier seit Jahren zwischen Geistes- und Naturwissenschaften eine Interessensbrücke entstanden, die als ‚Sprachkritik' und ‚Sprachpflege' sowie, durchaus nationenspezifisch, als ‚Sprachpolitik' eigens bezeichnet ist. Letztlich aber entscheidet der einzelne Autor selbst, ob er auf Englisch schreibt oder in seiner Muttersprache Deutsch, deren Wissenschaftssprache er damit pflegt und ausbaut. Es ist, anders als bei den Franzosen, keine LIEBE ZUR EIGENEN SPRACHE mehr vorhanden (seit Ende des Zweiten Weltkriegs), die Pragmatik des Publizierens und der angeblich breiteren Rezeption hat einen bestimmenden Stellenwert inne, Englisch ist ‚Mode', ist ‚modern'. Was die Naturwissenschaften seit etwa zwei Jahrzehnten praktizieren, greift inzwischen in die Geistes-, Sozial- und Kulturwissenschaften über. Deutsch als Wissenschaftssprache verliert gegenüber einem – dabei durchaus nicht qualitativ guten oder besseren – Englisch zunehmend in Bedrängnis.[30]

☐ Die in der Frage angesprochenen **Disziplinen** – Linguistik, Romanistik, Translations- und Kulturwissenschaft –, die in einer Person universitär vertreten werden, zeigen zudem, dass es heutzutage sinnvoll und angemessen ist, einen breiten Blick auf sprachenbezogene Disziplinen zu pflegen und dabei von der Sprache über das Handeln bis in die Kultur-Dimension hinein den Zugriff zu wahren. In der Tat sehe ich heute nicht mehr das befriedigende Glück eines Sprachwissenschaftlers allein in der Tatsache, sich ausschließlich, gleichsam als „Spezialist", wie in der Vergangenheit, zum Beispiel

- mit Lexik und Wortfeldforschung als Schwerpunkt eigener Interessen wie dann auch des Lehrangebots zu beschäftigen;
- oder nur Syntax zu betreiben (wie es bei den Germanisten der Humboldt-Universität zu Berlin eine eigene Professur gibt!; dort gibt es des weiteren dann noch eine andere eigene Professur für Morphologie!; in der Romanistik findet die Syntax als syntagmatische Ebene und die Morphologie als paradigmatische Dimension [die man früher sogar zusammengezogen hat als ‚Morphosyntax'] stets Mitbeachtung, dann aber auch, linguistisch völlig angemessen,

30 Dazu Kalverkämper (2008 a).

textuell als Makrosyntax, zudem dies alles kontrastiv in den verschiedenen romanischen Sprachen);
- oder nur Phonetik und Phonologie zu sehen und zu vermitteln.

Professuren sollten in ihrer Denomination nicht nach Sprachbeschreibungsebenen aufgegliedert sein, das ist wissenschaftlich borniert und entspricht nicht dem angemessenen modernen Beschreibungsrahmen von ‚Kommunikation' und ‚Kommunikativität'. Zudem vermittelt sich da auch für die Lehre ein verzerrtes Bild vom Ineinandergreifen der sprachlichen und nichtsprachlichen Ebenen. Das Gegenkonzept ist Breite, Offenheit, Grenzüberschreitung (wie sie schon als Kontrastive Linguistik betrieben wurde mit dem methodischen Instrumentarium des Vergleichens; und wie sie dann, spätestens mit den 1970er Jahren von Roman Jakobson und Harald Weinrich propagiert und praktiziert, als ‚Interdisziplinarität' das Wissenschaftsparadigma zu bestimmen beginnt).

Die erwähnten Disziplinen gehören sinnvoll nahe zueinander. Wenn eine Universität ihre Bezeichnung ernst nimmt und tatsächlich die *universitas* in der Bildung und für ihre Studierenden in der Ausbildung anstrebt, müssen ihre wissenschaftlichen Vertreter dies auch zu leisten fähig sein. Mit einer Professur der Schmalspur allein für – zum Beispiel – Phonetik oder für Syntax dürfte das kaum forscherisch und erst recht nicht evident in der universitären Lehre gelingen, die ja ganzheitlich bewusst machen, ganzheitlich anbieten, ganzheitlich praktizieren soll, eben um zu einer ganzheitlichen Sicht auf ‚Sprache' und ‚Kommunikation' hin zu erziehen – selbst dann, wenn man Segmentfelder, Spezialgebiete, Ausschnittsgrößen in Seminaren oder Vorlesungen behandelt.

☐ Im Bereich ‚Sprache' sehe ich hier für mich einen großen Kulturkreis, die **Romania**, für deren spezielle Präsenz als Französisch / Frankreich sowie Spanisch / Spanien und Lateinamerika (dort auch mit den präkolumbianischen Kulturen, also Azteken, Maya, Inka) ich verantwortlich zeichne. Sprache und

Kultur verbinden sich hier im <sprechenden (und schreibenden) Handeln und handelnden Sprechen (und Schreiben)>.

Ich wähle hier den Begriff, den mein verehrter akademischer Lehrer Harald Weinrich Mitte der 1980er Jahre wieder in die Debatte zurückgeholt hat[31], nämlich den der **‚Sprachkultur'**, den Leibniz geschaffen hat und der im Prager Strukturalismus der 1920er Jahre eine wichtige Rolle bei der Diskussion um den gepflegten Sprachgebrauch gespielt hat.[32] In ihm verdichten sich die Komponenten des Sprechens / Schreibens, Hörens / Lesens, des Kommunikativen in Mündlichkeit und Schriftlichkeit, des Textuellen, des Literarischen[33] wie des Alltäglichen, sodann des Semiotischen, wie es in der Gemeinschaft von Verbalität und Nonverbalität, von Sprache und Bild bzw. Körper, auftritt, in einer solchen Weise, dass man alles gemeinsam als einen kulturspezifischen Ausdruckswert erfassen kann. Als Maßstab kann dafür die Literatur gelten; Harald Weinrich bestimmt die ‚Sprachkultur' mit ebendiesem Blickwinkel:[34]

> „Den Inbegriff eines beweglichen Sprachbewußtseins, das kritisch und selbstkritisch ist, das die geltenden Sprachnormen, ohne ihnen hörig zu sein, beachtet und sich in allen Zweifelsfragen des guten Sprachgebrauchs *zuerst* an der Literatur orientiert, wollen wir Sprachkultur nennen."

Die Hochwertigkeit dieses dem Sprachgebrauch und dem Sprachleben angemessenen Begriffs verlangt für alle mit Sprache umgehenden Aktivitäten und Disziplinen, dass sie sich

31 Weinrich (1985); s. auch Weinrich (2001).

32 Vgl. Scharnhorst / Ising [Hrsg.] (1976–1982), Weinrich (1985), Wimmer [Hrsg.] (1985).

33 Weinrich (2001) sagt mit Blick auf die Literatur:
„Und in dieser Sprachkultur ist die Literatur derjenige Bereich, in dem kundige Männer und Frauen mit der Sprache besonders kunstvoll umgehen und auf diese Weise zeigen, was man mit der Sprache alles machen kann, wie schön und wie leistungsfähig sie sein kann."

34 Weinrich (1985: 17). Kursive im Zitat steht so im Original, als intendiertes Aufmerksamkeitssignal des Autors für das Verstehen.

an ihm ausrichten: Harald Weinrich formuliert diese Position nachdrücklich: „Für mich ist Sprache, Sprachunterricht, Sprachwissenschaft ohne Sprachkultur etwas Monströses."[35] Ich bin mir sicher, dass er auch noch die Rhetorik, die Translationswissenschaft und die Fachkommunikationsforschung mit hinzunehmen würde, für die er ausdrücklich die Beachtung von Sprachkultur einfordert.

Dann ist es nur konsequent, ebendiese Kulturspezifik bei Prozessen des Austausches, der Kontaktnahmen, des Verkehrs miteinander, der Begegnung von Fremdheiten, mitzubeachten: Wo zeigt sich dies kondensierter und problematischer als in internationalen Verhandlungssituationen, in Konstellationen gegenseitiger Verständigung? Ebendort greift das Faszinosum der **Translation**, die man heute klar nicht mehr als sprachliches Hin- und Herübersetzen auffassen darf, sondern als ein komplexes kommunikatives Handeln zwischen zwei einander fremden Kulturen, wie sie in den jeweiligen Sprechern und ihren Lebensumständen sowie dem kollektiven Gedächtnis mit seiner Tradition sich repräsentieren.[36]

□ Für die gesellschaftlichen Entwicklungen weise ich, der ich ein gestandener Philologe bin, ein Linguist mit Liebe zu Sprachen und ihren Kulturen, deshalb dem Dolmetschen und Übersetzen einen hohen Wirkungsgrad zu und setze mich nachdrücklich dafür ein, eine **Translationswissenschaft** mit

- ihren theoretischen Komponenten und
- ihren angewandt-praxisorientierten Anteilen sowie
- ihrer kulturellen und interkulturellen Sensibilität

universitär zu pflegen.[37]

Gerade über sie werden Sprache, Handeln, Fachlichkeit, Kulturspezifik miteinander angemessen und den gesellschaftlichen Bedarfslagen entsprechend verflochten. Nur mit einem solch breiten Spektrum ist globale Kommunikation effizient

35 Weinrich (2001).

36 Siehe die Ausführungen in Kalverkämper (2009 b).

37 Kalverkämper (1999; 2004; 2009 b; 2012 a).

möglich. Ein Institut und seine Lehrenden, die Sprachen, Literaturen, Kulturen vertreten, sollten hierzu breit und interdisziplinär ausgelegt sein, um als Vorbilder und als Ansporn die Studierenden für die Anforderungen der Zukunft angemessen ausrüsten zu können.

☐ Aus einer solchen **Bringschuld** der Lehrenden ergibt sich dann natürlich auch die **Holschuld** der Studierenden: Sie müssen breit interessiert sein, disziplinoffen studieren können, ohne das Korsett eines verschulten Studienplans die Universität durchlaufen zu wollen. Mir ist klar, dass aktuell bei den geltenden Studiengängen der „Bachelorisierung" dies weitgehend eine Illusion ist. Das Dilemma besagt aber nicht, dass man solche Forderungen nicht immer wieder mahnend stellen sollte, um etwas am Niedergang der Universität positiv zu verändern und ihre ehemaligen liberalen und humanistischen Leitbilder wach zu halten: und zwar letztlich für die Studierenden selbst als Gestalter der gesellschaftlichen Zukunft.

1.3. *Forschungsleistung – was besagt dieser Begriff des Bilanzierens für Sie?*

Wissenschaftler, die an der Universität tätig sind, haben üblicherweise eine Trias an Aufgaben vor sich: Forschung, Lehre, universitäre Selbstverwaltung. Höchstwertig ist ohne Zweifel die Forschungsleistung. Ohne diese ist eine sehr gute, fundierte, belesene, kritische, überblickende Lehre nicht möglich. Ein Wissenschaftler, der nur Einführungen, also reduktives Darstellungsformat schreibt bzw. in der Lehre anbietet, kann kaum Forschungsformat für sich beanspruchen. Forschung besagt Gestaltung. Gestaltung besagt Präsenz. Wissenschaftliche Präsenz besagt Akzeptanz, Dialog, Lebendigkeit, Abwägung und Weiterverwertung. Das ist der Fundus, aus dem dann die Lehre schöpft und darin ihrerseits wiederum als Impulsgeberin und Kreativpotential dient.

„Es muss in dir brennen, was du in anderen entzünden willst“[38], hat schon der Heilige Aurelius Augustinus (354–430 n.Chr.), einer der wichtigsten Kirchenväter, formuliert; und genau dies sei dem Hochschullehrertum generell ins Stammbuch geschrieben: Nur wer in der Sache fest und doch offen und undogmatisch steht, ist ein guter Lehrer. Als solcher hat er Interesse an der nachwachsenden Intelligentia, an der bildungswilligen Jugend. In diesem Sinne habe ich die Chance und das große intellektuelle Vergnügen gehabt, selbst einen solchen bereichernden Lehrer genossen haben zu dürfen, nämlich Harald Weinrich[39].

‚**Forschungsleistung**‘ – das ist Lebenskraft, Weg, Ziel, Resultat von Anstrengungen des Einzelnen für die Gemeinschaft, in diesem Fall: für die Gemeinschaft der Denkenden, der Wissbegierigen, der Forschenden und Lernenden, der Wissenschaft, aber sie ist niemals zu Ende, immer als Prozess zu verstehen. Das hängt mit dem prinzipiell dialogischen Charakter von Wissenschaft zusammen, für die schon Aristoteles durch seinen Begriff der ‚Wahrheit‘ (ἀλήθεια *alḗtheia*, lat. *veritas*) in Verbindung mit νόος / νοῦς *nóos* (lat. *intellectus* ‚Intellekt‘, ‚Verstand‘, ‚Vernunft‘) das Ethos des Dialogs, des Hinterfragens, der Nachprüfung, der Diskussion, des Ringens gelegt hat:

Unsere Erkenntnisse sind Angebote an die Gemeinschaft der an erarbeitetem Wissen und Bildung Interessierten (*Scientific Community*), und diese prüft in öffentlich zugänglicher Weise, woraus sich wieder Neues oder Anderes oder Verändertes ergibt. Diese Breite der Möglichkeiten ist die Chance der Geistes-, Sozial- und Kulturwissenschaften. Die Naturwissenschaft kennt da für ihre Ergebnisse eigentlich nur ein binäres Konzept: <‚ja‘ oder ‚nein‘>: Experiment gelungen oder nicht, Reaktionen im Labor verlaufen so oder anders, die Fakten sind so oder eben nicht so, was dann neu zu prüfen wäre (‚stimmt‘

38 Auf Latein vermutlich *Ardendum sit in te, quod in aliis incendĕre vis*. Eine genaue Quellenangabe ist zur Zeit nicht möglich. Das Dictum wird immer zitiert als „nach Augustinus“.

39 Vgl. u. S. 145.

– ‚stimmt nicht'). Das mag vorweg einleuchtender erscheinen, ist aber auch das „engere", weil rein faktisch geltende. Das Konzept der Nuancen, der Sichtweisen, der Vielfalt, der Möglichkeiten, der Varianz in der Sicht auf ein komplexes Phänomen – das ist bei den Geisteswissenschaften beheimatet und ihnen eigen, ohne dass sie ins Diffuse, Schwammige und Vage abgleiten. Sie sind darin spannend und auch nachhaltig:

Denn letztlich sind die überkommenen Ideen, Meinungen und Ansichten als historisches Gedankengut, das man noch verwerten kann und auf dem man mit den eigenen Ideen fußt, willkommene Grundlage für die weiteren Analysen; die Darlegung der Forschungsbestände bildet so eine kulturelle Folie für die dargebotenen neuen Analysen, baut aber auch einen frisch gehaltenen Wissenskatalog auf und entwickelt so ein kulturelles Gedächtnis für die Forschungsleistungen der Altvorderen, auf deren geistigen Anstrengungen wir heute notwendig fußen und weiter aufbauen, bzw., umgekehrt, von deren Meinungen wir uns heute distanzieren und neue Wege suchen: der kulturelle Dialog schafft historische Tiefe.

Zu dieser gehören wir Heutigen mit unseren aktuellen Forschungsleistungen irgendwann auch einmal. Das ist auch einer der Gründe, warum ich mir gerade auch mit Handbuchartikeln und anderen Beiträgen des dezidiert öffentlichen Zugriffs besondere Mühe mache: Es ist mir wichtig, dass die Qualität auch vor der Sicht aus der Zukunft standhält, und selbst bei möglicherweise späteren neuen Erkenntnissen zumindest als Zeugnis zeitgenössisch fundierten Kenntnisstandes verwertet werden kann. Was wir als Forschungserkenntnis in die Welt bringen, muss den Geist der Verantwortung vor der Sache, vor der Wissenschaft, vor den aktuellen und zukünftigen Lesern atmen. So sehe ich die Publikationen aus fremder wie aus eigener Feder dann auch als Forschungsleistung an, die in der Tradition der *translatio artium*, also der Weitergabe von Wissen[40] als Ver-

40 Hierzu ausführlich mit breiter Literaturverwertung Kalverkämper (1983: 349–353). Der Beitrag selbst beschäftigt sich mit der *translatio* von der Rhetorik zur modernen Textlinguistik. Ebenso (2000).

antwortung des Autors vor der gegenwärtigen und kommenden Leserschaft steht. Umso klarer sollte dann das Rezensions-Ethos ausgebildet sein. Deshalb sollte man als wertende Kompetenz der Wissenschaftsgemeinschaft auch klar und ungeschminkt sagen können – wie in den Gutachten des täglichen universitären Geschäfts –, was und warum etwas ein schlechtes Werk ist.[41]

Es ist vor diesem Hintergrund in der Tat einmal Forschungsleistung einer Person ganzheitlich zu **bilanzieren**. Das sollte, ganz im Sinne des verwandten ‚Balance', auf eine vergleichende, abschließend überblickende Beurteilung mit Wertung von Vergangenem mit dessen Belang und Auswirkungen in die Gegenwart und darüber hinaus zielen, entsprechend dem italienischen *bilanciare* ‚abwägen'. Was hier die anderen beurteilen, hat man selbst – als Forscher, Wissenschaftler – mit Verantwortung, Seriosität und Akribie aufgebaut. Gaius Plinius Caecilius Secundus – Plinius der Jüngere (61–ca. 113 n.Chr.) hat hierzu in einem seiner Briefe (III 7, 14) eine gültige, menschliche Einschätzung geschrieben: *[...] hoc [...] certe studiis proferamus et [...] relinquamus aliquid, quo nos vixisse testemur!* – „Lasst uns [...] mit geistiger Leistung [...] etwas Bleibendes schaffen, das davon Zeugnis ablegt, dass wir gelebt haben." Diese Art Aussagen sind im zeitgenössischen Zusammenhang von *immortalitas*- (griech. ἀθανασία *athanasía*[42] ‚Unsterblichkeits'-) Ambitionen zu verstehen, gelten aber, über die religiösen Aspekte hinaus (Vorstellungen von einem Weiterleben nach dem Tod) als Ethos und Antrieb für seriöse wissenschaftliche Leistungen bis in die heutige Zeit (Gedächtnis der Nachwelt, lebendige Erinnerung durch die Nachkommen, Zurücklassen von Bleibendem über den Tod hinaus, Verwertbarkeit der eigenen Leistungen in späterer Zukunft). Die Aussage trifft letztlich die Tugend des Denkens und Erkenntnissuchens in der und für die Gemeinschaft. Sie berührt damit prinzipiell das *Humanum* des seiner Arbeit wertbewussten Intellektuellen. Diese Idee zieht sich bis zu Max Weber, *Wissenschaft als Beruf*

41 Vgl. z.B. Kalverkämper (1980; 1996; 2007).

42 Zu θάνατος *thánatos* ‚Tod', mit Negation durch *α-privativum*.

(1919), und sie dürfte bis heute, ganz menschlich, aktuell sein: Man will als Forscher, als Wissenschaftler, wie die Künstler, Wertvolles hinterlassen, selbst wenn es später mal inhaltlich überholt wäre, aber es ist als Bausteine einer Kette der *translatio* erkennbar, unabdingbar und anerkannt.

1.4. *Wie wichtig ist Ihnen die Einbindung des Wissens in dessen historische Entwicklung?*

❐ Wir leben mit unseren Kenntnissen nicht als eine eigene Generation oder als eine aktuelle Forschergemeinschaft, vielmehr verstehen wir uns als Glieder einer Weitergabe von sich dabei verändernden Wissensbeständen. Gerade in dieser Haltung ist eine wichtige deutsche **Darstellungstradition** begründet, indem die je aktuelle Fragestellung oder Problemlösung eingebunden wird in intellektuelle Zusammenhänge, die sich aus der Geschichte bzw. aus der Forschungs- oder Disziplingeschichte ergeben. Diese Konventionen, die seit einer Publikation 1983 des norwegischen Soziologen Johan Galtung (geb. 1930) auch „Nationalstile" genannt werden, und bei uns: der teutonische Stil (neben dem – bislang untersuchten – sachsonischen, gallischen und nipponischen)[43], gelten gerade für die dafür zuständigen Geistes-, Sozial- und Kulturwissenschaften, die hier auch stärker argumentativ abwägen und unterschiedliche Positionen diskutieren, um dann die eigene zu verdeutlichen bzw. diese in ein bestimmtes Denkumfeld oder eine Argumentationslinie oder eine Forschungstradition zu stellen.

Die Natur- und Technikwissenschaften dagegen verfahren, wohl durch Ökonomiezwänge (Platzbeschränkung bei der Publikation, resultatebezogene Darlegung als Publikationsziel) bedrängt und in der Art der amerikanischen Darstellungsweisen, deutlich fallbezogen, isoliert, punktuell. Die Diskurse der Vergangenheit sind dort ausgeblendet, ‚Wissenschaftsgeschichte' muss bei den Technikwissenschaften oder bei der Medizin und Pharmazie eigens institutionalisiert werden (so,

43 Galtung (1983); vgl. auch Baumann (2008 c).

z.B., als Professur für Medizingeschichte), um gebührende (dann meist: auch philologische [*Fach*Texte-Analysen!, etymologische und kulturhistorische Aspekte]) Berücksichtigung zu finden; hier verweise ich auf die einschlägigen medizinhistorisch-fachsprachlich-philologischen Arbeiten und – genereller – auf die (insbesondere germanistisch orientierte) mittelalterliche und frühneuzeitliche Fachprosa- bzw. Artesforschung.[44]

❑ Und so geht in der Moderne ein Verständnis dafür verloren, was der französische Frühscholastiker und hoch angesehene Lehrer BERNHARD VON CHARTRES (Bernardus Carnotensis, gest. nach 1124 [letztes urkundliches Lebenszeugnis an der Kathedrale zu Chartres]) in einem sehr schönen metaphorischen Dictum, einem Gleichnis, gefasst hat. Dieses ist uns aus der Gefolgschaft der von ihm maßgeblich mitgestalteten sogen. „Schule von Chartres", die sich stark an Platon orientierte, überliefert, nämlich von dem englischen Theologen JOHANNES VON SALISBURY (Ioannis Salisberiensis, um 1115–1180), und zwar in dessen etwa 1159 beendeten *Metalogicon* (III 4, 46–50):

Nani gigantum humeris insidentes – <‚Wir sind Zwerge, die auf den Schultern von Riesen sitzen'; und somit weiter schauen können als die Riesen>.[45]

---

44 Vgl. Eis (1962), Assion (1973), Keil u.a. [Hrsg.] (1968), Keil [Hrsg.] (1982), Haage / Wegner (2007).

45 *Dicebat Benardus Carnotensis nos esse quasi nanos gigantium humeris insidentes, ut possimus plura eis et remotiora videre, non utique proprii visus acumine aut eminentia corporis, sed quia in altum subvehimur et extollimur magnitudine gigantea.* (*Metalogicon* III 4 [900 c]).
‚Wir sind, so sagte Bernard von Chartres, wie Zwerge, die auf den Schultern von Riesen sitzen, so dass unser Blick mehr umfassen und weiter reichen könne als der ihre, allerdings nicht, weil unser eigener Blick scharf oder die Körpergröße vorteilhaft sei, sondern weil wir in die Höhe hinaufgeführt und durch die gewaltige Größe emporgehoben werden.'
In der Überlieferung finden sich beide Formen des Genitiv Plural: *gigantum* und *gigantium*. Sie sind auch lexikographisch bezeugt (Lemma *Gigās* im Georges).
Eine Kulturgeschichte zu diesem Ausspruch bietet, in amerikanisch saloppem Wissenschaftsstil verfasst, der US-amerikanische Soziologe Robert K. Merton (1910–2003) mit dem Büchlein *On the Shoulders of Giants.* (1983). Vgl. auch Zimmermann [Hrsg.] (1974).

Die Kunst hat diese wunderbare Metapher der selbstbewussten Eigenzurücknahme, der Selbstbescheidung im Wissen um die Quellen des eigenen Könnens, des relativen Geltungsanspruchs der weiterführenden Leistungen in der Gegenwart (*moderni*) mit Blick auf die lang erarbeiteten Kenntnisse der Vergangenheit (*antiqui*) attraktiv umgesetzt. Ich biete zu diesem vor allem hier passenden Konzept die Bilder, die mir als Illustrationen dieses beeindruckenden Gedankens besonders vor Augen sind:

Dieses herrliche romanische Kapitell einer Steinsäule[46] biete ich hier noch einmal als Abzeichnung, die das Sitzmotiv in der oberen Skulpturenreihe noch deutlicher offenbart:[47]

46 Postkartenbild von dem Kapitell einer Steinsäule (10. bis 11. Jahrh.) aus dem Kirchenschiff der Abtei-Kirche (*Abbatiale*) Notre Dame von Payerne, Kanton Waadt, Schweiz (ca. 17 km westlich der Stadt Freiburg, West-Schweiz).

47 Abzeichnung des Skulpuralschmucks des Kapitells. Oben sieht man die vier Zwerge, die auf den Schultern von Riesen, die deren Beine halten, sitzen.

Das Motiv wurde historisch auch als Buchillustration eingesetzt, und zwar in einem naturwissenschaftlichen Zusammenhang[48], der als solcher sowieso nahelegt, dass das Wissen von heute als Resultat der Wissensleistungen aus der Vergangenheit zu schätzen ist:

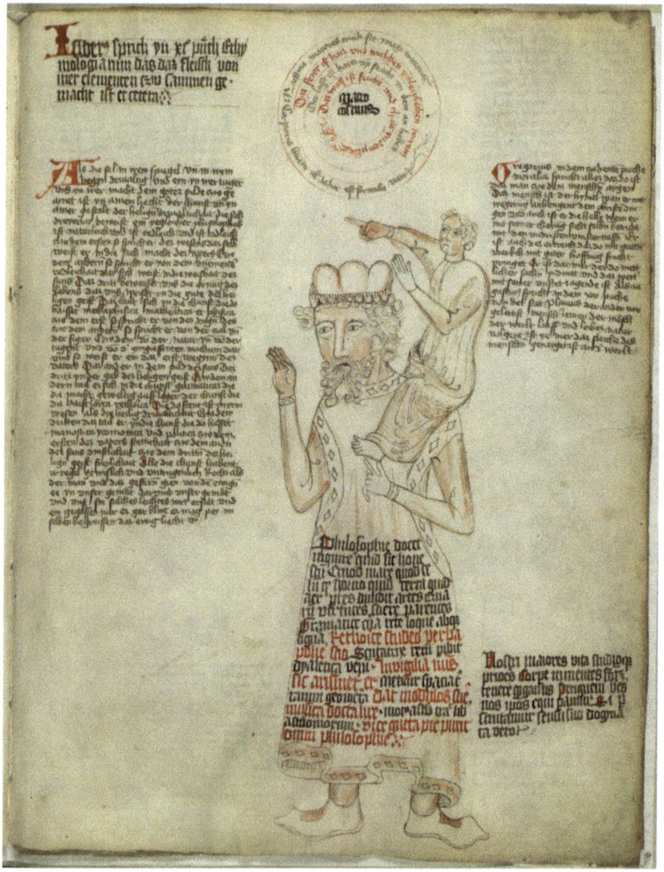

48 Das Motiv in einem medizinfachlichen Manuskript aus Süddeutschland, ca. 1410 (Library of Congress [Washington, D.C., USA], Rosenwald 4, Bl. 5r). *URL: http://commons.wikimedia.org/wiki/File:Library_of_Congress,_Rosenwald_4,_Bl._5r.jpg*

Hier wird in der Kunsttradition eine mentalitätsgeschichtliche Formel visualisiert, die

- Demut und Selbstanspruch,
- Rückbindung und Selbstgewissheit,
- Herkunft und Eigenwert

in harmonischer Weise, als Wissens- oder auch Wissenschaftsprinzip, miteinander vereint:

Ohne die Leistungen der Alten, ohne die Erkenntnisse aus der Vergangenheit wäre die Gegenwart nicht da, wo sie steht, gäbe es (noch) nicht ihre Position, wären die Prozesse (noch) nicht angestoßen, die weiterführen.[49]

Diese Ansicht lässt sich im Begriff der ‚Klugheit' (im Handeln) kondensieren, und zum Beispiel die Beischrift (über den Köpfen auf der Leinwand) eines Gemäldes von Tizian (Tiziano Vecellio, um 1489–1576) mit dem Titel *Die Allegorie der Zeit und Klugheit / Die Allegorie der Weisheit* (etwa 1565; National Gallery, London) mahnt:[50]

> „EX PRAETERITO /
> PRAESENS PRUDENTER AGIT /
> NI FUTURA ACTIONE DETURPET."[51]

---

49 „Man sagt eigentlich Neues – und wertvolles Neues – nur, wenn man an Traditionen anknüpft und Traditionen fortsetzt." (Coseriu 1978: 109).

50 Das Altersgemälde (Öl auf Leinwand, 75,6 x 68,6 cm) zeigt zwei Bild-Ebenen: Menschenköpfe und darunter Tierköpfe, je Ebene in einer (Links-/Rechts-) Seiten- und in der Frontalansicht. Die Menschenköpfe symbolisieren die Zeiten des Lebens, die von der Klugheit (den Tierköpfen) getragen werden – für die Renaissance bekannte Symbole. Als Bildthema allerdings ist dieses persönliche Motiv eher ungewöhnlich.
Links über dem Wolfskopf zeigt sich Tizian im Alter, über dem Löwenkopf steht der Kopf seines Sohnes Orazio, über dem Kopf des Hundes der seines Neffen Marco.

51 *Aus der Vergangenheit heraus / handelt die Gegenwart auf kluge Weise, / damit die Zukunft nicht durch eine Handlung Schaden nehme.*

☐ Leider hat die Politik der 1960er und 1970er Jahre in der damaligen Bundesrepublik Deutschland und auch in der damaligen DDR das Bewusstsein für Herkunft von Wissensbeständen, für kulturelle Zusammengehörigkeiten, für intellektuelle Impulse aus der Vergangenheit verkümmern lassen, indem, als „Reformwerk" propagiert, die **humanistische Bildung** gänzlich abgeschafft wurde und nur für Nischeninstitutionen (wie Privatschulen) deren Pflege überlassen blieb. Griechisch und Latein schienen uninteressant für die Zeit der zweiten Hälfte des 20. (und nun des 21.) Jahrhunderts, *Graeca non leguntur*[52],

52 Das Dictum, dass Griechisches nicht gelesen (und auch nicht durch Abschreiben kopiert) wird, weil man es als Fremdsprache gegenüber dem bekannten Latein nicht beherrschte, stammt eigentlich aus dem mittelalterlichen, vorhumanistischen Rechts-Diskurs.

was brauchen wir humanistische Bildung und Verankerung unseres europäischen Selbstverständnisses in der Antike, nun nach dem Zweiten Weltkrieg und den entsetzlichen Erfahrungen der Enthumanisierung und Zivilisationsbrüche?

Wir wissen, dass es erst wieder eines ERNST ROBERT CURTIUS (1886–1956) bedurfte, um sich im verwüsteten und gespaltenen Europa auf dessen Gemeinsamkeiten und gemeingültige Grundlagen wiederbesinnen zu können, wie sie Literatur und Kultur über Jahrhunderte wirksam gelegt hatten.[53]

Kunstgeschichte? – die beginnt jetzt gleichsam mit dem 20. Jahrhundert …; in der Literatur sind Mittelalter, Renaissance, Barock uninteressant, die Aufklärung ist nur marginalisiert vorhanden, „interessant“ dagegen doch eher die „Moderne“ nach dem Zweiten Weltkrieg; für das philologische Sprachenstudium, übrigens auch an den Universitäten, so in der Germanistik, fehlen fundierte Kenntnisse der alten Sprachstufen, selbst des Neuhochdeutschen; oder in der Romanistik: Latein? … brauchen wir nicht, können wir nicht mehr verlangen, wollen es auch gar nicht, wofür denn auch, die Studierenden sollen gut Französisch oder Italienisch oder Spanisch sprechen und verstehen lernen, das reicht für die Belange heutzutage; und eine umfassende Romania?, mit Rumänisch, Katalanisch, Portugiesisch, vielleicht einer rätoromanischen Sprache?: aus der stolzen Zehnergemeinschaft ist, auch auf universitärer Ebene, inzwischen eine Einer- oder Zweier-Präsenz romanischer Sprachen geworden.[54]

---

53 Curtius (1948). – Lausberg (1993); vgl. auch Weinrich ([3]2006 a).

54 Eine institutionalisierte Ausprägung speziell für die Romanistik zeigt sich darin, dass der alte *Deutsche Romanisten-Verband* DRV (seit 1953), der alle romanischen Sprachen und Kulturen als ‚Romanische Philologie‘ umfasst, Konkurrenz und somit inhaltlich-strategische Schwächung durch segmentale Abspaltungen erhielt mit Verbänden der Hispanisten (seit 1977), hier wiederum aufgesplittert in den Verband der Katalanisten (seit 1987) und den der Lusitanisten (seit 1993), sodann der Balkanromanisten (seit 1995), der Franko-/Galloromanisten (seit 1997), der Italianisten (seit 1999). Das neunte Jahrzehnt des 20. Jahrhunderts ist, wie man sieht, wissenschaftsorganisatorisch gekennzeichnet vom offenbaren Willen zur isolierenden Spezialisierung, der

Das sind manifeste Kulturverluste auf höchster, weil gesellschaftlich-intellektueller Ebene. Das ist eine Partialisierung des Wissens und der Interessen und des geistigen Engagements, die nicht mehr im Sinne umfassender Kenntnisse und ganzheitlicher Überblicke kompensiert werden kann, aber auch nicht, stattdessen, durch aktive Kooperationen und synergetische Wirkungen willentlich überwunden wird.

Auch bei den studentischen Anforderungen im Rahmen der Bachelor-/Master-„Reform" zeigt sich eine zunehmende „Spezialisierung" auf eine einzige romanische Sprache hin.

Inzwischen sind Latein und die „Alt"-Stufen der romanischen Sprachen, insbesondere Altfranzösisch und Altspanisch, kaum mehr, eher: gar nicht verlangt, der Bachelor, so hoch er von der Politik gelobt wird (man sollte ehrlicherweise sagen: so ‚hochgelobt' er von der Politik wird), hat das fundierende Wissen um ältere Sprachstufen als „Ballast" abgeworfen, für den Master wird so was, erst recht Ausbildung in den Sprachen der Antike, auch nicht mehr verlangt, dementsprechend gibt es keine Angebote mehr, für die Bildung ist die sprachliche Vergangenheit verloren, wenn auch hier und da als Orchidee liebevoll im Kleinzirkel gelehrt und dann noch als Esotericon belächelt. Schlimm ist das, und geradezu unerträglich als Bildungsverlust schmerzend für den, der – schon durch seine entsprechende Ausbildung – weiß, wie wichtig solche historisch verankerten Kenntnisse sind, um aktuelle Gegebenheiten angemessen als universitär Gebildeter erfassen zu können. Denn die Gegenwart ergibt sich als aktueller Letztschritt aus der Vergangenheit.

1969, zu meinem Studienbeginn der Philologien, gab es in Münster – und natürlich auch an den anderen Universitäten mit Anspruch an die jeweiligen Studiengänge – im Studiengang ‚Germanistik' obligatorisch für die Erstsemester ‚Gotisch' (das gibt es an der Humboldt-Universität zu Berlin

---

verengten Identität, des wissenschaftlichen Individualismus, somit auch der direkten Konkurrenz.

überhaupt gar nicht), für das Folgesemester dann ‚Althochdeutsch', dann im nächsten Semester ‚Mittelhochdeutsch', im 4. Semester schließlich ‚Neuhochdeutsch', jedes Semester selbstverständlich mit zu bestehender Abschluss-Klausur, danach die Zwischenprüfung mit schriftlicher Klausur über den Stoff der vergangenen vier Semester und mündlicher Prüfung. Auf diese Weise waren die Einsicht in Entwicklungen, der Blick auf lexikalische und morphosyntaktische Bezüge und sprachhistorische wie auch kulturelle Zusammenhänge, das Wissen um die historischen Grundlagen der jeweilig synchronen Sprachstufe gesichert. In der Romanistik vergleichbar: Latein war notwendige Voraussetzung (und man fragt sich bis heute, wie man das Fach ohne fundierte Lateinkenntnisse studieren [!] soll), Einstieg mit ‚Altfranzösisch' oder einer anderen Altstufe (z.B. ‚Altprovençalisch'), dann ‚Mittelfranzösisch', schließlich ‚Neufranzösisch', je mit Lektüreseminaren (wer liest heute noch die *Chanson de Roland* oder *El cantar de mio Cid* im Studium, und dann noch im altsprachlichen Original?), und mit je eigenen Abschluss-Klausuren. Entsprechend die historischen Vorstufen bzw. dialektalen Diversitäten des Griechischen und Lateinischen für die Klassische Philologie. Heutzutage, nach (weniger als) 40 Jahren, gelten solche qualifizierenden Anforderungen an Sprach-Studierende, PhilologInnen, LinguistInnen, Fremdsprachen-Lernende, Fremdkulturen-Interessierte als „nicht mehr zumutbar" – wer, bitte schön, bemisst das eigentlich für die heutige studierende und bildungswillige Jugend? Wer verantwortet solch eine Reduktion von Wissensangeboten, solche Beraubungen von kulturellen Fundamenten und kognitiven Bezugsmöglichkeiten, solche Beschneidungen von Disziplinen und ihren Auffächerungen?

Das war, wohlgemerkt, studienübliche und prüfungsrelevante Praxis, auch *nach* den [19]68er Reformen. Für eine gediegene linguistische Ausbildung in Fremd- und Muttersprache galt dieser ganzheitliche diachron-synchrone Anspruch eben als unerlässlich im universitären Selbstverständnis des gewählten Studienfachs (hier: Germanistik oder Romanistik). Ich habe jedenfalls als Bestätigung in meinen eigenen Vorlesungen und

Seminaren erfahren, dass angebotene sprach- und kulturgeschichtliche Erklärungen, etymologische Aufdeckungen und sprachvergleichende Zusammenhänge aus historisch fundierter Herleitung die Studierenden durchaus faszinieren, sie zu interessierten Nachfragen drängen und ihnen einen scheuen Einblick in jene Wissenssphären aufreißen, die ihnen durch die Studienordnungen verwehrt und verschlossen sind. Inzwischen ist eben ein geistiger Anspruch auf ganzheitliche Ausbildung, die auch historisch-diachrone Aspekte mit einbezieht, verlorengegangen, ein Simpelgeist der Oberflächlichkeit ist eingekehrt, der Ungeist des „Drüberhuschens", des Unfundierten, der schütteren Halbbildung, des Segmentwissens, der Facettenausbildung und der themenpunktuellen, möglichst noch zuvor „themen-abgesprochenen" Lern- und Prüfungsweise.

Genau dies gesellt sich noch hinzu: Der umtreibende Wunsch nach studialer Ökonomie wird noch dadurch gesteigert, dass für die Abschlussprüfungen nur bestimmte Themen, eng und möglichst sprachnah am 20. Jahrhundert, abgesprochen werden, ergänzt dann noch mit bibliographischen Harmonisierungen – das besagt: Reduktionen – des Prüfungsanspruchs, wobei ebendiese bei den StudentInnen oft nur mit professoralem Nachdruck über ihre selbstgewählten Kurzaufsätze und wenige Überblickswerte hinausgehen.

☐ Das ist ein **Discount-Denken** ohne geistige Verankerung – aber woher soll da was Anderes gekommen sein? Wir Lehrenden können, ja dürfen sie für die Studentinnen und Studenten in der Lehre und im Prüfungsangebot ja gar nicht mehr leisten. Altfranzösisch z.B. ist „wegrationalisiert" in der Romanistik, denn: wozu soll das „nützen"? …; also wird es weder gelehrt noch geprüft. Die Universität hat wieder einen Baustein aus dem wissenschaftlichen Lehrgebäude selbst herausgebrochen und nun verloren. Wer sollte da noch Interesse haben, es forscherisch zu betreiben – ohne Rückbindung zur Ausbildung, als kongeniale Gemeinschaft von Theorie und Praxis, von Forschung und Anwendung?

Es herrscht ein Zeitgeist, vermutlich infiziert von amerikanischen Effizienzgedanken und Ökonomie-Diktaten, der auf Effizienz-und-Fließband, auf Verschulung-durch-Korsett ausgerichtet ist. Wachsen von Wissen, Entfaltung des Denkens, Vertiefung durch Vernetzung und Anregung, Reifung zu einer intellektuellen Persönlichkeit sind da nicht möglich: nach *Fast Food*, das als globale amerikanische „Beglückung" der Menschheit mit der Schnelligkeit und dem Zeitgewinn nun die Gesundheitseinbuße durch Fettleibigkeit und somit ironischerweise damit dann *doch* die Trägheit erbracht hat, wiederholen wir in Europa unbelehrbar die alten Fehler aus Übersee. Warum das, warum diese Selbstaufgabe, wieso dieses Fehlen bildungshistorischer Selbstsicherheit? Nach Jahrhunderten gediegener Wissenschaft, spätestens nach dem glorialen, die Philologien als Neuphilologien (Germanistik, Indogermanistik, Romanistik[55], Klassische Philologie, Anglistik[56], Slawistik[57]) erweckenden 19. Jahrhundert,[58] mit den

55 Vgl. Christmann (1985), Kalkhoff (2010).

56 Die Anglistik mit ihrer spezifischen Divergenz der Wissenschaftskulturen in ‚Englische Philologie' und ‚English Studies' (s. z.B. König [Hrsg.] 2009: 34–44); vgl. Haenicke (1979); Schrey (1982); Finkenstaedt (1983).

57 Vgl. Eichler [Hrsg.] (1993).

58 In den Jahrhunderten zuvor gab es zwar vereinzelte, am Modell des Lateinischen orientierte Beschreibungen, Grammatiken und Lexika der Einzelsprachen, aber eigentlich ging es um Sprachunterricht. Die dafür zuständigen Sprachmeister fanden in den Gesellschaften bis ins 18. Jahrhundert hinein keine besondere Beachtung oder gar Anerkennung. Ein Sprachmeister galt noch im 18. Jahrhundert als im Rang der Dienstleistungen viertplatziert, hinter dem Stallmeister, dem Reitlehrer, dem Exercitienmeister (der für Fechten und Tanzen als Lehrer zuständig war). Entsprechend hatten auch die Sprachen gesellschaftliche Rangfolgen inne: So galten Französisch und Italienisch als Sprachen der Galanterie, als verfeinerte Sprachen der Gebildeten und vor allem des Hofes, des Adels, der Bildungseinrichtungen (Universitäten), während Englisch als Sprache des praktischen Lebens oder Deutsch als Sprache des normalen Volkes eher nachrangig eingeschätzt wurden. Erst die philologischen Interessen der Romantik und der Deutschen Klassik haben hier, mit stark historischem Blick, eine ganz neue Wertschätzung hervorgebracht, die dann auch in wissenschaftliche Disziplinen und staunenswert komplexe Forschungsleistungen führte (vgl. König [Hrsg.] 2009).
Es sind zudem meist deutsche Gelehrte, die in der Wissenschaftsgeschichte der einzelnen Neuphilologien deren anfängliche Identität mit grundlegenden

bekannten Brüchen in der ersten Hälfte des 20. Jahrhunderts, favorisieren wir nun, seit den späten 1980er Jahren, nicht mehr primär die Forschungsinhalte, sondern die berufliche Effizienz, die Länge der Studienzeit, die Schnelligkeit der marktbezogenen Umsetzung – unter Verlust der Inhalte. Und warum das alles? – Aus Kostengründen.

Entfernter können da die Argumente nicht liegen: zwischen

- einerseits *universitas* und *scientia*, und
- andererseits der Arbeitseffizienz, der Finanzierung, dem zeitlichen Ökonomie-Aspekt.

Unsere Gesellschaft läuft auf dem Band „Time is money", und so „produzieren" wir Studienabsolventen per „Fließband", mit Zwang der Zeitspannen und Quoten und zeitkorrekten Abwicklung: Schmalspurwissen, Oberflächenkenntnisse, wenig Fundiertes. Wenn ich die vier, meist kaum differenten Themenvorschläge für eine Prüfung sehe, von denen dann zwei gewählt werden, die man in 25 Minuten als Prüfer ansprechen soll (und nicht inhaltlich überschreiten darf, da „nicht abgesprochen"), frage ich mich, warum studiert die Jugend dann überhaupt noch mehr als ein Semester; denn einen solchen Stofftorso aus dem Themenbündel der Prüfung hat ein kluger Kopf rasch in drei Semestermonaten abprüfsicher parat. Hier wird in sehr vielen Fällen ein angelesenes Fachwissen reproduziert, was schon über die Antworten erkennbar ein kurzes Verfallsdatum ausweist. Bei einem immer stärker anwachsenden Aufkommen an Studierenden finden sich immer weniger Geeignete, die für eine Dissertation eingeladen und für langfristige Studien, selbst bei Finanzierungsmöglichkeiten (die wenig genug vorhanden sind), begeistert werden können. Wirklich gute, im Wissen standfeste Studentinnen und Studenten sind rar geworden, und es bestimmen immer

---

(historischen) Grammatiken, Lexika, Literatursammlungen erarbeitet haben, jedenfalls haben die Europäer im 19. Jahrhundert ihre Sprachkulturen selbst erforscht, und zwar so gründlich und wissenschaftlich gediegen, dass sich daraus die einzelnen Disziplinen mit zunächst historisch-vergleichender Vorgehensweise ergeben und bis heute weiterentwickelt haben.

wieder die zukünftigen Lebensumstände – keine Stelle an der Universität, kein Stipendium, berufliche Nebenjobs, schlechte Berufsaussichten, usw. –, dass für solche Nachwuchskräfte diese Perspektive unattraktiv aussieht.

❑ Ebenso fatal erweist sich die **Aufspaltung** der noch in den 1960er Jahren universitär vorhandenen Philologien in einerseits
- Sprachwissenschaft / Linguistik und in
- Literaturwissenschaft andererseits,

was dann, als misslungene Scheidung auffallend, seit etwa den 1990er Jahren wieder verstärkt unter dem Dach einer
- ‚Kulturwissenschaft'

mit historischen und pragmatischen Anteilen wettzumachen versucht wird:

Entstanden ist damit ein Ortungsproblem von **‚Kulturwissenschaft'** als
- entweder eben Dachdisziplin für <‚Sprache' und ‚Literatur'> und deren Disziplinen, also für Linguistik und Literaturwissenschaft,
- oder aber als dritter, folglich als Ergänzungs-Partner der beiden künstlich getrennten Disziplinen. Immerhin bringt diese kulturwissenschaftliche Komponente wieder jene historische Dimension mit ein, die seit einem halben Jahrhundert, mit dem Erfolg des Strukturalismus der 1920er Jahre und seiner Rezeption und dominanten Geltung in den 1960er Jahren, verlorengegangen war, weil missachtet worden ist.

❑ Ohne eine konsequente und ausdrückliche Einbindung des gegenwärtigen Forschungs- und Lehrstoffes an der Universität in die **geschichtliche Entwicklung** und die historischen Verhältnisse lässt sich seriöse Wissenschaft und Lehre nicht vollziehen; ein entsprechender Verzicht, wie schon seit langem praktiziert,
- bedeutet nicht Ökonomisierung, sondern Verarmung,
- besagt keineswegs eine studentenfreundliche Entlastung, sondern klare Unverantwortlichkeit in der Sache,
- befreit nicht von „Ballast", sondern belastet durch Ignoranz und Orientierungslosigkeit ebenjener, denen gegenüber

wir durch unseren Auftrag zur geistigen Erziehung, durch den Bildungsauftrag, durch das universitäre Ethos für die Zukunft der kommenden Generation verpflichtet sind: Ebendiese sind ja auch die späteren Wissenden und Ausbildenden, und mit deren Unwissen oder stark eingeschränktem Wissen wäre die Nichtkenntnis historischer Gegebenheiten in Sprache, Literatur, Gesellschaft, Kultur ein irreparabler Schaden für die geistige Orientierung und das gesellschaftliche Selbstverständnis: der Abbau des kulturellen Gedächtnisses einer Gemeinschaft.

1.5. *Welchen Stellenwert haben heutzutage Kooperation und Vernetzung in der Wissenschaft?*

Der dritte Begriff zu diesen beiden genannten – zu ‚KOOPERATION' und ‚VERNETZUNG' – ist der der ‚SYNERGIE'. Sein Vorteil ist der, dass er etwas Dynamisches mitteilt – als σύν *sýn* ‚zusammen', ‚gemeinsam' und ἔργον *érgon* ‚Werk', ‚Tat', ‚Handlung'. Der frühere und Meta-Begriff dazu, nämlich der der ‚INTERDISZIPLINARITÄT', vermittelt eher etwas Gefestigtes, eine Art Programm. Beiden erfragten Begriffen, die so nah verwandt gebraucht werden, ist der neue, seit den 1960er Jahren proklamierte, aber schon im europäischen Strukturalismus, so von Roman JAKOBSON (1896–1982), postulierte Gedanke eigen, dass die Wissenschaften ihre Parzellierung und Absetzung voneinander mit neu weitenden, übergeordneten Aspekten, Fragestellungen, Zielsetzungen überwinden sollten, indem sie grenzen-überschreitend und aufeinander zugehend und in gegenseitiger Anerkennung nach neuen Wegen – griech. μέθοδος *méthodos*; μετά *metá* ‚mit', ‚nach'; ὁδός *hodós* ‚Pfad', ‚Weg', ‚Reise' –, also ‚methodisch', und nach sich in der Erweiterung neu ergebenden Forschungszielen im gemeinsamen Austausch suchen sollten. Dieser Ansatz von Kooperation hat sich bewährt. Er hat aber noch nicht prinzipiell in den Köpfen Eingang gefunden, sie ist auch nicht jedermanns Sache, indem man lieber in den alten und bekannten Grenzen seiner Disziplin bleibt.

Die Interdisziplinarität, seit Mitte der 1970er Jahre propagiert, gilt heutzutage als ein maßgebliches Qualitätskriterium für die Forschungsevaluation.

Im Zeitalter der Neuen Medien hat auch die Wissenschaft, haben die Geistes-, Sozial- und Kulturwissenschaften, aber auch, soweit ich weiß, die Natur- und Technikwissenschaften als begriffliche Spenderdisziplinen einen vereinigenden Begriff, nämlich den der ‚Vernetzung‘ gewählt, der nunmehr bevorzugt den interdisziplinären Diskurs bestimmt und seinerseits ein dynamisches, ein relationales, ein systemisches Ethos in die Diskussion insgesamt eingebracht hat.[59]

In der Tat: Die Metapher der ‚Vernetzung‘ leistet anschaulich mehr als der Begriff der ‚Interdisziplinarität‘, dessen konkrete Leistung lediglich beim ‚*Inter-*‘ als Leistung des ‚Vermittelns‘, des ‚Zwischen‘, zu orten wäre.[60] Die ‚Vernetzung‘ dagegen lässt das ‚Netz‘ konnotieren mit all seinen positiven und auch negativen Implikationen, lässt aber auch den Zusammenhalt, das Systemische, die Interrelationalität aufleuchten, und diese Komplexität eben als Prozess, nicht als Faktum, schon mit der Sprache: durch das Präfix *Ver-*.

1.6. *Was sagen Sie zu den von Ihnen vieltraktierten Schlüsselbegriffen <‚Fach‘, ‚Translat‘, ‚Kultur‘> und deren Verknüpfung?*[61]

Die Trias ist in ihrer Breite und mit diesen Begriffen treffend gewählt und entspricht den zentralen Fragestellungen der modernen Gesellschaft – bis in die globalen Dimensionen hin-

59 Für die Fachkommunikationsforschung findet er sich in meiner Habilitationsschrift (1984) thematisiert (Kalverkämper 2016); das kreative Spektrum wird vorgestellt bei Kalverkämper / Baumann [Hrsg.] (2016); s. auch Baumann (2008 a; 2008 b).

60 Vgl. zu *Inter-* und *Trans-* Kalverkämper (2009 b: 65–72) sowie (2004).

61 Ebendiese drei Schlüsselbegriffe moderner theoretischer und angewandter Forschung im Umfeld von Sprache und Kommunikation finden im Titel des Hartwig Kalverkämper als Festschrift zum 60. Geburtstag gewidmeten Buches Baumann [Hrsg.] (2011) ihre leitfunktionale Beachtung.

ein – mit ihren sachlichen Herausforderungen: Man kann sie zunächst

- einzelbegrifflich betrachten (I.) –
  mit (1) ‚**Fach**'-Begiff, (2) ‚**Translat**'-Begriff,
  (3) ‚**Kultur**'-Begriff,

um sie dann aber

- aufeinander beziehen zu wollen (II.).

I. Also EINZELBEGRIFFLICH zuerst

(1) der ‚Fach'-Begiff:

Seit den 60er Jahren, mit einigen wirkungsschwachen Vorläufern, so z.B. der sogen. ‚Wirtschaftslinguistik' aus den 20er Jahren, bestimmt mit wachsender Mächtigkeit der Blick auf die Fachlichkeit (als Qualität) und auf das Fach (als Organisationsform) die Diskussion der Disziplinen im Schnittpunkt von Sprache, Kommunikation und Handeln (Pragmatik): Linguistik, Soziologie, Sachwissenschaften finden hier eine Nähe des Bedarfs an tiefergehender wissenschaftlicher Forschung.

Die Folge war, seit den 60er Jahren, dass sich eine linguistisch-sachbezogen-soziologische intensive Beschäftigung mit Fachsprache und Fachkommunikation herausgeschält hat, die sich zu einer eigenständigen Sparte ‚Fachsprachenforschung', später (in den 1980er Jahren) angemessener ‚Fach*kommunikations*forschung', mit interdisziplinärem Profil und hoher gesellschaftlicher Verflechtung als Angewandte Disziplin mit eigenem theoretischen Rahmen entwickelte und inzwischen, im Laufe von rund 50 Jahren selbständiger Einbettung in ein Gefüge von sprach- und kommunikationsbezogenen Disziplinen, nunmehr eine gewisse Selbständigkeit für sich reklamieren kann.

Diese Erfolgsgeschichte zeigt sich in entsprechenden Handbuchpräsentationen, in gewichtigen Buchreihen, in forschungsfördernden Publikationen, in eigenen Repräsentanzen der Angewandten Linguistik (wie der GAL – *Gesellschaft für Angewandte Linguistik*), in speziellen Beziehungen – so beratend, begleitend oder prüfend – zur Politik, zur Wirtschaft, zur internationalen Zusammenarbeit, zu gesellschaftlichen Bedarfslagen, die mit Ängsten, Nichtverstehen, Unwissen, Laienvermutungen u.a. zu tun haben bei Kernkraftwerkunglücken, Genmanipulationen, Klimaproblemen, globalen technischen o.a. Herausforderungen.

Mit ‚Fach' und der ‚Kommunikation–im–Fach' sind wissenschaftlich und zugleich praxisorientiert gesellschaftliche Bedarfslagen der Moderne erkannt und als Auftrag angenommen worden, und das Entstehen der Disziplin ‚Fachkommunikationsforschung' und ihre noch junge, aber dynamische und außerordentlich erfolgreiche Geschichte beweisen, wie hier Anspruch von außen und Einlösen der Erwartungen durch angemessene Forschung, gleichsam Anwendungsdruck und Theoriebegleitung, in gegenseitiger Stimulanz zu zufriedenstellenden Erkenntnissen und Resultaten geführt haben.

Besondere Evidenz erfährt das Verhältnis im internationalen Austausch. Dieser verläuft vorwiegend in dem Sektor des fachlichen Handelns, verlangt also interlinguale Fachkommunikation. Hier ist die Translationswissenschaft gefordert und die Fachübersetzung besonders zu fokussieren:

(2) Der ‚**Translat**'-Begriff

führt dem ‚Fach'-Begriff die Komponente des interlingualen Dialogs zu; und er erhält, umgekehrt, seine heutzutage gleichsam fast schon alleingeltende Stellung, denn die literarische Übersetzung und der Übersetzungsbedarf alltäglicher Texte machen nur einen Bruchteil dessen aus, was man an Fachübersetzung in der ganzen Breite anfallender Fächer, Disziplinen, Branchen, Wissenschaften, Berufsgebiete usw. bedarf. Zwar ist die Tätigkeit des Übersetzens und Dolmetschens eine der ältesten geistigen Sinnstiftungen, sogar mythisch (Turmbau zu Babel / Babylonische Sprachenverwirrung; das Wunder zu Pfingsten)[62] und auch kunsthistorisch beglaubigt (so das

62 In komplexen Zusammenhängen aufgezeigt bei Kalverkämper (2012 a).

berühmte Relief aus dem Grab des Pharao *Haremhab*[63]) und heutzutage, in der globalisierten Welt mit ihren internationalen Kooperationen, auch pragmatisch, wirtschaftlich nicht mehr wegzudenken. Aber mit den Ansprüchen an eine jeweils fächerspezifische Übersetzung und an bestimmte Qualitätsnormen im Fachinhalt, die sogar rechtliche Konsequenzen haben können, ist die Translationswissenschaft als theoretische Rahmengebung für die praktische Arbeit des Übersetzens und Dolmetschens schubartig – spätestens mit den 1970er Jahren[64] – ins gesellschaftliche Bewusstsein und in die systemische Gemeinschaft der sprachhandlungsbezogenen Disziplinen gerückt. Indem sie den Blick auf das ‚*Inter-*' lenkt, auf das Überbrücken von Sprachen und Kulturen, hat sie auch spezifisch eine Komponente methodologisch berücksichtigt, die von der Linguistik bis dahin so noch nicht wahrgenommen worden war:

(3) Der ‚**Kultur**'-Begriff

spielt neben der Interlingualität zwischen Mutter- und Fremdsprache, zwischen Ausgangs- und Zielsprache, als ‚Interkulturalität' eine entscheidende Rolle

- für das Gelingen des Translats,
- für das gegenseitige Verstehen, das letztlich ein altruistisches Verständnis sein soll,
- für die Qualität des translatorischen Handelns, das ja Verständigung miteinander fördern soll,

und dazu gehört nun mal auch der kulturelle Kontext, in dem Sprache als Kommunikation gelernt wurden und verwendet wird. Insofern ist es auch völlig gerechtfertigt, die ‚Kultur'-

63 Auch: *Horemheb*. Ende der 18. Dynastie (Neues Reich). Schwankende Datierungen in der Forschung, aber Regierungszeit ca. 1319/1305–1292. Ausführungen und Abbildungen dazu findet man bei Kalverkämper (2012 a).

64 Das Übersetzen und Dolmetschen als praktische Tätigkeiten mit ausgebildeter Kompetenz und gelernter Professionalität waren natürlich schon eher als gesellschaftlicher Bedarf auf neue politische und wirtschaftliche Entwicklungen hin erwünscht und durch neue Ausbildungsprofile angestrebt: so in den letzten Jahrzehnten des 19. Jahrhunderts; vgl. Oertel / Resnik (2009).

Dimension als inzwischen maximalen Rahmen für die Analyse von Sprache und Sprechen/Schreiben bzw. Hören/Lesen anzusetzen; die Linguistik hat hier von der Translationswissenschaft lernen können und selbst durch kontrastive Arbeiten zu Kulturemen, zu Kulturspezifika – z.B. im Bereich der Höflichkeitsforschung, also der Kommunikationspragmatik, oder der Abtönung und ihrer Partikeln[65] – einschlägige Beiträge geliefert, die das Format der Disziplin deutlich erweitert haben; Textsortenkonventionen bei mündlicher und schriftlicher Kommunikation sowie Traditionen und Konventionen bei der körperlichen Begleitung des Sprechens und Orchestrierung von mündlicher Kommunikation gehören heute, seit etwa den 80er Jahren, ebenfalls zu einem linguistischen Programm, das die alten Grenzen – wie Sprachsystem, Satz-Ebene, Grammatik, Wortsemantik – aus der sprachwissenschaftlichen Tradition machtvoll und effizient überschritten hat.

Das Problem, das dabei allerdings immer noch auftaucht, ist das Fehlen eines ‚Kultur'-Begriffs, der aus der Linguistik oder aus der Translationswissenschaft heraus erarbeitet worden wäre, und auch aus der Kulturwissenschaft (wenn ich mal den Singular hier verwenden kann, um eine mehr oder weniger deutlich konturierte Disziplin zu kennzeichnen) kommt wenig Hilfreiches zu Fragen der Definition oder verbindlichen terminologischen Grundlagen. Vielleicht liegt der Schlüssel einer Lösung tatsächlich im interdisziplinären Zugriff, bei dem ein dynamischer, ein operationaler ‚Kultur'-Begriff zugrunde liegen könnte; Orientierung hierfür könnte nach meiner Auffassung zuerst die Anthropologie geben, denn ‚Kultur' ist ein Menschen-Begriff, angehängt an[66]

---

65 Bereits die erste, jedenfalls thematisch bahnbrechende Arbeit zur Abtönung (Modalpartikeln wie *ja*, *doch*, *eigentlich*, *halt*, *mal* u.a., jeweils aber kontextgebunden!), eine (recht schmale, 127 S. umfassende) Tübinger Dissertation, nämlich Weydt (1969), war kontrastiv angelegt: zwischen Deutsch und Französisch mit Ausblicken auf Neugriechisch, das hier wie das Deutsche sehr reich differenziert.

66 Dies, zusammen mit der später angesprochenen Definition, bei Kalverkämper (2010).

- sein Sosein (*homo sociologicus*),
- sein Kommunizieren (*homo loquens*),
- sein Verstehen und Sichten der Welt (*homo interpres*), und schließlich an
- sein Wirken in dieser Welt (*homo faber*).

Daraus hat die Anthropologie ‚den Menschen' auch zu erfassen versucht mit den Beschreibungsbegriffen

- ‚Gesellschafts- oder Gemeinschaftswesen',
- ‚Sprach-'/‚Sprechwesen',
- ‚Verstehwesen',
- ‚Wirkwesen'.

Bezieht man die Qualitäten und Bestimmungen gleichsam tabellarisch aufeinander, ergibt sich ein konsequentes und kompaktes Bild der Zusammengehörigkeiten:

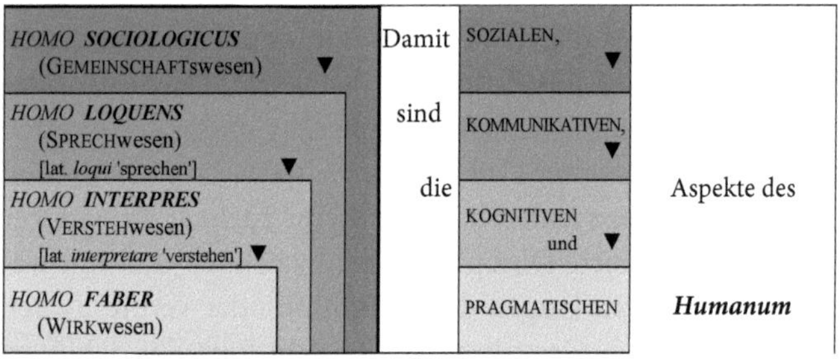

umrissen und die konstitutiven Qualitäten von <der Mensch> ganzheitlich erfasst.

Von daher dürfte sich als evident erweisen, dass ‚Kultur', insbesondere etymologisch begriffen, von lat. *colĕre* ‚bebauen', ‚pflegen' im Sinne des Wirkens (*faber*), des Furchen Ziehens, des Ackerbaus, des Säens und Erntens, zuerst ein Begriff der bäuerlichen Sachwirtschaft, des gezielten Eingriffs in die Natur[67] – dem Gegenbegriff zur ‚Kultur' – ist und darin, schon

67 Deshalb gilt ja auch der PFLUG als eines der ersten Kulturwerkzeuge des Menschen (vgl. z.B. Holzapfel 1993: 339). Auch mythopsychologisch ‚ver-

von der Intention auf die Gemeinschaft (*sociologicus*) hin, die Spanne des *Humanum* umfasst. Insofern kann er kein statischer Begriff sein, keine *Ist*-Definition vertragen, sondern er muss, nochmals gesagt, dynamisch, prozessual, operational, funktional erfasst werden. Solch eine Aufgabe aber löst sich meines Erachtens sinnvoll erst in einem interdisziplinären Zugriff.

II. Im Bezug zueinander:

Wenn nun diese drei zentralen Begriffe ‚Fach', ‚Translat', ‚Kultur'

- der Wissenschafts- bzw. Disziplinengeschichte sowie
- der aktuellen Bedarfslage gesellschaftlicher Dispositionen und Lebenspraxis und damit auch
- des modernen Diskurses zu den globalen Entwicklungen der Menschheit und ihrer geistigen Austauschbeziehungen

zusammentreffen zu einer einheitlichen Aussage, treffen sie die Schlüsselbefindlichkeiten der Welt des ausgehenden 20. und des 21. Jahrhunderts, so weit man dieses bereits beurteilen und prognostizieren kann:

(1) Wir haben eine stark arbeitsspezialisierte, berufsbezogene, fachausgerichtete, expertenzentrierte, segmentorientierte, partialisierte Welt des Handelns-in-Vernetzung vorliegen, in der tatsächlich das spezialisierte, das fachliche, das **Experten-Wissen** und das mit ihm verbundene Handeln-im-Fach einen außerordentlich hohen gesellschaftlichen, wissenschaft-

wundet' – <defloriert> – er auf seine ‚aufreißende' Weise, die ihre sichtbaren und fruchtbringenden Spuren zieht, die ‚unberührte, <jungfräuliche> Natur' und schafft so mit seiner Handlungsmacht (‚Potenz' – lat. *potēns* ‚vermögend', ‚könnend'; *potentia* ‚Macht', ‚Kraft', von lat. *posse* ‚können', ‚vermögen', dies aus *potis esse* ‚imstande sein', ‚können') die kreative, menschengenutzte ‚Mutter Erde', aus der sich der Mensch ernährt und die ihn erhält und leben lässt. Indigene Mythen vermitteln diese anthropomorphe Sicht und lehren ein geradezu männlich-weiblich-sexuelles Verhältnis von Mensch und Erde (d.h. seiner Lebenswelt).

lichen, juristischen, ökonomischen Stellenwert und eine selbst in der Einschätzung aus dem Alltag heraus glänzende Reputation innehaben: ‚Meister-ihres-Faches', ‚Experten', ‚Sachverständige', ‚Fachleute', ‚Gutachter', ‚Spezialisten', ‚Koryphäen' – sie gelten als Basis einer prosperierenden Gesellschaft auf hohem Wissensniveau zum Wohl der Allgemeinheit („Expertokratie"), wobei bestimmte Sparten und Berufe und fachliche Ausrichtungen noch unterschiedliches Ansehen als gesellschaftliche Autorität genießen: Mediziner, Juristen, Professoren u.a. dürften hier wohl als mit besonderem Prestige behaftet genannt werden (was auch sozialhistorischem Wandel unterworfen ist), so wie Politiker, Verwaltungsleute und Bänker als offensichtliche Negativbilder.

(2) Wir haben zudem eine Welt der Grenzenüberschreitung, der Kooperation, der internationalen Verflechtungen, der nationenübergreifenden Netzwerke, seien sie technologischer, wissenschaftlicher, ökonomischer, militärischer, finanzieller oder touristischer Art: der Begriff der ‚Globalisierung' greift hier zu Recht, da inzwischen auch nicht nur die nutzbringenden Aktivitäten des Menschen, sondern auch seine schädlichen an den eigenen Grenzen nicht Halt machen: Umweltschutz, ökonomische Abhängigkeiten, Kernkraftwerk-Katastrophen, Erdbeben mit Tsunami-Folgen, Erderwärmung mit Klimawandel, Ausbreitung von Wüstengebieten und Hungermigration, militärische Konflikte, internationaler Terrorismus, Asylwesen bzw. Flüchtlinge und Migranten, internationale Hilfeleistungen generell – all das und mehr haben das Bewusstsein des Einzelnen zu einem Denken in globalen Dimensionen, zu einem kritischen Wissen um die Erdgemeinschaft erweitert.

Träger dieses Wissens aber ist die **Kommunikation**: durch Aufklärung und Diskussion in den Medien, in Symposien und Kongressen, in Kampagnen und Bildungsangeboten. Der gesellschaftliche Diskurs kennt, jedenfalls bislang in Europa, die Themen der Internationalität durch Fernsehen, Radio, Zeitungen, Filme, vielleicht auch, im Zeitalter der Mobilität, auch durch eigene Anschauung. Die Barriere solcher Kommunikation zum gegenseitigen Nutzen und zum gemeinschaftlichen Schaden ist die Sprachenvielfalt; sie im Sinne

- des gegenseitigen *Verstehens*,
- der *Verständigung* als Partner,
- des *Verständnisses* füreinander

zu überwinden, hilft das Übersetzen und Dolmetschen.

Die *Fachkommunikation* in all ihren

- Ausrichtungen (,Fachmann – Fachmann', ,Fachmann – Laie' u.a.) und
- Bereichen (Handwerk, Wissenschaft, Produktion u.a.) und
- Niveaus (Wissenschaftssprache, Laborslang u.a.) sowie
- Medien (Schrift, Mündlichkeit, Neue Medien) und
- Sprachwahlen (Englisch als *Lingua franca*, andere Einzelsprache mit fachsprachlichem Register)

ist hier im internationalen Verkehr breit beherrschend gegenüber den nur geringen Bedarfsanteilen einer grenzüberschreitenden *alltäglichen* Kommunikation und
erst recht, als schmales Segment, gegenüber dem Austausch an übersetzter *Literatur* – literarischer, poetischer, künstlerischer, ästhetischer Kommunikation – (die aber, das wird immer wieder gern übersehen, gerade dasjenige intellektuelle und ästhetische Phänomen globaler Zurkenntnisnahme ausmacht, das man ,Weltliteratur' nennt; ohne Übersetzungen gäbe es sie nicht, gäbe es diesen Begriff gar nicht).

Neben einer breit sich als *Lingua franca* anbietenden internationalen Verkehrssprache – Englisch – in ihren unterschiedlichen Qualitäten hilft das Übersetzen und Dolmetschen natürlich auch, die Sprachenvielfalt zu respektieren, wie es in Europa in der EU geschieht, und lebendig zu halten. Übersetzen und Dolmetschen helfen somit auch, die Identität von

Völkern als kostbares Gut gemeinschaftlicher Befindlichkeit zu achten und zu pflegen.[68]

(3) Gerade diese Identität ist in ihren vielen Facetten ein Spezifikum kulturellen Selbstverständnisses. Sie gehört als Qualität zu einem vitalen ‚Kultur'-Verständnis und dient als Kulturem, als ein Kulturspezifikum (von vielen weiteren). Der ‚Kultur'-Begriff selbst nimmt auch Anteile vom fachlichen Handeln und von der Weise qualifizierter Translation in sich auf, und es ist nicht ohne Signifikanz, dass wir hier integrative Konzepte der beteiligten Disziplinen und ihrer qualitativen Merkmale und Ausrichtungen inzwischen vorliegen haben: nämlich das der <Fachkultur>[69] und das der <Translationskultur>[70].

1.7. *Wie gestalten Sie selbst in diesen Bereichen die Forschung mit?*

☐ Ich bemühe mich um prinzipiell breite Sichtweisen, die eine Vernetzung von Aspekten ermöglichen. Der **systemische** Ansatz, der Blick auf das Vernetztsein von Phänomenen, liegt mir mehr als das punktuelle Sehen, was nichts damit zu tun hat, dass man nicht auch tiefgehende Analysen als *mise au point* betriebe. Es geht eben darum, auch die Nachbarn des Problems zu sehen, zu erkennen und entsprechend zu berücksichtigen, dass der wissenschaftliche Gegenstand selbst nicht isoliert vorkommt, sondern eingebunden ist in Nachbarn, deren Wirkungsmächtigkeit man mitberücksichtigen sollte,

---

68 Vgl. dazu Kalverkämper mit klaren Voten für die Sprachenvielfalt und gegen die Dominanz des Englischen in der Sprachenkonkurrenz: (2008 a) und (2012 a).

69 Institutionalisiert analog zu ‚Fach*sprachen*forschung', dann, ab den 1980er Jahren: ‚Fach*kommunikations*forschung', nunmehr, seit ihrer öffentlichen programmatischen Kundgabe (Kalverkämper 2009 c), als ‚Fach*kultur*-forschung'.

70 Prunč (^{3}2012); vgl. auch Schippel [Hrsg.] (2008).

um dem Gegenstand des Interesses selbst gerecht werden zu können.

❑ Dazu gehört auch ein Blick auf die Lösungswege und Erkenntnisangebote der benachbarten Disziplinen, also ein prinzipiell **interdisziplinär** gedachter Ansatz. Gerade Kommunikation, gerade Sprache finden zentrale Beachtung aus den je spezifischen Anliegen vieler Disziplinen heraus.[71] Für die Argumentationen und Analysen greife ich da zunächst gern zur

- Anthropologie und zur
- Semiotik;

sie liegen ja auch am nächsten zu den Fragen der Linguistik, nämlich zu Sprache und ihren kommunikativen Bedingungen, indem die Anthropologie sich dem Menschen widmet, die Semiotik sich den Zeichen und ihren Verwertungen und Gebrauchsweisen zuwendet, und die Klammer bildet zwischen

71 Vgl. die **Vernetzungsstrukturen** der an ‚Sprache' interessierten **Disziplinen** in meinem integrativen Modell:

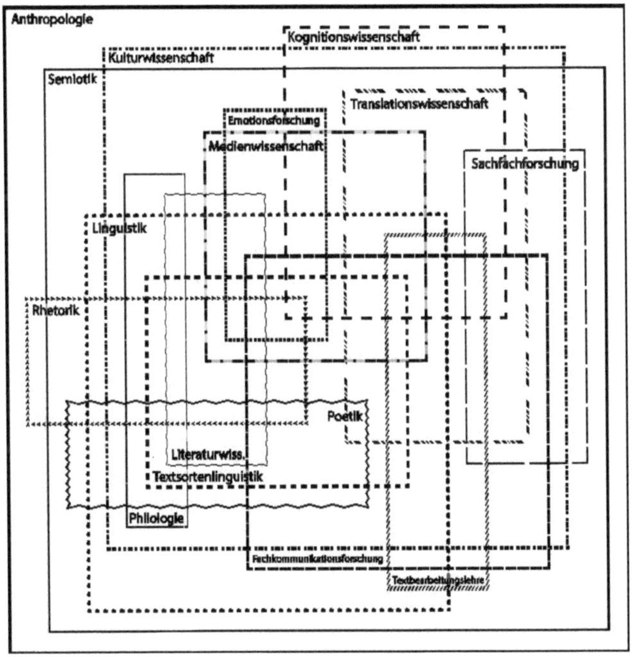

beiden das *communis esse*, das Gemeinsam sein, das letztlich ein soziokulturelles Phänomen ist, wie schon Aristoteles in seiner *Politikà* bestimmt hat: als ζῷον πολιτικόν *zōon politikón*, tradiert als *ēns sociale*, als *homo sociologicus*, der ‚Mensch als Gemeinschaftswesen'.[72]

❒ Schließlich ist mir wichtig, neben der **aktuell-synchron**en Sicht auf die Dinge auch die **diachron-historisch**e Sicht mit einzubeziehen, wobei, schon von meiner philologischen Ausbildung her, die Sprachen der Antike eine Basis bieten und die Entwicklungslinien sich von dort her abzeichnen lassen; eine Argumentation auf der Basis etymologischer Deutung jedenfalls erscheint mir äußerst hilfreich gerade auch bei den vorhin genannten Schlüsselbegriffen wie ‚Kultur'[73] oder ‚Fach'[74] oder ‚*Trans-*' und ‚*Inter-*' [75] u.a.

❒ Indem ich ‚Sprache' zunächst nicht allein als ‚System' (**Langue**) verengt sehe, sondern sie methodologisch zuerst dort aufsuche, wo sie eingesetzt, angewendet, umgesetzt wird (**Parole**), nämlich in Kommunikationssituationen, zwischen Menschen gleicher oder eben auch verschiedener Sprachen und Kulturen, mit unterschiedlichen Voraussetzungen, Erwartungen, Kenntnissen, Anliegen usw., wo also auch Vorurteile, Konflikte, Misslingen, Ritualisierungen, Körpersignale, Konventionen, Stimmen und Stimmungen, Wissen, kulturelle Befindlichkeiten beheimatet sind im Kommunikationsprozess und ebendiesen bestimmen –
indem ich also diese Blickrichtung ‚von der *Parole* zur *Langue*' vorziehe und somit auch den ‚*Langue*'-Begriff beeinflusse, indem ich ihn erweitert sehe: auch ‚Text' gehört zur *Langue*, auch Kultureme gehören hierhin, was insgesamt ein eigenständig

---

72 Vgl. o. S. 78.

73 Vgl. Prunč ([3]2012), Kalverkämper (2010).

74 Vgl. Kalverkämper (1992) und (1998 a).

75 Vgl. Kalverkämper (2004; 2009 b).

diese Verhältnisse spiegelndes Kommunikationsmodell notwendig macht[76] –
also, nochmals, indem ich so vorgehe, habe ich auch ebenjene Aspekte erfasst, die vorhin als „Schlüsselbegriffe" auftauchten: nämlich <‚Fach', ‚Translat', ‚Kultur'>. Seit dem erfolgreichen Wirken der Pragmatik ab den 1960er Jahren kann man, so scheint mir, eigentlich auch gar nicht mehr anders vorgehen als in dieser Komplexität, die der des Analysegegenstandes angemessen sein muss.

☐ Und hier eröffnen sich auch der Wunsch, der Weg und das Gelingen zur **Interdisziplinarität**: Durch sie haben sich die Disziplinen in den letzten 30 Jahren, erkennbar etwa seit den 1980er Jahren, wechselseitig sehr in ihren Profilen, Konturen, Grenzen, Formaten und Programmen, also in ihren jeweiligen Selbstverständnissen, verändert –

76 Ich biete hier einfach mein **Kommunikationsmodell** an, das diese Verhältnisse angemessen reduziert wiedergibt:

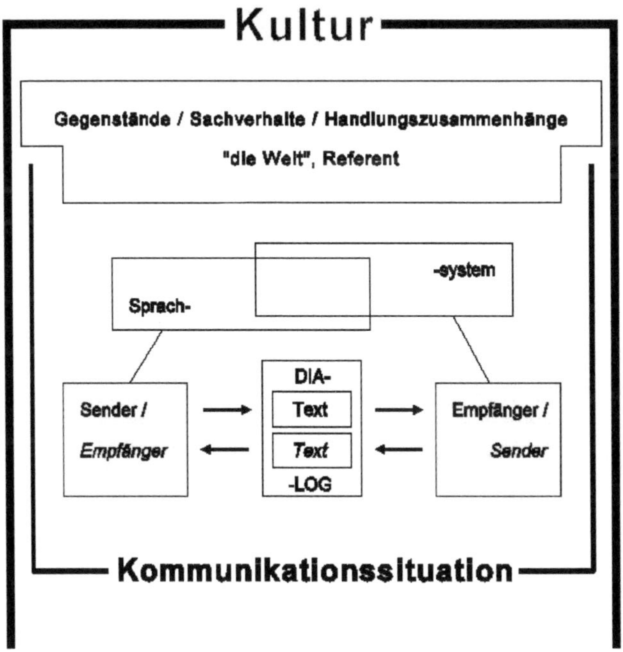

- die Linguistik wurde
  — textuell und textsortenspezifisch,
  — handlungsorientiert und fachlich-fachkommunikativ und
  — deutlich kulturerweitert,
- die Translationswissenschaft entwickelte sich kulturorientiert,
- die Kulturwissenschaft wurde (und wird) stark pragmatisiert.

2. Bildung und Ausbildung als universitäre und gesellschaftliche Aufgabe

2.1. *Sie betonen besonders in Ihren Arbeiten zur Fachkommunikation und zur Translation immer wieder die Wichtigkeit der Bildung und universitären Ausbildung. Dabei spielen auch die Wertebegriffe der ‚Qualität', der ‚Evaluation', der ‚Exzellenz' (wenngleich Sie ebendiesen Begriff eher ironisierend als Schmucketikett eitler Universitätsführungen[77] zitieren) eine wichtige Rolle in Ihrer Argumentation. Sind es diese Merkmale, die Sie reizen an der Universität als Arbeitsstätte?*

❑ Gegenüber anderen Bildungsinstitutionen – wie dem Gymnasium (der Neuzeit), als humanistische Weiterführung zum Abitur, dem Schulabgang mit 18 oder 19 Jahren – hat die **Universität** seit dem Mittelalter, seit den ersten Universitäten – nämlich in Italien Europas älteste: Bologna (1088), in England Oxford (1167) und Cambridge (1209), in Spanien Salamanca (1218), in Frankreich die Pariser Sorbonne (1231), im damaligen deutschsprachigen Raum Prag (1348),

77 Vgl. Kalverkämper (2009 a: 26–36).

Wien (1365) und Heidelberg (1386) sowie Köln (1388)[78], – einen höchst beglaubigten Status im gesellschaftlichen Leben und in der Akzeptanz der Bevölkerung: die beruflichen Stände der Studenten (und, seit dem frühen 20. Jahrhundert, der Studentinnen) sowie, wohl noch unzweifelhafter, der Professoren (und, ebenfalls seit dem 20. Jahrhundert: der Professorinnen). Immer schon, das lässt sich belegen, gelten die Universitäten als gesellschaftlich höchst angesehene Bildungseinrichtungen, und deren Geschichte ist stets sehr eng gekoppelt an das Alltagsleben in den Städten, wie auch umgekehrt die Zyklen und Periodiken akademischen Lebens die Rhythmen der städtischen Abläufe bestimmen. Die Wertschätzung galt stets als sehr hoch, als Universitätsstadt erntete man Privilegien und Reputation. Geistiges Leben wirkte strahlender und nachhaltiger als das der alltäglichen städtischen Praxis mit ihrer kurzen Vergänglichkeit der Tagesgeschäfte. Dieses gesellschaftliche Ansehen, so beobachte ich es, besteht bis heute. Universität als Bildungs- und Forschungseinrichtung gilt zugleich, mit seinen Professoren als Ratgebern, Sachverständigen, Gutachtern, Experten, Urteilsfindern und Entscheidungsträgern[79] als Ort des differenzierten Denkens, als Hort eines wissenschaftlichen Ethos.

Wen das reizt, der ist an der Universität, jedenfalls europäischen Zuschnitts, bestens aufgehoben. Die deutsche Universität hat zudem aus dem 19. Jahrhundert das Glück, das mit dem Namen Wilhelm von Humboldt verbunden ist und das die Freiheit von Forschung und Lehre – inzwischen auch per

---

78 Mir wichtige wären aus der Zeit noch nach Köln: Erfurt (1392; Gründungsurkunde 1379, gilt somit, nicht unumstritten gegenüber Heidelberg, als älteste *Alma mater* Deutschlands), Leipzig (1409) (das immerhin, nach Heidelberg, als die zweitälteste Universität – „Hohe Schule" – Deutschlands gilt, die ohne Unterbrechung bis heute in Forschung und Lehre aktiv ist), Greifswald (1456) und Freiburg im Br. (1460).

79 Hierzu denke man nur an die gesellschaftlich evident direktbezüglichen Fächer Medizin, Wirtschaft, Jura und Informatik.

Grundgesetz[80] – garantiert. Dies läuft aber nicht bei Elfenbeinturm-Wissenschaftlern, sondern, und hier leistet die Universität den unverzichtbaren intellektuellen Rahmen, nur in einem dialogischen, gesprächsoffenen, austauschinteressierten Gesamtkontext.

Wissenschaft ist Dialog, und eben darin hält sie sich offen, reizbegierig, motiviert und kreativ. Das ist ein Stimulus, den so leicht kein Berufsstand, kein Berufsbild offerieren kann. Zudem man einfach mal zugeben kann:

❑ Wir werden bezahlt für berufliche Tätigkeiten, die Freude machen, Kreativität freisetzen, die Zukunft durch die Ausbildung der nachwachsenden Jugend mitgestaltet, dabei bilden wir uns permanent weiter und halten uns intellektuell auf dem Laufenden. Von daher, man muss es so beschreiben, ist ein Beruf an der Universität privilegiert und attraktiv. Ich erachte ihn, gerade unter Humboldts Leitlinien der <Freiheit von Forschung und Lehre> – wenn sie verantwortungsvoll umgesetzt werden – als einen rundherum beglückenden **Beruf**:

Forschung und Wissenschaft am Schreibtisch, am Vortragspult, in Diskussionen auf Symposien und Kongressen; und Lehre und Umgang mit der denkenden jungen *Intelligentia*, die zu fordern und zu fördern Freude macht und immer wieder Anregungen schenkt.

Umso mehr aber ist die Verantwortung des einzelnen gefragt und gefordert, diese Arbeitsumstände

- weiterzuentwickeln in Forschungskraft, sie
- zurückzugeben als Lehrpotential, sie
- einzusetzen für die Gesellschaft und das öffentliche Wohl.[81]

❑ Als Forschungsstätte, lokal-räumlich gemeint, allerdings scheint die Universität für die geistes-, sozial- und kulturwissenschaftlichen Fächer und wohlmöglich noch für weitere –

80 GG Artikel 5, Absatz 3, Satz 1: „Kunst und Wissenschaft, Forschung und Lehre sind frei“.

81 Mit entsprechenden Konsequenzen für die Angewandtheit.

allerdings nicht für naturwissenschaftliche mit ihrer Bindung an Labore – nicht geeignet. Was mich selbst betrifft, so arbeite ich wissenschaftlich nur zu Hause; ich benötige für kreative Arbeit ein stimulierendes Umfeld: helle Fenster und sonnige Ausleuchtung des Zimmers, einen weiten Blick hinaus, meine eigenen Sammlungen und eine umfangreiche eigene **Bibliothek** um mich herum, die mich mit ihrem Potential, mit ihrer (d.h. meiner) Systematik, mit ihrem präsenten und abrufbaren Wissen stimuliert, ergänzt, bereichert. Eine Privatbibliothek, wie ich sie besitze, von aktuell 25.000 Bänden Fachliteratur, eine ganze Hausetage oder normale Wohnung voll, ist als eine Lebensleistung nicht Luxus oder gut finanzierte Sammelleidenschaft, sondern dienendes Werkzeug intellektueller Kreativität. Philipp Blom hat in *Sammelwunder, Sammelwahn: Szenen aus der Geschichte einer Leidenschaft*[82] der Bibliotheca Phillippica, der mit Kisten und ungeordnet, ja versteckt zugestellten Anhäufungs-Bibliothek von Sir Thomas Phillipps (1792–1872), einem britischen Exzentriker und insbesondere antiquarischen Bibliomanen[83], eine deutliche Absage mit einem Argument erteilt, das sich zwischen dem Einzelnen und seiner Kultur weiträumig ausspannt und gerade darin die Besonderheit charakterisiert:

> „Die bloße Anhäufung von Büchern schafft noch keine Bibliothek, denn es ist die Ordnung, die Organisation und die in ihrer Aufstellung und Auswahl sichtbare Persönlichkeit ihres Gründers und Hüters, die Hunderte von Bücherkisten in ein neues Universum verwandeln."[84]

Auf die schon mal staunende Laien-Frage „Haben Sie die Bücher alle gelesen?" kann man sinnvoll eigentlich nur mit der Analogie antworten, dass ein Automonteur in seiner Halle, die

82 Blom (2004).

83 In der englischen Wikipedia findet sich dazu folgende Beschreibung [Juni 2015]: „Such was his devotion that he acquired some 40,000 printed books and 60,000 manuscripts, arguably the largest collection a single individual has created, and coined the term ‚vello-maniac' to describe his obsession."

84 Blom (2004: 321). Vgl. auch Schaper (2012).

Ärzte im Operationssaal, der Klavierbauer oder Steinmetz in seiner Werkstatt ebenso Hunderte, wenn nicht mehr, Werkzeuge und Spezialinstrumente zur Verfügung haben, aber etliche Monate hintereinander bestimmte Bereiche des Arsenals gar nicht benötigen, um dann, im Bedarfsfall, dennoch diese Hilfsmittel fachgerechter Arbeit dankbar zur direkten Verfügung zu haben.

Abgesehen davon kann man natürlich die Bibliothek von Aristoteles (384–322 v.Chr.) anführen, der, um „besser forschen zu können, [...] so viele und unterschiedliche Texte zusammen[trug], daß er dem Geographen Strabon (ca. 63 v.Chr.–24 n.Chr.) als der erste galt, der »systematisch Bücher gesammelt und den Königen in Ägypten beigebracht hatte, wie man eine Bibliohek aufbaut und ordnet«"[85]. In der Folge sei achtungsvoll an die Bibliothek von Alexandria mit dem Ordnungssystem des Aristoteles erinnert, „gegründet um 300 v.Chr. oder einige Jahrzehnte später [...] [und] während des gesamten Altertums die erste und größte ihrer Art"[86]. Von den vielen weiteren Bibliotheken der Antike – wie Athen, Pergamon, Rom – sei die mir persönlich wichtige von Celsus in Ephesos[87] angesprochen. Und natürlich sind die geistigen Verarbeiter der Bibliothekskultur wie Jorge Luis Borges (*La biblioteca de Babel*, 1941) oder Umberto Eco (*Il nome della rosa*, 1980; *La memoria vegetale e altri scritti di bibliofilia*, 2006) als Erzähler anzuführen, die die geistige Werthaltigkeit der Bibliothek als Begleiter des intellektuellen Menschen, als Ausweis des Gebildeten, als Kulturzeichen nahebringen: Die Allegorien in den Untergeschoss-Nischen der Schauwand an der Celsus-Bibliothek sind immerhin die

- σοφία *Sophía* (‚Weisheit', ‚Verstehen', ‚Kunstfertigkeit', ‚Einsicht', ‚Klugheit'), die

85 Casson (2002: 47).

86 Casson (2002: 49). „Das Ende der ruhmreichen Bibliothek kam wahrscheinlich um das Jahr 270 n.Chr., als Kaiser Aurelian [...] Alexandria belagern und brandschatzen ließ." (ebd.: 71).

87 Casson (2002: 155–158).

- ἀρετή *Aretḗ* (‚Vortrefflichkeit', ‚Tüchtigkeit', ‚Tugend', ‚Charakter'), die
- ἔννοια *Énnoia* (‚Urteilskraft', ‚Nachdenken', ‚Gedanke', ‚Begriff', ‚Idee') und die
- ἐπιστήμη *Epistḗmē* (‚Sachverstand', ‚Wissen', ‚Kenntnis', ‚Fertigkeit', ‚Wissenschaft').[88]

Bibliothek und Universität, Universität und Bibliothek – sie bilden in der Gemeinschaft mit Stadt und Gesellschaft eine institutionelle Symbiose von Wissen, Werten und permanenter Kreativität.

---

88 Erbaut in Ephesos (Ionien), der ältesten und mächtigsten griechischen Stadt im antiken Kleinasien (heute Westtürkei, Ägäische Küste), zwischen 114 und 125 n.Chr. mit den Maßen 23 m Breite und 17 m Tiefe, errichtet für Celsus (ca. 45–vor 120 n.Chr.), der dort auch in einem Marmorsarkophag beigesetzt wurde, Senator der römischen Kaiserzeit; Buchbestand von ca. 12.000 Rollen; durch Erdbeben ca. 280 n.Chr. zur Ruine zerstört; Rekonstruktion in den 1970er Jahren durch *Anastílōsis* (αναστήλωσις *anastḗlōsis*, d.h. partielle Wiederaufrichtung mit originalen Teilen). –
Front der Celsus-Bibliothek mit den Allegorien in den Nischen unten; rechts das Südtor der Agora.
http://commons.wikimedia.org/wiki/File:Ephesus_Celsus_Library_Fa%C3%A7ade_jpg?uselang=de

2.2. Worin sehen Sie Brückenschläge zwischen universitärer Forschung bzw. wissenschaftlichen Erkenntnissen einerseits und der Weitergabe an die Gesellschaft?

Prinzipiell ist die Universität eine Institution der Gesellschaft, aus der sie erwächst und die sie, die Universität, trägt: finanziell, sozial, ideologisch, in der Akzeptanz, bei der Umsetzung und Einwirkung dessen, was erforscht und an Erkenntnis erarbeitet wurde, in die Gesellschaft hinein. Die Wirkung – darin steckt etymologisch ‚wirken' und ‚Werk', also: ‚etwas gezielt und mit Nachdruck tun' – in die nicht-universitäre Öffentlichkeit hinein ist ein wichtiger Gradmesser dafür, wie stark Universität und nicht-wissenschaftliche Öffentlichkeit miteinander verwoben sind in gegenseitigem Bewusstsein dafür, dass die eine von der anderen Institut abhängig ist: die Universität von der Gesellschaft durch die Finanzierungsbasis; die Gesellschaft von der Universität dadurch, dass dort Erkenntnisse erarbeitet werden, die der Gesellschaft Nutzen bringen soll: geistig, technisch, materiell.

❑ Diese **Beziehungen** verlaufen zum einen auf der rein fachlichen Ebene, als wissenschaftlicher Austausch von Fachmann zu Fachmann, in Expertenkommunikation; Fachleute gehören selbstverständlich auch zur Gesellschaft und ihrem Profil in Bildung, Kompetenz und Innovation.

Zum andern aber hat inzwischen, mit etwa den 80er Jahren, die Akzeptanz elitären Fachwissens und hermetisierender Fachkommunikation, eben der Expertokratie, in der Gesellschaft deutlich abgenommen. Grund waren massive Unglücke, Havarien, Probleme, Konsequenzen, die die Allgemeinheit betrafen bzw., von damals in die Zukunft, unsere Gegenwart gesehen, betreffen: Umwelt, Klimaschutz, Sicherheit von Kerntechnologie, Ausbeutung der Ressourcen der Erde innerhalb einer kleinen Handvoll von Generationen, Zerstörung von Lebensräumen, damit verbunden Hungersnöte, Wasserknappheit, Wirbelstürme, Überflutungen, Anstieg der Meere, Ozonloch,

Waldsterben, Wüstenexpansion usw. usw. Mit all dem verbunden: die sozialen Konsequenzen des Wohlstandsgefälles, der Migration, der Kämpfe um Energieressourcen, Machtzonen und politische Einflussgebiete allein aus der Sicht von Bodenschätzen, Elendslager und breite Verelendung der Menschen, Flüchtlingsströme, Terrorismus usw. usw.

Das von Menschen und ihrer Gier selbstangerichtete Elend hat in seiner internationalen, ja globalen Dimension eine entgrenzende Kommunikation, aber eben auch den Dialog der nationalen Interessengruppen massiv provoziert. Dabei hat sich herausgestellt, dass die Fachkommunikation zu hermetisch war für das in all solchen Fällen betroffene und dann mental betroffen reagierende „Volk", das nun Antworten auf seine – seine (!) – Fragen verlangte und meist nicht oder nicht vorbereitet oder nur dilettantisch erhielt.

☐ Erstes wirklich manifestes (!) Beispiel mit negativer Breitenwirkung war die Berichterstattung in den Medien zum GAU, dem weltweit schwersten Unfall 1986 im ukrainischen Kernkraftwerk Tschernobyl. Hier hätte sich eine reflektierte **Fachmann–Laie-Kommunikation** bewähren können im Austausch zwischen

- *Wissenschaft* (Kernphysik),
- *Medien* (Faktenaufbereitung für das Laienpublikum, Bilder mit Aufklärungswert, Erklärungstexte mit adressatensensibler – die besorgte und unwissende Zuschauerschaft draußen am Fernsehen – Grundhaltung, Interviews mit Experten, die sich verständlich mitteilen können zum Geschehen und seinen Folgen, Ratschläge für die direkte Lebenspraxis, die Ernährunng, die Vorsorge u.a., Diskussionen zum Fall für ein aspektereiches Gesamtbild, Prognosen und fachlich fundierte und entsprechend argumentativ eingebettete Ausführungen zur gesamtgesellschaftlichen Zukunftsperspektive als wie auch immer Betroffene,usw.),
- *Technik* (Baustruktur eines/dieses Kernkraftwerks, Abläufe in Kernkraftwerken),

- *Linguistik/Kommunikationswissenschaft* (verbale und nonverbale Inhalte und ihre Vertextung) einerseits

und der

- wissbegierigen, ängstlich besorgten, dabei hochmotivierten *Laiengemeinschaft* (Fernsehzuschauer, Bevölkerung, besonders betroffene Regionen) andererseits, die Antworten aus der Wissenschaft auf ihre Fragen aus der nun veränderten und ungewohnten Lebenspraxis einforderte:

Tatsächlich aber hat hier, in diesem historischen Fall, die Wissenschaft, haben hier die Fachleute, hat die fachbezogene Berichterstattung in den Medien, hat gerade das visuelle Bildungsmedium ‚Fernsehen' in den Möglichkeiten der Vermittlung von verwertbaren und einsehbaren Erkenntnissen aus dem Fachwissen und den Expertenmeinungen für das auf Klärung, auf erklärende Informationen wartende Volk – die Leser und das Zuschauerpublikum – kläglich versagt.[89] Gegen die einfachsten Regeln der Laien-Empathie ist verstoßen worden; nur als Beispiel: Es nützt nichts, die Information loszulassen, der Salat aus Polen sei mit 140 Millirem oder soundsoviel Becquerel oder diesen und jenen (Mikro-)Sievert belastet. Man muss eben auch die Bezugsgrößen deutlich machen, relational mitdenkend argumentieren: Was ist ‚wenig', was ist ‚tolerabel', ab wann wird es gefährlich, was sind die Höchstwerte, vor denen der genannte faktische Wert nun so und so einzuschätzen ist, was täte ich selbst als direkt Betroffener, ja sogar persönlich: Würde ich selbst, so könnte ein Experte ratend und diffuses Vertrauen in seine Kompetenz schaffend erklären, als <„Vollfachmann" in Kernkraft- und Verstrahlungsfragen> meinem fünfjährigen Kind noch ebendiesen Salat anbieten. Das besagt: Anbindung des Fachwissens an die Lebenswelt, aus der Theorie in die Praxis, erst recht in die Pragmatik des Lebens.

Inzwischen, in zwanzig Jahren Entwicklung des Sach- und Bildungsfernsehens, der blühenden Sachbuchkultur und des

89 Kalverkämper (1988).

Wissenschaftsjournalismus „danach“, hat man wohl gelernt, den Laien-Status und somit das Publikum ernst zu nehmen als Bezugsgröße für die kommunikative Aufbereitung sensibler öffentlichkeitsrelevanter Informationen.[90]

Und daran hat die Fachkommunikationsforschung, die sich interdisziplinär, hier insbesondere massenmedial und journalistisch, geöffnet hat, aus der Universität kommend für die Öffentlichkeit einen gewichtigen, ja maßgeblichen Anteil.

Die Fachkommunikationsforschung hat auch die Meinung ausbalanciert, nur die Fachleute hätten eine Pflicht des angemessenen Weitergebens und adressaten-spezifischen Aufbereitens von Fachinformationen; neben diese „Bringschuld“ der Fachleute an die Laien ist nämlich auch die „Holschuld“ der Laienschaft bei den Experten, Fachleuten, Spezialwissenden gesetzt worden,[91] die Verpflichtung also der interessierten Bürgerschaft und breiten Öffentlichkeit, sich auch tatsächlich selbst zu informieren, Bildungsangebote in den Zeitungen und im Fernsehen auch aktiv zu verfolgen und als Wissensfundus mit in Verstehensprozesse engagiert einzubringen.

Nur so, in dieser Synergie zwischen Wissenschaft und ihrer Verwertung, entsteht ein <Konsens im Handeln–durch–Wissen>, ergibt sich eine Kooperation zwischen denen, die durch ihre Kenntnisse die Macht des intellektuellen Führens haben[92], und denen, die durch ihre Teilhabe die Macht des intelligenten Handelns ausüben, nur so entsteht und verbleibt Frieden–durch–Vertrauen zwischen den Gruppen der

---

90 Vgl. z.B. Niederhauser (1999), Ballod (2001), Dormeier (2006), Peters (2008), Täuscher (2012).

91 Vgl. Kalverkämper (1989).

92 Durchaus im Sinne des englischen Philosophen Francis Bacon (1561–1626): „Wissen ist Macht“ („nam et ipsa scientia potestas est“, *Meditationes sacrae* [1597]; „scientia et potentia humana in idem coincidunt quia ignoratio causae destituit effectum“ ‚Wissen und Macht des Menschen kommen zueinander, weil Unwissen über eine Ursache zugleich über deren Wirkung täuscht‘, *Novum Organum* [1620]).

arbeitsteiligen Gesellschaften, und das dürfte eine wichtige Grundlage der demokratischen, offenen Gesellschaften sein, die als Wertegemeinschaft wir anstreben und praktizieren. Die Zukunft liegt dabei, so sehe ich es, in der gerechten, transparenten, vertrauensvollen Aufteilung und breiten Teilhabe der vielen Spezialwissen, die heute unser gemeinsames Leben bestimmen und ohne die wir nicht mehr auskommen, sei es in der Medizin, sei es in der Gentechnologie, in der Verwaltung, in der Rechtsorganisation, in der Technologie, in der Technikhandhabung (wie z.B. beim Computereinsatz), sei es woanders.

Eine solche Beziehung entsteht allerdings nicht aus dem Ausbildungsnichts, sondern muss vorbereitet und mit Substanz erfüllt werden: Hier ist die umfassende Universität mit ihren Vernetzungsmöglichkeiten gefragt und gefordert. Sprachen-, insbesondere Fremdsprachen-Kompetenzen und Wissen im Bereich der Interkulturalität, die Herausforderungen und Perspektiven des Arbeitsmarkts, die fachlichen Kompetenzen in Sachfächern mit ihren disziplinären Anbindungen oder Quellen, die Fertigkeiten im Erstellung von und im Umgang mit Textualität im verbalen (Schreibkompetenzen, Lese- und Erfassungskompetenzen) und nonverbalen Bereich (Ersehens-Kompetenzen, semiotische Kenntnisse zu Bild und Bildwirkung und Lokalisierungsfragen, Kognitive Fähig- und Fertigkeiten).

☐ Die FACHMANN–LAIE-KOMMUNIKATION gehört zu den großen kommunikativen Herausforderungen der modernen Gesellschaften im Spannungsfeld von
<***Verständlichkeit – Verstehen – Verständigung – Verständnis***>. Diese zentralen Begriffe zu ‚verstehen', die letztlich bis zu ‚Verstand' reichen, stehen in einem engen, einem inklusiven Verhältnis zueinander.

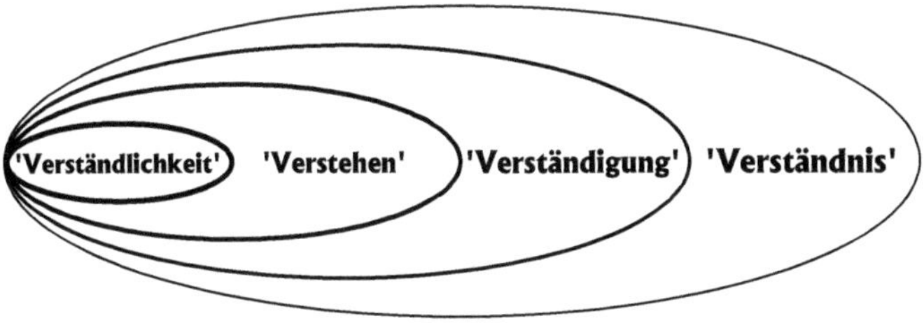

Das komplexe Inklusionsverhältnis belegt, dass es in der Kommunikation eine Kernnotwendigkeit geben muss (*Verständlichkeit*), die vom Autor zu beachten ist, um seinen Adressaten, den Rezipienten, wirklich zu erreichen. Daraus ermöglicht sich dann das *Verstehen*. Auf dessen Grundlage ergibt sich, über Dialog und Handeln, die kommunikative Konsensqualität der *Verständigung*. Sie schließlich allein kann als Voraussetzung dafür dienen, dass als Haltung, als Bewertungsbasis, als mentale Einstellung sich (ein) *Verständnis* aufbaut. Dieses dürfte letztlich der Motor für Konsens, Kooperation und vertrauensvolles Miteinander sein, was sich gesellschaftlich zentral auswirkt und international, genauer: interkulturell zu einer in der globalen Begegnung unabdingbaren Voraussetzung für Prosperität und Frieden geworden ist.

Da hierbei international insbesondere fachliche Themen anstehen (z.B. wirtschaftlicher oder juristischer oder technischer Art), sich Herausforderungen fachlicher Art ergeben (z.B. gemeinsame Bekämpfung des Klimawandels oder des Hungers oder grenzenüberschreitender Katastrophen wie Überschwemmungen oder Kontaminationen durch nuklearen Niederschlag, aber auch internationale Zusammenarbeit wie bei der grenzenüberschreitenden Energieversorgung) und weltumspannende Probleme nur mit fachlicher Kompetenz zu lösen sind (z.B. Flüchtlings- und Migrantenproblematik, militärische Aufrüstung, Terrorismus), sind immer stärker die Experten, Fachleute, Sachverständigen, Spezialisten gefragt: Die Welt „verfachlicht". Die Schere zu den Laien, den ausgeblendeten, vernachlässigten, missachteten, vergessenen … Nichtfachleuten wird dabei immer breiter, und schon in der

– als elementar empfundenen und entsprechend praktizierten – Kommunikations-Elektronik, ja selbst bei deren Geräten des täglichen Bedarfs oder der alltäglichen Nutzung wie (a) Handy bzw. Smart Phone (und inzwischen die anderen Varianten der technischen Fortentwicklung) oder (b) wie der privat genutzte Computer erlebt man schmerzlich, dass und wie stark inzwischen die Kluft zwischen Wissenden und Nichtwissenden auseinanderdriftet, sei es im Beruflichen, sei es im Privaten zwischen den Generationen, wo die Jugend die Eltern auf dem Gebiet der je aktuellen elektronischen Kompetenz meistens längst abgehängt hat.

☐ Da ergeben sich Herausforderungen an eine konsentielle Gesellschaft und deren Gemeinschaft mit anderen Kulturen, denen sich nicht mehr allein die Soziologie (Bildungs-Aspekte, Schichten- und Gruppenspezifiken) widmen kann. Da die auftauchenden Probleme von der *Verständlichkeit* bis hin zum *Verständnis* inbesondere mit Sprache und Kommunikation zu erkennen und vor allem auch nur zu lösen sind, fühlen sich gerade die **Fachkommunikationsforschung** und die **Translationswissenschaft** dazu berufen, hier sich analytisch-wissenschaftlich und angewandt-praktisch so zu engagieren, dass immer noch als Randgebiete blühende Bereiche wie ‚Wissenschaftsjournalismus' im Fernsehen oder die Sachbuchkultur stärker in den gesellschaftlichen Fokus geistigen Konsums finden, wobei gerade diese beiden, Wissenschaft im Fernsehen und die Sachbuchkultur, bereits so nahe an einem messbaren Publikumserfolg liegen, dass die Quoten steigen und der Sachbuchmarkt boomt.

Das möglicherweise noch diffuse Format einer universitär verankerten Berufsausbildung mit dem Ziel der nutzbringenden Auswirkung auf Berufsfelder, Arbeitsmarkt und internationale Kooperation wurde und wird partiell schon von der Translationswissenschaft und ihren Praxiskomponenten – Übersetzen und Dolmetschen – „bedient". Ergänzungen gab es und erhält die universitäre Berufsausbildung durch die Zusatzkompetenzen im Bereich der Texte bzw. Fachtexte:

die adressatenbezogene Textoptimierung (*Technical Writing*, Text-Redaktion).[93] Und auch in der Translationswissenschaft an der Universität sind semiotische, kognitive und kulturelle Aspekte als Konstitutiva der Ausbildung hinzugekommen:

- Interkulturelle Körperkommunikation für die Dolmetschprozesse;
- die verschiedenen Sprach- und Kulturstile in den verschiedenen Textsorten;
- die Text- und Textsortenkonventionen;
- die für das Gelingen von Kommunikation wichtigen Kultureme (Kulturspezifika);
- die insbesondere unter Skopos-Aspekten notwendigen Kenntnisse zur fremdtextuellen Kulturalität (damit das Translat nicht wie eine Übersetzung, sondern wie ein im eigenen Kulturraum neu entstandenes Original „wirkt"); u.a.

Und inzwischen gehören

- die Qualitätssicherung,
- die Evaluation oder
- die Revision,
- die Standards und Normvorgaben im Vorfeld

zu einem festen methodologischen Bestandteil ganzheitlichen Vorgehens bei Textprozessen, wie sie die Linguistik, die Fachkommunikationsforschung, die Translationswissenschaft, die Rhetorik, die Semiotik, die Kognitionsforschung und die Kulturwissenschaft betreffen, darüber dann hinaus, gleichsam „im Leben" und „in Anwendung": die Industrie und spezifisch textabhängige Berufszweige interessieren. Die Qualität von Text, Translat (als Ergebnis), Translation (als Vorgang), von Verhaltens- und insbesondere Reaktionsweisen, von Denken und Handeln – der ‚Beschaffenheits'-Gesichtspunkt (lat. *qualis* ‚wie beschaffen') regiert die Prozesse und deren Produkte.

93 Vgl. Krings [Hrsg.] (1996), Zehrer (2014).

Hier dürfte ein zentrales Kriterium für Einschätzungen und Abtrennungen und Aussonderungen liegen, die ihrerseits Konsequenzen

- für die Bezahlung von Translations-Dienstleistung (pragmatischer Finanz-Aspekt),
- für das Fortbestehen als Texte (memorieller Zeit-Aspekt),
- für die Verwertbarkeit in Anschlusshandlungen („Vernetzungen“, Intertextualität),
- für die Ganzheitlichkeit von <Geist und Tat>, von <Theorie und Praxis>, von <Wissenschaft und Anwendung> mit sich bringen.

❑ Hier wäre an das Konzept aus der Aufklärung anzuknüpfen, das Gottfried Wilhelm LEIBNIZ (1646–1716) als Wahlspruch pflegte: **theoria cum praxi** [94], und das eine moderne Hochschule, das MIT – *Massachusetts Institute of Technology*, 1861 in Cambridge / MA, an der Ostküste der USA, gegründet, als Leitspruch und als bildliche Darstellung in ihrem Siegel bzw. Logo führt: „*mens et manus*“ [95]. Die Gemeinschaft von <THEORIE UND PRAXIS>, von <Verstand (*mens*) und Ausführung>, von <Kopf und Hand (*manus*)> beim einzelnen Menschen bietet die Metapher als Ausdruck für das Forschungs- und (Aus-)Bildungsprinzip einer Universität. Die untrennbare Gemeinschaft beider Handlungsweisen –

- der intellektuellen, die doch stärker an das Individuum und seine Leistung gebunden ist, und
- der manuellen, praktizierenden, die sich, wenngleich vom Einzelnen ausgeführt, doch eher an die Gemeinschaft, an ‚die Anderen‘, richtet –

ist als Motto zwar evident, als universitäres ganzheitliches Konzept allerdings immer noch nicht Allgemeingut:

❑ Universität ohne **Gesellschaftsbezug**, das ist, gerade in den Geistes-, Sozial- und Kulturwissenschaften, heutzutage nicht mehr denkbar, methodologisch nicht, pragmatisch nicht, fi-

---

94 Und der als Wissenschaftsmotto der *Alma mater Lipsiensis* fungiert, an der Leibniz, gebürtiger Leipziger, auch studiert hat (1661–1663).

95 Lat. *mēns* ‚Verstand‘, ‚Denkart‘, ‚Vernunft‘; lat. *manus* ‚Hand‘.

nanziell sowieso nicht. Hier bieten sich gerade jene Disziplinen als Evidenz und Transformatoren an, die schon aus ihrer historischen Effizienz und ihrer Forschungstradition her für solche Aufgaben beglaubigt und bestens erfahren sind. Und dazu gehören

- die Translationswissenschaft,
- die Fachkommunikationsforschung,
- die Angewandte Linguistik,
- die Semiotik

und wohl noch, etwas weiter weg, einige weitere, dabei sicherlich auch

- die Kulturwissenschaft und
- die Rhetorik.

> **2.3.** *Wäre es vor dem Hintergrund der neuen, sensiblen Beziehung zwischen Universität und beruflicher Umsetzung in der Gesellschaft dann nicht sinnvoll, sich um entscheidende Positionen und Funktionen in der universitären Selbstverwaltung zu kümmern, um von hier die Veränderungen aus der Gesellschaft in die Universität zu tragen?*

Die Frage lässt sich meines Erachtens nur nach dem je eigenen Temperament des dazu Befragten, folglich nicht generell beantworten.

☐ Für mich ist die universitäre Selbstverwaltung in vielem eine Form des Auslebens eines akademischen Habitat, mit seinen Ritualen, Erwartungen und Erwartungserwartungen, Gleichgültigkeiten und eigennützigen Zielen. Ich habe gerade in meiner vierjährigen Amtszeit als Direktor des Instituts für Romanistik (1994–1998) nach der „Wende" vielfach solche Haltungen erlebt; und die geballte Inkompetenz einer hinter Allgemeinplätzen sich verschanzenden, argumentativ unzugänglichen und historisch unsensiblen Fakultät bei der 2008 beschlossenen Abschaffung des 120jährigen Berliner Studiengangs zur Translation (Übersetzen, Dolmetschen) und ihrer wissenschaftlich-theoretischen Forschung (Translationswissenschaft) mit den vielen beruflichen nationalen wie internationalen Potentialen, die der kreative und sehr beliebte Studiengang für die Studierenden anbot,[96] haben meine Achtung vor **akademischen Posten** keineswegs erhöht.

☐ Natürlich ist **akademische Selbstverwaltung** sinnvoll und nützlich (ich selbst habe mich ja, gerade nach der sogen. Wende, bei den Umstrukturierungs- und Erneuerungsmaßnahmen als langjähriger Direktor des Instituts für Romanistik stark engagiert), sie ist ja hinter Forschung und Lehre die dritte Selbstverpflichtung und somit eine der Säulen einer gewissen Selbständigkeit der Universität als Institution. Aber ich gehöre, bei aller notwendigen Mitarbeit, nicht zu denjenigen, die sich permanent in Ämter drängen und um Posten ringen, indem sie Werbung für sich betreiben und ständig sich bei Wahlen aufstellen (lassen). Der Habitus des Funktionärs liegt mir nicht. Ich nehme diesen Drang nach Posten und Funktionsstellen eher als gesellschaftliches Phänomen von Geltungsritualen wahr, die ich gern belächele. Präsident einer Gesellschaft werden? Vorsitzender einer Vereinigung? Leiter einer Institution oder Bildungseinrichtung? – Darin mögen gern diejenigen der Kolleginnen und Kollegen aufgehen, die Freude an solchen Repräsentations- und Managerjobs im Verwaltungs- und Organisationsbereich der Wissenschaften haben. Nach meiner Erfahrung, sie ist zwar subjektiv, aber in der Breite empirisch bislang nicht falsifiziert, handelt es sich bei solchen Verhaltensmustern nicht um wirklich gestandene Wissenschaftler mit hohem Druck auf Forschung und Lehre. Und gerade jüngere Wissenschaftlerinnen und Wissenschaftler, der sogen. Nachwuchs, lässt sich davon blenden, Posten im Wissenschaftsmanagement zu ergattern, um etwas in die eigene Vita schreiben zu können und Pluspunkte bei der Beurteilung der Effizienz ihrer W-Besoldung durch die Außenevaluation (so die Fakultät ihrer Universität) zu ergattern. Aber was ist denn der Ertrag? Der misst sich doch nicht daran, diesen Kongress, jenes Symposium eröffnen zu dürfen oder

96 Kalverkämper (2009 a).

auf der eigenen WebSite noch eine Funktion mehr aufführen zu können und möglicherweise von der Fakultät bescheinigt zu bekommen, dass man ein paar Euro Gehaltsverbesserung würdig sei, weil die Universität auf diese Weise einige Fremdzuwendungen eingeworben bekommen habe. Das ist doch Pfauentum, der Wissenschaften im Grunde unwürdig, Selbstinszenierer haben in den Wissenschaften doch nur begrenzte Haltbarkeit und sind rasch vergessen; denn was wirklich zählt von bleibendem Wert in den Wissenschaften, ist eben nicht die verwaltungspolitische oder soziale Tat im Wissenschaftskontext von Sitzungen, Gremien, Kongressen, Verbänden, sondern die Forschungsleistung. Für die Zeiten eines Wilhelm von Humboldt (Gründung der Berliner Universität 1809) oder der Brüder Grimm (Göttinger Sieben [1837]) mag diese Verbindung in der Tat noch zugetroffen haben, aber heute, im Gerangel um Studiengänge, Studierendenzahlen, Finanzen und Ausstattungen in Personalschlüsseln und Budgetzuweisungen, bei professoralen und institutionellen Evaluierungen, gilt kaum mehr die Qualität der Forschungsleistung, die ja eh schon durch derartige Belastungsweisen eingeschränkt wird. Oft genug gibt es dann im Universitäts-Management Entscheidungswege und Entscheidungen zu beklagen, die fern ab aller Forschungspraxis und wirklicher Wissenschaftsinteressen gefällt wurden. Wissenschaftlich gehören nach meiner Einschätzung solche Funktionäre, die mit Blick auf Posten und Pöstchen an der Universität die Verwaltungsmacht und das Mitmischen genießen, überhaupt nicht zur ersten, gar zur maßgeblichen, keinesfalls zur kreativen oder inspirierenden Garde der Wissenschaft.

Diese Verteilung von Nachklassigkeit mag daran liegen, dass die Universität ein insgesamt kaum flexibler und wenig sensibler Körper im funktionierenden Ganzen der Gesellschaft ist, denn letztlich sind bei dem, was solche dann tun, auch nur wieder Dilettanten am Werk, sie haben es ja nicht gelernt und sehen letztlich, wie die Politiker, für sich die Wahlperiode, die hier zudem für sie noch kürzer ausfällt. Das sind, so habe ich es erlebt, Interessenverfechter. Und deren Bewusstsein wissenschaftlicher Aussagelust und die Fähigkeit zu wissenschaftlicher Gestaltungskraft in der Forschung (und dann auch in einer interessanten, studentenorientierten Lehre) schrumpft offenkundig im Laufe der Posteninhaberei, schaut man sich bei solchen die Qualität schließlich nur noch tropfender Publikationen an oder hört das Niveau derer Beiträge auf offiziellen Foren.

Diese von Einsichtigen im Universitätsbetrieb bedauerte Entwicklung zu leugnen, hieße heucheln und nicht wahrhaben zu wollen, dass, wer in der heutigen Verwaltungstätigkeit aufgeht, sich der Wissenschaft mit der Zeit zwangsläufig entfremdet. Eine Gestalt wie Wilhelm von Humboldt, die hochkarätige Wissenschaft und kluge Politik miteinander zu verbinden verstand, gibt es nicht mehr.

Die Kluft merkt man auch im akademischen Umgang; denn das ist ja auch eine der Wahrheiten des universitären Milieus: Wir bilden uns nicht nur immer weiter durch die Anforderungen von Forschung und Lehre, wir stehen auch in einer permanenten Evaluation durch die Mitkolleginnen und Mitkollegen, sei es bei Diskussionsbeiträgen, bei Prüfungssituationen, im Gutachterwesen, sei es im Antragsverfahren zu Ideen und Projekten, sei es bei Vorträgen und bei Kooperationen in übergreifenden Wissenschaftsprojekten national und international.

Die Universität selbst hat wenig, wahrscheinlich keine wirkliche Macht, sich so zu orientieren, dass sie prinzipielle Einstellungen von sich aus verändert. Die Philologien arbeiten heute noch im Elfenbeinturm, obwohl sie sich in den Ausbildungsprofilen durchaus schämen müssten, desinteressiert und ohne heilende Angebote die nächsten Arbeitslosen für einen Markt, auf dem solche Absolventen nicht gewünscht oder in dieser Zahl nicht gebraucht werden, zu produzieren.[97] Der schmal ausgebildete Germanist, der in Berlin im dritten Jahr berufsfremd Taxi fährt, um sich einigermaßen über Wasser zu halten, weil er keine weiterführende Ausbildungsstelle erhält, ist eine

97 Vgl. Kalverkämper (2009 a: 26–36).

dies beweisende traurige Gewissenslast für die Universität, die aber daraus und vor allem aus vergleichbar falsch laufenden Entwicklungen im Bereich der beruflichen Umsetzung keine oder jedenfalls nicht effiziente, verwertungsorientierte Konsequenzen in der Ausbildung der ihr Anvertrauten zieht.

Dennoch werden aber angewandte und praxisorientierte, berufsbezogene und übergreifend-kompetenzerstellende Studiengänge selbst auf Professoren-Ebene neidisch bekämpft und abgeschafft – mit dem Argument, so was gehöre an die Fachhochschule, nicht an die Universität. In Wirklichkeit sind die Gründe solcher untragbaren Argumente der akademischen Borniertheit: die Beliebtheit eines offenkundig Theorie und Praxis verbindenden universitären Angebots, die Attraktivität, das offensichtliche Gebrauchtsein, die gesellschaftliche Einbettung und Akzeptanz, die breit gefächerten beruflichen Chancen, die Breite der Kompetenzen so ausgebildeter Absolventen, die offenbare Flexibilität im Arbeitsmarkt.

Nein, Druck der Veränderung wird und muss von außen kommen: Politik, Gesellschaft, Universität, öffentlicher Bedarf. Will die Politik, z.B. in Berlin, wieder einen gepflegten, anerkannten, breit ausgefächerten und exzellenten Studiengang wie den abgeschafften, also ‚Translationswissenschaft', (zurück) haben, weil man, wie ehemals Kaiser Wilhelm[98], den gesellschaftlichen Bedarf erneut erkennt und nach Qualität der zwischensprachlichen und interkulturellen Beziehungen verlangt, diesen Bedarf und die zu fordernde Qualität aber nicht in dieser unserer Hauptstadt eingelöst sieht, eben weil es an entsprechend geeigneten Kompetenzen und Ausbildungsweisen fehlt (die man vor Jahren – wir können das durchaus historisch festlegen: im Jahre 2008 – durch unseligen HU-Fakultätsratsbeschluss bewusst zerstört hat) – also wenn die Willensbildung solche einsichtig salvatorische Bahn nimmt, dann wird es eine entsprechende Einrichtung an der Universität als Reaktion auch geben. Wie mächtig die politischen Vor-Ent-

98 Vgl. Oertel / Resnik (2009).

scheidungen und wie willfährig dann die Universitäten in der Umsetzung sind, hat ja der Bologna-Prozess vor gut fünfzehn Jahren[99] gezeigt, der ganze institutionalisierte Strukturen und in etwa 150 Jahren gewachsene und auch in den Gesellschaften gut verankerte Ausbildungsstränge aufriss, zerstörte, abschaffte, nur weil es amerikanisch orientiert und europäisch uniformiert verlaufen sollte – um dann etwas an dessen Stelle zu setzen, das ein technisiertes und modularisierendes System aufpfropfte, dessen Qualität immer noch – nach 15 Jahren! – nachbesserungsnotwendig, unbeliebt und begründet umstritten ist und das gegebenenfalls dann doch weiterhin nicht adäquat funktioniert. – Oder die sogen. „Exzellenz-Initiative", wie sie von den Bildungspolitikern als Wettbewerb – man sollte ehrlicher sagen: als Konkurrenzausstechen – ausgedacht wurde und seit 2005/06 als universitäres Förderprogramm besteht: Man – die Politik – nimmt den Universitäten einen maßgeblichen Anteil ihres Budgets aus der Verfügungsmasse, um es dann, in wesentlich geringerer Höhe, nach Arbeitskraft und gewaltig Zeit raubenden komplexen Antragsverfahren vereinzelt zurückzureichen und dabei Missgunst und Vorurteile zwischen den 428 Hochschulen bzw. (davon) 108 Universitäten Deutschlands zu säen: mit dem inzwischen wegen seines schon obstinaten Propagandagebrauchs schon wieder milde belächelten Etikett der „Exzellenz".

99 Der Begriff ‚Bologna-Prozess' geht zurück auf eine europaweite Harmonisierungswelle von Studiengängen und gegenseitigen Abschluss-Anerkennungen zur Schaffung eines Europäischen Hochschulbereichs. 1999 haben dazu 29 europäische Bildungsminister in Bologna, Italien, eine entsprechende politisch-programmatische Erklärung unterschrieben, zu deren Umsetzung sich die beteiligten Länder verpflichteten und die sie in den Folgejahren auch – gegen Widerstände und Gegenargumente – durchgesetzt haben. Die berechtigte Kritik bezieht sich seitdem auf die wachsende Auseinanderentwicklung von Theorie und Praxis, von Forschung und Lehre, dies zugunsten einer Verschulung der universitären Ausbildung, die keinen Raum mehr lässt für individuelle forscherische Interessen innerhalb der Disziplinen, was gerade die akademische Freiheit seit Wilhelm von Humboldts (1767–1835) Universitätskriterien auszeichnete und somit auch die inzwischen stark gewachsene Abhängigkeit von Drittmitteln geißelt.

2.4. *Was schreiben Sie bildungshungrigen und ausbildungswilligen Studentinnen und Studenten ins virtuelle Studienbuch?*

☐ Möglicherweise sind das schon Utopica in der gegenwärtigen Studiensituation, wie sie die Zwänge verschulter und terminierter Studiengänge vorgeben, die keine oder nur sehr begrenzte Luft lassen für Suche, intellektuelles Wildern, woanders Reinhören; ich selbst habe in Münster Seminare und Vorlesungen in Ägyptologie und Kunstgeschichte nebenbei besucht. Aber nach dem Prinzip ‚Hoffnung' und in dem Wunsch, dass sich ein liberales Studieren mit Eigeninitiativen wieder ermöglichen lässt, wäre dringend anzuraten, die gegenüber meiner Studienzeit fulminant angewachsenen Möglichkeiten zu nutzen, **ins Ausland** zu gehen, sei es über staatliche Programme (Erasmus, Sokrates u.a.), sei es über kommerzielle Offerten (Weinlese, archäologische Mitarbeit, *Au pair*, Reiseführer, Aufforstprogramme u.a.), sei es über private Angebote.

Zur Zeit *meines* Studiums habe ich an der Sorbonne noch den großen französischen Linguisten André Martinet (1908–1999) gehört und, mir unvergesslich, mit ihm in einem holzgetäfelten Hörsaal über Strukturalismus diskutiert. Martinet selber war ja, mit bekannten Arbeiten wie *Éléments de linguistique générale* (Paris: Colin 1960), ein zentraler Vertreter des französischen Strukturalismus im Gefolge der Prager Schule (mit Roman Jakobson als deren Leuchtgestalt). Ebenso Madrid an der Complutense (*Universidad Complutense de Madrid*), die vielen Auslandsaufenthalte in Italien, insbesondere in Rom, in Norditalien und in Apulien (Bari), sowie, mir stark ans Herz gewachsen, in Frankreich, das speziell ich sehr genau, vielfältig und – tatsächlich – in allen seinen Regionen (‚Kulturlandschaften') in der ersten Hälfte der 1970er Jahre bereist habe[100]:

100 Mit einem klapprigen VW, noch mit dem kleinen ovalen Rückfenster, gerade noch TÜV-durchgerutscht, km-Stand auf dem Tacho 280.000, heute unvorstellbare Leistung, mit dem legendären 30-PS-Motor, der den Wagen selbst noch überlebt hat und mir als „ihm dankbaren" Studenten in Münster noch stolze 100 DM (heute ca. 50 €) Verkauf eingebracht hat.

mit den hehren Zielen der Perfektionierung eines möglichst breit ausgelegten Studiums der Sprachen und Kulturen, dann mit dem Examen, der Promotion vor Augen. In der Berufszeit später und wohlmöglich mit Familie ist ein solches Leben dann nicht mehr durchführbar. Das ist das Privileg eines kreativen und ausschöpfenden Studiums, das ich, stets an der Antike und ihren Sprachen und Kulturen interessiert, immer etymologisch als *studēre*, ‚sich bemühen', ‚streben', also als eine Selbstverpflichtung aufgefasst und dementsprechend gelebt habe. Ich sehe bei allem Ansporn der heutigen Studierenden, sich in der Welt ihrer Studiensprachkultur zu tummeln, natürlich auch mit Bedauern die Korsettierungen, die der unsägliche Bachelor mit sich gebracht hat.

☐ Auf jeden Fall soll es nicht *allein* darum gehen, die fremde Sprache im Ausland zu erlernen oder zu perfektionieren, sondern, ganz bewusst registrierend, der Fremdkultur zu begegnen und **kulturelle** wie auch, im Vergleich mit der eigenen Kultur auf Gemeinsamkeiten und Unterschiede hin, **interkulturelle Kompetenz(en)** aufzubauen.[101]

Dazu könnte man ein Kulturtagebuch führen, das persönliche Beobachtungen bewusst festhält: Was gefällt mir im fremden Lebenskontext, was wird anders gehandhabt, was stört mich, wie gehe ich damit um, was ist anderen an mir aufgefallen, usw. Eine solche sich aufbauende Kompetenz ist ein Weg über das Verstehen durch Verständigung zum Verständnis der Fremdheit, und daraus folgert, dass eventuell aufkeimende Vorurteile es schwerhaben, sich einzurichten und das Folgehandeln negativ zu bestimmen. Wie groß das „Unrecht" gegenüber den so beurteilten Menschen der anderen Kultur sein kann, hat schon (wenn auch nicht als erster) der österreichisch-US-amerikanische Kommunikationswissenschaftler und Therapeut Paul Watzlawick (1921–2007) aufgewiesen anhand der gegenseitigen Einschätzungen 1945 von amerikanischen Soldaten und englischen Frauen und ihren gemeinsamen Beziehungen:

101 Vgl. Kalverkämper (2012 a).

Ohne die kulturbezogenen Kenntnisse über Ablaufmechanismen und strukturelle Erwartungen im Liebeswerben und in den Liebesbeziehungen waren die gegenseitigen Erfahrungen nicht gerade schmeichelhaft und vorurteilslos.[102]

In der heutigen Zeit mit ihrem weitaus breiteren Potential an Begegnungs- und gegenseitigen Wahrnehmungsweisen muss ein Bewusstsein für kulturelle Andersartigkeit und für die Toleranz von Fremdheit durch konkrete Fremderfahrung *erlebt* werden, vor Ort, im direkten Kontakt, im Kulturkontext, und dies natürlich erst recht in Studiengängen, die auf Fremdsprachenkenntnisse und auf Dolmetschen und Übersetzen ausgerichtet sind. Gerade diese soziale, interkulturelle,

---

102 Watzlawick / Beavin / Jackson (1969: 20). Da diese ersten wissenschaftlich-kommunikativen Beobachtungen interkulturell differenten und missverständlichen Verhaltens von Interesse sein könnten, sei die besagte hier Stelle zitiert:
„Unter den während des Krieges stationierten amerikanischen Soldaten war die Ansicht weit verbreitet, die englischen Mädchen seien sexuell überaus leicht zugänglich. Merkwürdigerweise behaupteten die Mädchen ihrerseits, die amerikanischen Soldaten seien übertrieben stürmisch.
Eine Untersuchung, an der u.a. Margaret Mead teilnahm, führte zu einer interessanten Lösung des Widerspruchs: Es stellte sich heraus, dass das Paarungsverhalten (*courtship pattern*) – vom Kennenlernen der Partner bis zum Geschlechtsverkehr – in England und Amerika ungefähr 30 verschiedene Verhaltensformen durchläuft, dass aber die Reihenfolge dieser Verhaltensformen in den beiden Kulturbereichen verschieden ist:
Während z.B. das Küssen in Amerika relativ früh kommt, etwa auf Stufe 5, tritt es im typischen Paarungsverhalten der Engländer relativ spät auf, etwa auf Stufe 25. Praktisch bedeutet dies, dass eine Engländerin, die von ihrem Soldaten geküsst wurde, sich nicht nur um einen Großteil des für sie intuitiv ‚richtigen' Paarungsverhaltens (Stufe 5–24) betrogen fühlte, sondern zu entscheiden hatte, ob sie die Beziehung an diesem Punkt abbrechen oder sich dem Partner sexuell hingeben sollte. Entschied sie sich für die letztere Alternative, so fand sich der Amerikaner einem Verhalten gegenüber, das für ihn durchaus nicht in dieses Frühstadium der Beziehung passte und nur als schamlos zu bezeichnen war.
Die Lösung eines solchen Beziehungskonfliktes durch die beiden Partner selbst ist natürlich deswegen praktisch unmöglich, weil derartige kulturbedingte Verhaltensformen und -abläufe meist völlig außerbewusst sind. Ins Bewusstsein dringt nur das undeutliche Gefühl: der andere benimmt sich falsch.“
[Textgliederung sowie Fettsatz als Heraushebung von mir, H.K.]

verständnisfördernde, darin friedensichernde Komponente adelt das Studium fremder Sprachen und Kulturen und wirkt auf den Menschen, der einen entsprechenden Beruf ausübt, schon als jungen Erwachsenden prägend und nachhaltig und schafft somit gute Bestandteile einer offenen und toleranten Gesellschaft.

❑ **Wünschenswert** ist also, im wohlverstandenen alten Sinne, der auf Wilhelm von Humboldt zurückreicht, aber darüber hinaus auch in der Renaissance erkennbar ist, das Studium zu verstehen als eine

- *Eigenbildung durch die Wissenschaft*,

als eine Chance zum geordneten, strukturierten, kriteriengeleiteten Denken, als Begegnung mit Kenntnis und Erkenntnis, als Möglichkeit, Faktenwissen und Vernetzungskompetenz zu erwerben und zu schulen.

Und andererseits, bedingt durch die Ansprüche der Moderne an gebildete und ausgebildete Menschen, das Studium ganz pragmatisch zu sehen und verantwortungsvoll zu nutzen als

- *Weg zur Berufsausbildung*,

der sowohl breiter und generalistischer als auch enger, aber spezialisierter ausfallen mag. Leider spielt der letzte Aspekt meist eine oft ausschließlich bestimmende Rolle; Pragmatik, Effizienz, Ökonomie, Profit stehen hier wieder als Zeitgeist im Vordergrund. Aber – wie eingangs zu dieser Frage schon gesagt – dennoch sollte man hier das andere Ethos, die Eigenbildung durch die Wissenschaft, als kultivierenden Komplementär auf keinen Fall vergessen.

Aber neben den Studierenden kann man auch den **Lehrenden** eine Leitvorgabe auf den Weg geben, die sich aus dem Studienerleben der Vor-Bologna-Zeit ableitet und sich deutlich gegen die Verschulung und deren Fakten-Anlernen, gegen das formale Abhaken von Studienanforderungen und das Wissensabprüfen schmaler, abgesprochener Themen richtet. Dazu sei versöhnlich und geradezu hoffend ein poetischer Duktus gewählt, indem ich es mit dem französischen Schriftsteller Antoine de Saint-Exupéry (1900–1944) – nicht aus dem ergiebigen *Le petit prince* (1943) – halte: „*Quand tu veux construire un bateau, ne commence pas par rassembler des hommes pour aller chercher du bois, couper des planches et distribuer du travail, mais réveille au sein des hommes le désir de la mer grande et large.*" [103]

2.5. *Eine eher persönliche Frage an den Berliner der HU: Gibt es eine oder mehrere Universitäten Ihrer besonderen Zuneigung?*

Ja, eindeutig und nachdrücklich: **Köln** oder **Leipzig** – alphabetisch und chronologisch[104] in dieser mir gleichgewichteten (!) Reihenfolge – wären für mich attraktive Berufsperspektiven gewesen.

Beide Städte bieten altehrwürdige Universitäten mit berechtigt feinem Ruf, die zentralen Universitätsteile befinden sich in der Stadt und liegen nicht irgendwo draußen als Campus-Universität.

Beide Universitäten sind eingebettet in wunderbare Städte, die, trotz Kriegsschäden – und gerade Köln hat ja schrecklich durch die englischen Bombenangriffe gelitten – ihren

---

103 ‚*Wenn du beabsichtigst, ein Schiff zu bauen, beginne nicht damit, Leute um dich zu scharen, um Holz zu holen, Planken zuzuschneiden und Arbeiten zu verteilen; erwecke vielmehr im Innersten dieser Menschen die Sehnsucht nach dem Meer, seiner Großartigkeit und Unermesslichkeit.*' – Dieser schöne Appell an die Weite und Freiheit der Sicht, an das Visionäre, wird in etlichen Varianten zitiert. Es handelt sich eher um ein Saint-Exupéry zugeschriebenes Dictum, sinngemäß aus dem postumen, unvollendeten Roman *Citadelle* (publ. 1948, Paris: Gallimard; dt. *Die Stadt in der Wüste*; engl. *The Wisdom of the Sands*). Dort allerdings findet sich im Kapitel 75 nur die folgende Version: „Créer le navire ce n'est point hisser les toiles, forger les clous, lire les astres, mais bien donner le goût de la mer qui est un, [...]." Die vielen Varianten im Einzelnen (nicht in der Intention!) lassen darauf schließen, dass hier Übersetzungen wiederübersetzt und rückübersetzt wurden, also sich eine mehrfach verkettete Translatgeschichte in der textuellen Vielfalt spiegelt.

104 Köln im Lebensgefühl zuerst aufgrund der Nähe des Rheinlandes zu meiner Geburtsstadt Essen, dem ich mich, obwohl familiär eher Westfale, doch immer stark zugeneigt gefühlt habe. Leipzig dann umständehalber natürlich erst nach der politischen ‚Wende' 1989.

Charme und ihre baulich-ortsstrukturale Tradition beibehalten haben.

Dieses Wohlgefühl vermittelt sich natürlich auch den Studierenden, die dort Formen der Aufnahme, der Gastlichkeit und der jugendlichen Abwechslung in Kontexten der Akzeptanz und der sozialen Nähe finden. Beide Städte bieten studentische Quirligkeit, kulturelle Vielfalt, geistige Offenheit, sie vermitteln über die Menschen im Alltag eine ansteckende Dynamik und eine spürbare vorhandene Empathie, wie sie bekannterweise im rheinischen Menschenschlag und im sächsischen Lebensgefühl grundsätzlich und liebenswürdig verankert ist. Beide Städte nehmen, jedenfalls nach meinen sympathisierenden Beobachtungen, den Auswärtigen an, integrieren ihn rasch, vertreten aber auch nachdrücklich Prinzipien von Lebensart, die ihnen wichtig sind.

Und beide Städte bieten attraktive kulturelle Programme und künstlerische Aktivitäten in den mir wichtigen Bereichen: Kunst, Musik, Literatur, Theater, kreatives Szene-Leben.

Für mich selbst ist darüber hinaus städtebaulich der gotische Kölner Dom von kunsthistorischer Attraktivität, und zudem die einzigartige Ballung so vieler romanischer Kirchen (zwölf) auf historischem Stadtgebiet innerhalb der mittelalterlichen Stadtmauer (der Kranz der sogen. *Via Sacra*), natürlich die historische Präsenz des Römertums. In Leipzig das Renaissance-Rathaus, die Thomaner und Bach und das Gewandhaus mit Reminiszenz an Felix Mendelssohn-Bartholdy, die berühmte und schöne ‚Wende'-Kirche St. Nikolai, der noch üppig erhaltene Jugendstil in der Stadtarchitektur, die imposanten Messegebäude aus der Gründerzeit mit ihrer Geschichte von handelnden und kommunizierenden Menschen, die sich mit ihnen als steinerne Erzählung und historische Zeugen vermittelt.

In Köln liegt der berühmte Gelehrte des Mittelalters und Vermittler zwischen antiker und christlicher Denkwelt, Dominikaner, *doctor universalis*, Professor an der Sorbonne in Paris,

Lehrer des Heiligen Thomas von Aquin: nämlich der Heilige Albertus Magnus, *Albertus Coloniensis* (um 1200–1280) begraben (in St. Andreas). Dieser Heilige ist mir sehr wichtig.[105] In Leipzig lebt mit seiner Familie mein bester, brüderlich-inniger Freund, Klaus-Dieter Baumann, selbst Professor für Linguistik, Fachsprachen-Forschung und Translationswissenschaft an der dortigen Universität. Die Brücke der persönlichen Bindung an Zentralfiguren des gelehrten Lebens ist also für beide Städte gegeben.

Für mich wären das alles Komponenten für ein uneingeschränktes und freudiges <Ja>.

Aber nun bin ich Berliner und Humboldtianer, und nach Leipzig, der Stadt meiner deutlichen Wohlfühl-Sehnsucht, bedarf es für Kooperationen und sonstige Kontakte nur einer Stunde im Zug, und so bin ich mit der aktuellen Lage durchaus zufrieden.

105 Er war eine Integrationsgestalt von Geistes- und Naturwissenschaften, von Philosophie und Pragmatik, von Religiosität und Bodenständigkeit des alltäglichen Lebens, von tadelloser Gradlinigkeit, wie sie auch schon in dem Habit der Dominikaner zum Ausdruck kommt: schwarz und weiß. Die Seite, auf der man steht, die man vertritt, zu der man gehört, ist definiert.
Das hat mir an der Person des Albertus gefallen, so wie im Weltlichen auch sein großer, ebenfalls „Magnus" als Beinamen verdienender König (*stupor mundi*), der Stauferkaiser (Heiliges Römisches Reich) Friedrich II. (1194–1250). Auch dieser war ein Vermittler zwischen den Welten: Albertus zwischen Aristoteles und der als heidnisch gebrandmarkten Philosophie der Antike, und Friedrich II. zwischen Italien und Deutschland (um der Einfachheit halber die heutigen Nationennamen des Heiligen Römischen Reiches Deutscher Nation zu wählen), aber auch, durch einen in klugen Gesprächen moderat geführten Kreuzzug (1228–1229) ein Mittler zwischen Okzident und Orient.
Beide Persönlichkeiten waren Grenzüberschreiter, Wanderer zwischen den abgrenzten Welten, den intellektuellen, den religiösen und auch den geographischen.

3. Gespräch über Disziplinen und Interdisziplinarität, Lehren und Wissen

3.1. *Für die Zukunft, die in vielem schon in der Gegenwart verankert ist, ergeben sich neue Herausforderungen in der Forschung und Lehre, die mit dem Erkenntnisfortschritt, aber im Rahmen der um sich greifenden Globalisierung, zusammenhängen. Gibt es da Konsequenzen für die Wissenschaftslandschaft und deren Selbstverständnis?*

☐ Die **wissenschaftliche Forschung** kann heute und in Zukunft ohne Synergie-Effekte und deren Nutzung nicht mehr auskommen. Ob Sonderforschungsbereiche oder andere Großforschungsprojekte: Immer steht der Aspekt des *gemeinschaftlichen* Ziels durch individuelle Forschungskraft und Einbringung individueller Intelligenz und Ingeniosität im Vordergrund. Das mag für die Verteilung der Gelder und Finanzierungen ganz sinnvoll sein, und in den Natur- und Technikwissenschaften wird diese Art des Forschens ja schon seit langem betrieben, und durchaus erfolgreich, aber für die Geistes-, Sozial- und Kulturwissenschaften erscheint es mir auch wichtig, dass die einzelne wissenschaftliche Persönlichkeit sich artikuliert und in ihren Erkenntnissen rezipiert wird. So bleibt die Spezifik der geistes-, sozial- und kulturwissenschaftlichen Fächer erhalten, inhaltlich und gestalterisch gebunden zu sein von den Leistungen durch Einzelpersönlichkeiten, die Gedanken einbringen, Ideen setzen, Leitvorgaben ausprägen:

So bleibt der europäische Strukturalismus mit Namen wie Ferdinand DE SAUSSURE (1857–1913) oder mit Roman JAKOBSON (1896–1982) als unterschiedlichen Ausprägern verbunden, die Wortfeldtheorie mit Jost TRIER (1894–1970), die ganzheitlich-historische Sicht auf Europa als literarisch manifeste Kulturgemeinschaft mit Ernst Robert CURTIUS (1886–1956) verbunden, so wird die moderne Systematisierung der antiken

Rhetorik mit Heinrich LAUSBERG (1912–1992), die Etablierung der Textlinguistik als Ablösung der bis in die 1960er Jahre noch beherrschenden Satz-Ebene der alten Schulgrammatik mit Harald WEINRICH (geb. 1927) grundständig identifiziert, ebenso die Pragmatik mit John L. AUSTIN (1911–1960) und mit John R. SEARLE (geb. 1932), die sprachliche Relativitätstheorie mit Edward SAPIR (1884–1939) und Benjamin Lee WHORF (1897–1941), die Translationswissenschaft mit Hans J. VERMEER (1930–2010) oder die Fachsprachenforschung in Deutschland lässt an Lothar HOFFMANN (geb. 1928) erinnern, den akademischen Lehrer des jetzigen Repräsentanten der Leipziger Schule zu Fachsprachen und Translation, Klaus-Dieter BAUMANN (geb. 1955), usw.; dass sich da dann noch Weiterentwicklungen und Forschungsanschlüsse mit weiteren klangvollen Namen ergeben haben, ist selbstverständlich.

Aber man kann vor diesem Hintergrund doch erkennen, wie revolutionär es gewesen sein muss, als Wissenschaftsgranden wie Roman Jakobson oder Harald Weinrich in den späten 1960er und in den 1970er Jahren verkündeten und evidentialisierten, dass Wissenschaft von einem komplexen Phänomen des menschlichen Daseins, also des *Humanum*, nicht als Disziplin allein bleiben und allein verantwortlich sein kann in der Analyse und Beschreibung und möglicherweise auch angewandten Umsetzung des Phänomens – in diesem Fall war es die Linguistik –, sondern dass eben auch Disziplinen mit anderen Facetten am Phänomen <‚Sprache‘ und ‚Sprachgebrauch‘ und ‚Situation‘ und ‚Kommunikation‘ und ‚Sprecher‘ und ‚Partner‘ sowie ‚Text‘ bzw. ‚Dialog‘ und ‚Kultur‘>, immerhin also mit komplexen Eigenfacetten, einbezogen werden müssten und ihren Beitrag zur Erforschung zu leisten hätten. Das war der Beginn der Forderung nach einer Arbeitsweise, die disziplinenübergreifend vorgeht und sich als kooperativ bestimmt: die INTERDISZIPLINARITÄT als Konzept, als ein methodologischer Anspruch an eine den komplexen Phänomenen angemessene Forschungsbreite war auf die Bühne gehoben und hatte sich im öffentlichen Diskurs, in der methodologischen Verwirklichung, in der Evidenz der Erkenntnisse zu bewähren. Sie hat sich zu einem hochattraktiven und forschungsrelevanten, zukunftsorientierten Programm der Kooperation und des Austausches mit gegenseitigem Nutzen entwickelt.[106]

❑ Was für die Linguistik neu war und, in Annäherung, dabei immer noch, trotz der philologischen Gemeinsamkeiten, oft ablehnend beäugt, mit der Literaturwissenschaft praktiziert wurde, so zum Beispiel sehr evident bei der neuartigen Tempus-Theorie von Harald Weinrich[107], entstand für die Translationswissenschaft gleichsam „natürlich", als ein notwendiges Konstitutivum ihres disziplinären Selbstverständnisses: die <Überschreitung> ist dieser Disziplin ja sowieso inhärent (‚*Trans*'lation), und so bieten sich sprachtranszendierende Aspekte – wie die Kommunikationssituation, die individuellen Wissensvoraussetzungen, die Sprecher- und Partnerviten, die Bildungshorizonte, die kulturellen Kontexte – ganz selbstverständlich an, theoretisch wie auch fallbezogen für die jeweilige Translationssituation geklärt zu werden.

‚Disziplinarität' und ‚Interdisziplinarität' – beides sind ja Merkmalbezeichnungen (‚-ität', lat. *-itas*), Qualitative also – bieten heutzutage

- Organisationsweisen („statisch", „strukturell") und
- methodologische Zugriffsweisen („dynamisch", „systemisch"),

die die Anforderungen der modernen Forschung widerspiegeln.

Der Begriff **‚Disziplin'** vermittelt eine Vorstellung von Historie, von Ehrenhaftigkeit, Fleiß, Eigenart, Interesse und Intellektualität, von Kreativität und Fachkönnen. Hierzu erinnere ich mich an eine treffende Aussage meines verehrten akademischen Lehrers Harald Weinrich zum Begriff der ‚Disziplin'; sie

106 Ausführlich und mit Literaturhinweisen bei Kalverkämper (1998 a: 12–14).

107 Weinrich (^{6}2001); Darstellung in Kalverkämper (1981: 58–60).

bringt zudem die wichtigen Aspekte der Selbstverpflichtung und das Verpflichtetsein treffend mit ein.[108]

Die Disziplinen der Moderne sind eingebettet in ein Spannungsfeld mit zwei Kräftefeldern: die Suche nach Spezifik und Identität; und die komplexe Beziehungsstiftung, die Vernetzung:

- Einerseits die IDENTITÄTSFINDUNG in immer speziellere und extensional engere, dabei inhaltlich (d.h. intensional) anspruchsvollere Klein- und Sub-Disziplinen, wie man sie als „Bindestrich-Disziplinen" seit einigen Dekaden kennt (z.B. *Sozio-Linguistik*, *Biomedizin*, *Kultursemiotik*, *Biogeochemie*), aber auch als adjektivische Spezifizierungen (z.B. *Forensische Linguistik*, *Physikalische Biochemie*, *Medizinische Informatik*, *Aquatische Mikrobiologie*, *Pharmazeutische Technologie*, *Psychiatrische Genetik*, *Experimentelle Physik*, *Internationales Privatrecht*, *Ausländisches Zivilprozessrecht*, *Pädagogische Psychologie*, *Philosophische Anthropologie*).
- Und andererseits die Komplexität, der Verbund, die Ganzheitlichkeit, bei der aus verschiedenen Sichten ein gemeinsames Ziel anvisiert und auf unterschiedlichen Wegen verfolgt wird; das ist jene Qualität des Arbeitens, die heute so plastisch ‚VERNETZUNG' genannt ist. Sie entspricht aber auch tatsächlich ebenjenen Verbindungsweisen (‚Inter-Relationen'), die die Welt im Handeln zusammenhalten. Von daher ist das Konzept der ‚Vernetzung' ganz angemessen dafür, das kommunikative Handeln in seinem Vernetztsein

108 Ich zitiere hier die gemeinte Stelle (Weinrich ³2006: 253):
„Ich liebe [...] das Wort Disziplin; es erinnert daran, daß die Wissenschaft, wenn sie sich in eine große Zahl von verschiedenen Fächern aufteilt, sich selber in Zucht nimmt. Daher kann niemand als Wissenschaftler gelten, der sich selber eine universale Kompetenz für alle möglichen Wissenschaften zuspricht oder zusprechen läßt, sondern nur derjenige, der sich in einer dieser vielen Disziplinen als Fachmann ‚diszipliniert' hat, was dann allerdings nicht ausschließt oder ausschließen sollte, daß er (oder sie) sich auch in anderen Disziplinen umsieht, und sei es nur, um bei den wissenschaftlichen Geschäften nicht zu vergessen, daß jede Wissenschaft nur eine von vielen ist, die sich gegenseitig begrenzen und relativieren."

zu analysieren,[109] um es effizienter zu gestalten, qualitativ hochwertig zu halten, zum Wohl des gegenseitigen Verstehens und der Verständigung zu pflegen.

Hinzu kommt aber auch, dass die Disziplinen ihrerseits sich für ihre ureigenen Forschungsbedarfe bei den Nachbardisziplinen oder auch bei anderen, z.B. als geisteswissenschaftliche Disziplinen aus den Naturwissenschaften, mit methodologischen oder axiomatischen oder prozeduralen oder auch schon resultat-bezogenen Anleihen bedienen, um ihrerseits in ihren eigenen Analyseprozessen weiterzukommen. Die Translationswissenschaft z.B. ist so verfahren, um die bislang interkulturell noch unbeachtete Dolmetschsituation auf ebenjene Kulturspezifika hin zu untersuchen, indem sie sich bei der Mündlichkeitsforschung, bei der Verhaltenspsychologie, bei der Semiotik, bei der Kulturwissenschaft und deren Kultureme-Forschung umgesehen hat, um dann ihrerseits ein geeignetes Instrumentarium zu erstellen für

- die dolmetscherische Bewältigung auftauchender Kulturdifferenzen und von
- interkulturell gründenden Missverständnissen im Dolmetschprozess sowie für
- die Ausbildung der Dolmetscherin gerade auf solche Problemlagen, ihr Erkennen und deren professionelle Bewältigung hin.[110]

☐ Und indem man die Einzeldisziplin in den Blick nimmt, ist ein moderner Wissenschaftler gehalten, auch deren Nachbarn und die möglichen Beziehungen zu ihnen wahrzunehmen: der Begriff der ‚**Interdisziplinarität**' war dazu – etwa zur Mitte der 1970er Jahre – entstanden. Der Grundgedanke von Interdisziplinarität als methodisches Prinzip ergab sich aus der Beobachtung, dass die Forschung innerhalb eines einzelnen Faches zu einem bestimmten Zeitpunkt an die Grenzen stößt, die den Blick nach innen festhalten und die Erkenntnisse nicht in die

---

109 Vgl. Kalverkämper / Baumann [Hrsg.] (2016).

110 Vorgeführt z.B. bei Kalverkämper (2008 b und 2013) zur Körperkommunikation im Dolmetschhandeln.

Gesellschaft und somit auch nicht in die allgemeine wissenschaftliche Beachtung ausstrahlen lassen, was die Entwicklung des Faches zu dessen Schaden hemmt.

Für die Linguistik hat Roman Jakobson[111] besonders evident ein interdisziplinäres Vorgehen eingefordert, ebenso Harald Weinrich, der zudem ein – immer noch nicht realisiertes – interdisziplinäres Lexikographie-Projekt[112] angeregt hat.

Der heute geltende Interdisziplinaritäts-Begriff vertritt nicht mehr die These von der Aufhebung der Wissenschaftsgrenzen. Vielmehr sollen in den verfestigten Wissenschaften selbstangebotene Grenz*öffnungen* angestrebt werden und Grenz*überschreitungen* in die Gebiete anderer – benachbarter wie entfernterer – Wissenschaften als notwendige Gegenstrategien zur fortschreitenden fachlichen Spezialisierung gewagt werden, um Blindheit – die bekannte *déformation professionnelle* – und Isolation in Forschung und wissenschaftlicher Argumentation bis auch hin zu berufsethischen Verselbständigungen (als Wissenschaftsethik[113]) zu verhindern.[114] Interdisziplinarität bedeutet Kooperation, und diese ihrerseits verlangt Integration und, damit die Identität erhalten bleibt, auch Abgrenzung.[115] Das bezieht sich auf

- die beidseitigen Erkenntnisziele,
- die jeweiligen Analyse-Instrumentarien,
- die gemeinsam verwendbaren Methodologien,
- die vitale Umsetzung und fortschrittsfördernde Weiterverwertung der Ergebnisse.

‚Interdisziplinarität' ist also inzwischen von einem Begriff des Anspruchs zu einem Programm und darüber hinaus wissen-

111 Jakobson (1972).

112 Weinrich (1978).

113 Näheres dazu, mit weiterführender einschlägiger Literatur, bei Kalverkämper (1998 a: 12).

114 Vgl. als Beispiele für den methodologischen und kognitiven Gewinn speziell der Linguistik Raible (1981; 1993).

115 Vgl. z.B. Kocka [Hrsg.] (1987).

schaftliche Arbeitswirklichkeit geworden. Das reflektiert auch in gewisser Weise die Hinbewegung der wissenschaftlichen Öffentlichkeit in eine Globalisierung hinein. Immerhin gibt es in der internationalen Spitzenforschung mit ihren technologischen Möglichkeiten erdumspannender Kommunikation den Austausch und die Weitergabe von Forschungsschritten, Laborarbeiten, Versuchsergebnissen, usw. usw. von Berlin oder London abends dann nach New York, wo seinerseits abends weitergereicht wird nach Tokyo und zum Arbeitsschluss dann wieder weiter nach Berlin, wo dann an den Neuerkenntnissen und auf weitergeführter Grundlage wieder angeschlossen werden kann. Das ist globalisiertes Arbeiten, das wieder[116] dem Prinzip der Ökonomisierung, der Zeitersparnis, mit dem Erdumlauf gehorcht, aber auch Effizienzsteigerung durch Synergien und Bündelung von Arbeitsressourcen ermöglicht.

Solche Arbeitsweisen sind den Geistes-, Sozial- und Kulturwissenschaften nicht eigen, ja fremd. Hier finden sich im Übrigen auch gar nicht so viele Ausdifferenzierungen von Disziplinen in Unterdisziplinen mit eigenständigem Profil, wie es die Naturwissenschaften vorführen. Die immer noch vorgebrachte Meinung, dass die Geisteswissenschaften eher ganzheitlich, die Naturwissenschaften eher spezifisch „denken“ und vorgehen, bekommt von hier aus durchaus ihre Bestätigung. Allerdings gibt es ja Disziplinen mit Heimat im Reich der Geistes-, Sozial- und Kulturwissenschaften, die sehr wohl schon den Brückenschlag in andere Fachbereiche, Wissenschaftsfelder, Disziplinen, Forschungsgebiete vollziehen, meist zum gegenseitigen Nutzen:

- Die *Linguistik* mit ihrer Thematik ‚Sprache und Denken‘;
- die *Kognitionsforschung* mit speziellen Forschungsgebieten der Linguistik;
- die *Medizin* mit der Terminologiewissenschaft;
- *Jura* mit der Verständlichkeitsforschung und sogen. Texte-Optimierung (engl. *Technical Writing*);

116 Vgl. o. 1.4., S. 64–70.

- ebenfalls die Juristen und polizeilichen Ermittler bei der Erkennung von Textspezifika und Texte-Verfassern (z.B. Erpresserbriefen), indem sie mit der *Forensischen Linguistik* zusammenarbeiten;
- die *Fachkommunikationsforschung* mit all den Fachgebieten, in denen auf spezielle bzw. spezifische Weise kommuniziert wird;
- die *Wirtschaft*, die die Beipackzettel auf adressatenspezifische Verständlichkeit hin prüfen und überwachen lässt, ebenfalls hier die Pharma-Industrie, beide natürlich ihrerseits wiederum dazu angehalten durch die einschlägige Gesetzeslage zur Inhaltstransparenz bei handlungssteuernden Angaben;
- die *Translationswissenschaft* arbeitet in Theorie und Praxis zusammen mit allen Sachgebieten menschlichen Handelns, in denen sie engagiert wird mit ihrem Angebot der kulturensensiblen Texte-Translation.

Interdisziplinarität erwächst also hier zuerst über die Angewandtheit, über das Anliegen, das zu einer Lösung gebracht werden soll. Von daher ist dieser Anspruchsbegriff der Komplexität auch kein Modemäntelchen, sondern ein wirkliches methodologisches Ziel, das die bisherigen erweitert. Das verlangt natürlich auch dann Kompetenz in den beteiligten Disziplinen oder aber eine spezifische Art der Zusammenarbeit, eine Kooperation auf Augenhöhe.

3.2. *Sie sprechen die Arbeitsweisen an. Wie sehen Sie die Auswirkungen auf das wissenschaftliche Ethos und die Leistungen der einzelnen Persönlichkeit?*

☐ In der Tat steht die sogen. *Scientific Community*, stehen wir als Forschende, Lehrende und Lernende und schließlich beruflich Tätige durch die Möglichkeiten der modernen Technologie, der Neuen Medien, der Verfügbarkeit von Daten, der noch unklaren Rechtslagen vor neuen Herausforderungen. Dass der sie benutzende auch intellektuelle Mensch in vielem doch noch nicht reif genug ist und mit der stürmischen Entwicklung der Technologie handlungsethisch und wissenschaftsmoralisch noch nicht souverän umgehen kann, machen die häufigen **Skandale** um Plagiate und Textdiebstahl und Respektlosigkeit gegenüber fremdem geistigen Eigentum erschreckend deutlich. Inzwischen gibt es keine noch so kleine Hausarbeit, die nicht mit einem Selbständigkeitsvermerk versehen sein muss und bei dessen Fehlen als Leistungserweis abgelehnt wird. Die Verfehlungen gegen das wissenschaftliche Ethos der Ehrlichkeit, der Redlichkeit, der Selbstkontrolle in der Wissenschaft müssen konsequent verfolgt und hart bestraft werden, gerade auch von den betroffenen Universitäten selbst, die bei den bisher von außen (!) aufgedeckten Fällen doch eher zögerlich oder mildherzig in der öffentlichen Wahrnehmung wirkten.

Denn solche Verstöße Einzelner gegen edle wissenschaftliche Prinzipien, wo moralische, rechtliche, berufliche, memorielle und finanzielle Werte zusammenfließen, rütteln an den Grundfesten gesellschaftlicher Einschätzung: nämlich an der Wertschätzung akademischer Arbeit als hehre Leistung mit hoher Selbstinvestition an Zeit, Geld, persönlichem Engagement, lebensgestalterischer Opferbereitschaft und hohem eigenen Intellekt. Es ist jedenfalls als gesellschaftliches Indiz schlimm, dass man als Professor seit Jahren gezwungen ist, die eingereichte Qualifikationsarbeit von den Studierenden auch als doc-Datei gebrannt mitverlangen zu müssen, um dann mit Abgleichprogrammen zu prüfen, was, wieviel, ob überhaupt Fremdtext übernommen und als Eigentext aus dem Netz in der aktuell eingereichten Arbeit verwendet wurde. Textdetektiv zu sein – das ist mir schlimm, weil es mir durch unsaubere Arbeitsweisen als grundsätzlich von mir nun einzubringende Prüfungshaltung von außen aufgezwungen wird, weil bis in elaborierte Kreise der Gesellschaft hinauf offenbar keine Haltung des Respekts, der Redlichkeit, des Rechts mehr als selbstverständlich geboten und gegeben mehr vorausgesetzt werden kann; das ist für mich ein Zeichen gesellschaftlichen Verfalls, der die Wissenschaft nicht infizieren darf.

Erziehung zur intellektuellen Ehrlichkeit gegenüber geistigem Eigentum muss offensichtlich, wenn nicht schon in der Jugend geschehen, nun an der Universität und im wissenschaftlichen Leben nachgeleistet werden, und das vom Studienbeginn an, wohlmöglich noch davor auf dem Gymnasium, wo es ja auch schon um eigenständige Textarbeiten in Projekten geht.

❑ Neben der Beobachtung zum ethisch-moralischen Verfall und der durch angebliche Anonymität des Internet entstandenen Gleichgültigkeit gegenüber den akademischen Werten, die seit der Renaissance Bestand haben und den wissenschaftlichen und künstlerischen Wettbewerb – jedenfalls in Europa und in den europäisch besiedelten Gebieten außerhalb – bestimmen, steht noch die Beobachtung der **pragmatischen Einfachheit durch das Internet** und seine grandiose Verdichtung in den letzten Jahren, sei es über Texte, Nachrichten, Bilder, Dokumentationen, Kopien, usw.: Recherche zu einem Thema, einer Frage, einem Problem?? Schon die Studierenden, wohl vom Gymnasium in den Leistungskursen her wenig Anderes gewohnt, sind mit einem Blick in *Wikipedia. Die freie Enzyklopädie* oder mit dem Angebot eines Suchbefehls bei Google zufrieden. Eine wirklich tiefgehende Suche nach Literatur und Belegen und empirischem Material und natürlich auch die Bereitschaft, sich damit durch praktisches Studium und wirkliches Lesen vernetzend auseinanderzusetzen, finde ich in meiner täglichen Universitätsarbeit bei vier Studiengängen und differenzierten Modularisierungen zu fünf Sprachen wenig.

❑ Darüber hinaus sollte auch die qualitative Veränderung angesprochen sein, die die Daten-Angaben und Informationen in wissenschaftlichen Arbeiten betrifft. Vor der <Zeit des Internet>, die ja in die Universität und studentische Arbeitsweise sowie in das wissenschaftlich-forscherische Vorgehen mit der Jahrtausendwende massiv hereingebrochen, also erst anderthalb Dekaden alt ist, stammten Informationen in den damaligen wissenschaftlichen Beiträgen

- aus der **eigenen** Sammler-Initiative,
- aus den **eigenen** Strukturierungen des Informationsberges,
- aus den **eigenen** Systematisierungen jenes Wissens, das man für zukünftige Verwertungen zu dokumentieren gedachte,

natürlich, wer wollte das leugnen, verwoben mit jenen Forschungen anderer, die ihrerseits in Aufsätzen und Büchern angeboten waren. Die Einzelinformationen, die man so einfließen ließ, waren somit von hohem intellektuellen und pragmatischen und sammlerischen Wert. Ich erinnere mich noch sehr genau an das Arbeitszimmer von Wolfgang Rothe, von Heinrich Lausberg, von Otto Hiltbrunner, von Harald Weinrich, von Wolfgang Raible, von von von, und sehe natürlich auch mein eigenes – diese (und meine eigene) Generation hat sich – *selbst* und *eigen verantwortet* – sammelnd, dokumentierend, strukturierend gekümmert um das, was man brauchte für die aktuelle und potentielle eigene Forschung in der Zukunft. Sammlungen jeder Art – Zeitungsausschnitte, Kopien, Suchhinweise, Bibliographien mit Schwerpunktthemen, Stichwortsammlungen, Exzerpte, Verweisvermerke, Listen usw., das alles in Zettelkästen, Schüben, Kartons, Sammlern, wiederum jeweils mit eigenen Findungsmarken, Beschriftungen, äußeren und inneren Ordnungen – das waren die Ergebnisse eigener Anstrengungen, eigener Aufmerksamkeit bei eigener Leseleistung, waren intellektuelle Zugriffe, Entscheidungen, Prognosen, Interessen, Ideen und Impulse; und das waren dann auch die Grundlagen für vernetzte Argumentationen, für Anregungen, für das Wirken von Hirnstürmen (engl. *brain storming*), für Aufsatzentwürfe, Einleitungen, Gedankengänge, Argumentationen und ihre Verankerung in die bisherige Forschungslage. Eben darin, dass daraus dann in die wissenschaftlichen Beiträge vieles an Hinweisen, Fußnoten, Nebenideen, Parallelen, Querverweisen, Ausblicken usw. einfloss, lag auch ein Ausweis von Attraktivität der Werke – durchaus schon eine Form der Vernetzung, der Weiterleitung, eben dessen, was man heute ‚Link' oder ‚Verlinkung' nennt. Und das machte die Individualität, die Spezifik der Lesebildung und Verarbeitungsdichte des Wissenschaftlers, auch seine schreibdidaktische Leistung und seinen Wunsch des vernetzten Denkens im Schreibprozess aus. Hier wandelte sich eigenverantwortetes, eigeninitiiertes intellektuelles Handwerk in geistige Erkenntnisprozesse und verschmolz so mit der Gesamtleistung (als Vortrag, als Aufsatz, als Buch).

Aber inzwischen, mit der gewaltigen Informationsmacht des Internet, spielen solche Hinweise keine Ausweisfunktion mehr für die autor-eigene Stärke des selbstinitiativen Zupackens und der eigenen intellektuellen Breite und der weiten Belesenheit sowie der geistigen Flexibilität und Kreativität – all das ist untergepflügt in der technischen Möglichkeit, durch Googeln und geschicktes Klicken Hinweise zu bekommen, die man kurzerhand „gelehrt" oder „belesen" oder „fundiert" in seinem Artikel unterbringt. Als Leser, jedenfalls als einer, der noch andere Zeiten, das Prä-Googelianum, kennengelernt hat und sie aus eigener „handwerklicher" Praxis beurteilt, versagt man solchen Signalen in den modernen Beiträgen nunmehr eher eine Ehrbezeugung, weiß man doch, wie rasch und billig die Begleitinformationen zu erhalten und somit auch einzubringen sind.

Dennoch: Das ist Zeitgeist geworden, der eine Relativierung der Einschätzung solcher Informationen und wohl auch ein gutes Gespür für wohlfeile <Konserveninformation> gegenüber <Individualinitiative des Wissens> verlangt. Aber auch das mag in der kommenden Dekade verlorengegangen sein oder gar nicht mehr gefragt, weil auch nicht mehr als Textqualität gewertet und als Autorleistung besonders gewürdigt werden. Diese Diskrepanz zwischen <Können und Klicken> verlangt ein neues Lernen für das Schreiben und das lesende Einschätzen von Texten.

> **3.3.** *Für die wissenschaftlichen Leistungen einer einzelnen Persönlichkeit praktiziert die akademische Welt bestimmte Formen der Anerkennung. Sie haben einen Ehrendoktor-Titel erhalten und in dem Zusammenhang sich generell zur Zeremonialkultur im Vergleich geäußert.*

☐ Im Jahr 1998 habe ich von der Universität Vaasa, Finnland, die Nachricht erhalten, dass man beabsichtige, mir als erstem

Deutschen in der Reihe der bisherigen Titelträger die **Ehrendoktorwürde** (Dr. h.c.) der Humanistischen Fakultät der Universität Vaasa zu verleihen. Die 1968 gegründete Universität Vaasa hat aktuell vier Fakultäten[117] und über 5000 Studierende. Sie vergibt in einem Zehnjahresrhythmus national und international als Anerkennung für herausragende wissenschaftliche Leistungen Ehrenpromotionen an jeweils zwei Wissenschaftlerinnen und Wissenschaftler aus den vier zentralen Bereichen der Universität. Die Universität Vaasa (finnisch *Vaasan Yliopisto*; schwedisch: *Vasa Universitet*) liegt in Vaasa, einer 1606 gegründeten Stadt im westlichen Mittelfinnland, am Bottnischen Meerbusen, dem nördlichen Ausläufer der Ostsee zwischen Schweden und Finnland, mit ca. 67-Tausend Einwohnern. Die Stadt gilt heute als intellektuelles Zentrum Finnlands mit vier Hochschulen und zwei Fachhochschulen und über 12 Tausend Studierenden. Das kommunikative Leben verläuft dort, geschichtsbedingt, zweisprachig (finnisch ca. 70 %, schwedisch ca. 25 %, anderssprachig 5 %). Das zeremoniale Ereignis fand in der Zeit vom 11. bis 13. Juni 1998 statt. In dieser Zeit gleichen in diesen Breiten die Nächte den Tagen: Sie sind hell, und der Tageslauf wird bei jemand aus Deutschland mit den dortigen klaren Lichteinteilungen in ‚Tag' und ‚Nacht' eher vom Blick auf die Uhr und den Vorhängen oder Jalousien im Hotel bestimmt.

Es hat sich in Finnland eine Tradition der akademischen Zeremonialkultur erhalten, die insbesondere von dem im 16. und 17. Jahrhundert politisch starken Schweden ausging und von dort auf die anderen skandinavischen Staaten und ihre Formen, Symbole und Abläufe universitären Feierns ausgestrahlt hat, was bis heute fortwirkt. Die Westküste Finnlands ist seit einigen Jahrhunderten auch schwedischsprachig, die dortigen Finnländer – nicht zu verwechseln mit den Finnen,

117 Das sind die (1) Humanistische Fakultät (*Faculty of Humanities*), (2) Wirtschafts- und Verwaltungswissenschaftliche (*Business Administration*), (3) Betriebswirtschaftlich-technische (*Accounting and Industrial Management*) und (4) Sozialwissenschaftliche Fakultät (*Social Sciences*).

einem eigenen Volksstamm (neben einigen weiteren in Finnland) – wachsen also bilingual auf und leben in zwei Sprachen und Kulturen (und auch laut Verfassung ist Finnland ein zweisprachiges Land; beide Sprachen sind seit den 1970er Jahren schulische Pflichtfächer). Die Universitäten Finnlands sind darüber hinaus auch noch in vielerlei anderer Hinsicht vom schwedischen Vorbild geprägt.

Die drei Festtage sind gefüllt mit einem Programm, das schon am ersten Tag zeigt, wie bedeutungsvoll der Ablauf und somit die ganze Prozedur genommen wird und wie gewissenhaft die Feier organisiert wird: Hatte man bereits klar bestimmte Bekleidungsvorschriften für die einzelnen Sequenzen der Feierlichkeiten an den drei Tagen zu beachten – Frack bzw. Abendkleid ist selbstverständlich –, fand am ersten Tag für alle Beteiligten eine Übung der Zeremonie des nächsten Tages statt. Am späten Abend – in Finnland zu der Zeit, 22.30 Uhr, noch in fast taghellem Licht – nach einem opulenten Essen dann in großer Runde das (symbolische) Schärfen der Schwerter; diese entsprechen eher unserer Vorstellung von einem Degen, mit langer, schmaler Klinge und einem fein ziselierten vergoldeten Handgriff, in einer mit schwarzem Leder überzogenen Degenscheide steckend, die mit einem großen Emblem der Universität, mit der Gravur des Trägernamens und der Jahreszahl im vergoldeten Metall geschmückt ist. In dem zeremoniellen Akt des Schärfens soll sich, nach alter Sitte, die Scharfzüngigkeit, der scharfe Verstand, die scharf argumentierende Wissenschaft widerspiegeln.

Der Promotionsakt am nächsten Tag im Auditorium Maximum ehrt im Rahmen feierlicher Musik und etlicher Reden hoher Prominenz und verschiedener Honoratioren zuerst jede Magistra und jeden Magister mit einem Lorbeerkranz, den der Promotor ihr und ihm auf den Kopf setzt, und einer eigens gestalteten Urkunde. Dann die Doktoren, die – dem schwedischen Vorbild folgend – einen Doktorhut und den Doktordegen sowie eine Urkunde erhalten. Schließlich die Ehrendoktoren mit den gleichen Insignien. Nach einer *Laudatio*, die die Verleihung rechtfertigt[118], auf den Geehrten spricht der Promotor (bei mir hatte Prof. Dr. Christer Laurén diese Funktionen übernommen) die lateinischen Dedikationsworte[119] *„accipe pilleum"* – man lässt sich den *Doktorhut* aufsetzen; *„accipe gladium"* – man nimmt den horizontal dargereichten *Degen* entgegen; *„accipe diplomam"* – man nimmt die *Urkunde* in Empfang. Danach verbeugt man sich vor dem Promotor und anschließend vor dem Publikum im vollbesetzten Auditorum Maximum der Universität und setzt sich auf seinen Platz in den vordersten Reihen. Der Doktorhut, der dann dort zu allen späteren akademischen Anlässen getragen wird, ähnelt, in Anlehnung an schwedische Vorgänger, einem niedrigen Zylinderhut, der Form eines *chapeau claque*, mit dem vergoldeten Universitätsemblem als runde Marke vorn am Hutband. Er soll, aus der Tradition heraus verstanden, Freiheit der Person und hohen Adel der Seele symbolisieren. Der Degen demonstriert die kämpferische Wachsamkeit als *defensor scientiae*, als Verfechter von Arbeitsethos und Forschungsprinzipien der Wissenschaften.

Eine lange Prozession der Universitäts- und Stadthonoratioren, dann der Ehrendoktoren, anschließend der Doktoren und endlich der Magister zog dann von der Universität aus unter großer Anteilnahme der Bevölkerung und Beachtung der Medien durch die Stadt Vaasa hin zur zentralen Kirche, wo ein (evangelischer) Gottesdienst gefeiert wurde. Ein großartiges, umfangreiches Festessen, ein aufwändig gestalteter Festball im prächtig geschmückten Rathaus, am nächsten Tag eine gemeinschaftliche Schifffahrt durch die beeindruckenden Schären vor Vaasa, mit eiszeitlich-kundig geführtem Begehen einer typischen Insel dieser Region, und danach wieder ein gemeinsames Festessen rundeten die Feierlichkeiten ab.

---

118 Verliehen wurde der Ehrendoktortitel an Hartwig Kalverkämper mit folgender Begründung in der *Laudatio* und in der Urkunde: *„Herausragende wissenschaftliche Leistungen auf den Gebieten der Textlinguistik, der Fachsprachenforschung, der modernen Kommunikation und Rhetorik."*

119 Imperativ Singular von lat. *accipĕre* ‚empfangen', ‚entgegennehmen', ‚sich reichen lassen' (Grundwort *capĕre* ‚fassen', ‚nehmen', ‚ergreifen').

❑ Im **Vergleich** mit dem rituell reduzierten, formaltechnischen Ablauf von Promotionen und Ehrenpromotionen an deutschen Universitäten – von denen ich durch die beruflichen Umstände mehr als eine Handvoll alter und neuer Universitäten und somit deren Gepflogenheiten aus eigenem Erleben als Gutachter und (externes) Kommissionsmitglied kenne –, spielt im Ausland das kollektive Erleben, das soziale Geschehen, die Einbettung der Leistung des Einzelnen in die Anerkennung der Gemeinschaft, zudem die pragmatische Ästhetik und die Schönheit und Symbolizität von Accessoires eine zeremoniebestimmende Rolle.

Bei uns dagegen hat für den Ablauf der akademischen Feiern der Innovationsschub der Spätsechziger zu einer zeremonialen Verkümmerung und zu Blindheit gegenüber dem sinnenbezogenen *humanum* geführt: Glanz, Schmuck, Zeremonielles, Rituelles, Symbole sind zurückgedrängt oder fehlen ganz, was den akademischen Akt zu einer trockenen *res cotīdiāna*, einem Alltagsgeschäft, einer Routinehandlung, zu einer *res inculta*, einer Angelegenheit ohne besonderes kultiviertes Umfeld, degradiert, ihn also eben nicht zu einer *actio culta* erhebt. Wer die Abläufe bei der Übergabe von Diplomen, Magister-, Bachelor- oder Master-Zeugnissen sowie, besonders auffallend, bei Promotions- und Habilitationsurkunden an den Hochschulen miterlebt, als Betroffener wie als Beteiligter oder als Beobachtender, spürt das Vorherrschen der Nüchternheit eines Dokumenten-Transfers von einer Hand in die des Gegenüber. Akt und Rahmen entsprechen in ihrer inszenierten Ökonomie (es muss rasch gehen) und in der gewählten Örtlichkeit (wie dem Prüfungsbüro oder dem Sitzungszimmer des Dekans bzw. des Fakultätsrats) nicht der Investition von mehr als einer halben Dekade Lebenszeit, eingewoben in ein Bündel von Idealismus, Verzicht, bestandenem Erfolgsdruck und konzentrierter Energie. Wer Jahre studiert hat, wer sein Hochschulexamen geschafft hat, wer somit im Regelfall nach dem Abitur einen weiteren entscheidenden Lebensabschnitt markiert und sich einen kommenden, zentral wichtigen Zeitraum, nämlich die Berufslaufbahn, eröffnet hat, der oder die sollte es einer Hochschule wert genug sein, in angemessener Weise durch eine öffentliche Form des ehrenden Feierns die gebührende Anerkennung zu erhalten.

Aber auch hier hat sich Europa nicht das Gleichmacherkleid angezogen und hält sich nicht an die deutsche Scheu vor festlichen Feiern in offiziellem akademischem Rahmen. Wie England oder die USA haben, als unsere kontinentalen Nachbarn, auch Frankreich – das wie Deutschland 1968 als tiefgreifendes Reformjahr erlebt hat –, Italien oder Spanien die Mentalität des gepflegten Feierns und das Erleben sozialen Miteinanders im akademischen Kontext so verinnerlicht, dass schon allein der Gedanke einer vernüchternden, zeremoniebeschneidenden Reform der Form und Abläufe als ein intolerabler Verstoß gegen das romanische Wesen, gegen die *francité*, gegen die *italianità*, gegen die *hispanidad*, gegen die *portugalidade*, missbilligt würde.

Dieses Selbstverständnis beweist sich auch schon in den schriftlichen Dokumenten, die bei solchen akademischen Akten ausgehändigt werden: Wer als Hochschullehrer schon mal schriftliche Diplome, Zeugnisse oder Zertifikate aus Italien, Spanien oder Portugal oder aus lateinamerikanischen Institutionen angesehen hat, die unsere ausländischen Studentinnen und Studenten hier von ihren heimischen Bildungsinstitutionen vorlegen, wird mit gewissem ästhetischen Neid zugeben, dass sie sich als wahre Kunstwerke der Textanlage anbieten. Sie sind typographisch elegant gestaltet und legen kalligraphisch Zeugnis ab von Traditionsbewusstheit, Identitätswissen, Erhabenheit, Stolz, Leistungsbeachtung und Anerkennung an die Studentin oder den Studenten. Tiefdruckstempel oder Großaufdrucke von Universitätsemblemen, Siegeln oder Aufrissen der Fassade des Hauptgebäudes[120] schaffen Identifikation. In Größe,

120 Illustrierend sei an die Etymologie erinnert: Lat. *faciēs* ‚Gesicht', ‚Anblick', ‚Angesicht', alles mit dem Begleitton des Schönen, Anmutigen, Glanzvollen (Deverbativum aus lat. *facĕre* ‚machen', ‚tun', ‚verfertigen', ‚schaffen', ‚bilden', ‚hervorbringen', ‚leisten', ‚wirken'). Dementsprechend engl. *facade*, franz. *faça-*

Schrift und Anlage definieren sie sich offenkundig als ästhetischer Beleg für einen krönenden Abschluss von Erreichtem.

Was dagegen wir zu bieten haben, ist ein DIN-A-4-Blatt mit Computerschrift in überall gleich installierter Allerweltstype *Times New Roman*: kopierfreundlich, verwaltungsnah, unpersönlich informierend, vielfach noch bis in die Textanlage hinein ungeschickt gestaltet: ein in Größe, Schrift und Anlage eher für Aktenabheftung und Verwaltungsvorgänge geeignetes Dokument – zu begreifen als eine unkonturierte Öffnung in das Kommende hinein statt als feierlicher Abschluss eines Lebensabschnitts.

☐ **Zeremonialkultur** als Teil der Gemeinschaft, ein Teil der Gemeinschaft seinerseits als Befeierte und Geehrte in der Gemeinsamkeit der *scientific community*, in Verbundenheit mit der Stadt, in der die Universität lebt und mit welcher die Stadt lebt, wurden in Finnland in einer Weise nachvollziehbar, die für Deutschland den Abbau von Zeremonien, von Symbolen und Insignien eher als Verlust an Identitätsfähigkeit und Gemeinschaftsempfinden einer „*scientific community*" denn als Gewinn an Aussagekraft vor Augen führten.

Auch hierbei gilt unbestritten: Wer sich an etwas nicht erinnern kann, kann sich damit auch nicht identifizieren. Und dies bedeutet aus zeremonialkultureller Sicht konsequent: der hat dann auch keinen mentalen Ankerplatz, keinen Orientierungspunkt. Eine lebendige, eine erlebbare Zeremonialkultur, die das lieblose, freundlich-distanzierte Transferieren eines Dokuments zu einem erinnerungswürdigen Akt adeln würde, könnte – nach

---

de (im 17. Jahrh. aus dem Italienischen entlehnt), ital. *facciata*, span. und port. *fachada*, poln. *fasada*, russ. *Фаса́д*. –
Das Gesicht gilt bei der Menschheit – ganz berechtigt – als die Bühne der erkennbaren Wahrhaftigkeit, der Persönlichkeit, der Individualität, des Charakters, der Schönheit und Gefühle, und mit seinen Organen – den Augen – sogar als Einstieg in die Seele des Menschen (vgl. Kalverkämper 2003a). Die Übertragung dieses Potentials der Funktionenvielfalt und der direkten Persönlichkeit des Menschen vom Gesichtsfeld auf seine Wohnstätte, und sei es nur auf deren Schau-(!)-Seite, kann wohl als anthropomorph inspirierte Metapher gelten.

einem erfolgreichen und zufriedenstellenden Studium – mehr Freunde und Förderer der Universität erzeugen und halten als all die üblichen unpersönlichen Werbeprospekte.

Und auch über das individuelle Erleben und solche Anschlusshandlungen und andauernden Wertschätzungen hinaus gedacht, spielt ein soziales Argument, das sich stark kulturell auswirkt, eine wichtige Rolle für einen Appell zum korrigierenden Nachdenken, zur Entsachlichung, zu einer ästhetisch und memoriell aufbereiteten Feierkultur:

Eine Leistungsgesellschaft kann auf feiernd belohnende Formen der Leistungsbeachtung nicht verzichten. Sie sollte berücksichtigen, dass der Mensch als Gruppenwesen prinzipielle Bedürfnisse hat nach Symbolen des Besonderen, nach Zeichen der Individuation in der Gemeinschaft, nach Identifikationsformen für sich und für andere, nach Gelegenheiten der Erinnerung, der *memoria*, nach Bausteinen einer Erinnerungs-, Gegenwarts- und Zukunfts- (d.h.: Erwartungs-) Kultur.

Gerade deshalb verzichten Zeremonialkulturen nicht auf die ihnen eigenen Insignien, Symbole, Ausstattungen, Orden, auf die aus dem Alltag heraushebende Bekleidung, auch nicht auf festgelegte Abläufe und Verhaltensregeln und sogar Örtlichkeiten, eben nicht auf die Kodices; ja sie definieren sich speziell aus ihnen.

Die Entrückung aus dem alltäglichen Ablauf in die inszenierte Welt einer zeitlich begrenzten Feier mit ihren eigenen Gesetzen und Erwartbarkeiten schafft neben der persönlichen Ehrung auch eine Identifikation mit der Sache, mit der Gruppe, mit der Institution.

Gerade deshalb ist es auch für eine Hochschule wichtig, die Formen ihrer Feierkultur ernst zu nehmen und zu prüfen, inwieweit sie dem *humanum* im Spannungsfeld von Anerkennung, von Freude und Feiern, sowie von Identifikationsstiftung und Erinnerungsankern im Lebenslauf entspricht. Jedenfalls sind routinierte Nüchternheit, ein rein funktionaler

Ablauf und die Spannungslosigkeit des universitären Alltagsgeschäfts in der Verwaltung nicht die geeigneten Prozeduren dafür.[121]

Es ist ja schon für die *conditio humana* generell bezeichnend, dass die Anzahl der Begriffe im Wortfeld der <‚Nüchternheit‘, ‚Sachlichkeit‘, ‚Schmucklosigkeit‘ und ‚Langweiligkeit‘> in unseren Sprachen um mindestens das Doppelte, wenn nicht um das Dreifache überrundet – ja, sagen wir: geradezu erstickt – wird von den dynamischen Begriffen des Wortfeldes zu <‚Schmuck‘, ‚Verzierung‘, ‚Abwechslung‘, ‚Spannung‘, ‚Reiz‘, ‚Sinnesfreude‘, ‚Neu‘, ‚Erleben‘, ‚Begeisterung‘ u.a.>.

4. Wissenschaft und Leben(spraxis)

4.1. *Der Zuschnitt ‚Leben in den Wissenschaften‘ soll das Interesse darauf lenken, wie Sie in dem wissenschaftlichen Rahmen, in dem Sie Ihren Beruf ausüben, Ihre Lebenspraxis – als Wissenschaftler – eingerichtet haben.*

☐ Eine zentrale lebensbegleitende Angelegenheit der Wissenschaft ist das **Schreiben**. Natürlich das maschinelle Schreiben, denn Autographen sind heutzutage nicht gefragt, erst recht nicht im wissenschaftlichen Dialog und Erkenntnisaustausch. Von wichtigen Lehrern oder zentralen Wissenschaftlern werden einmal die Autographen wie Ikonen gehandelt werden, weil solche Zeugnisse über die Schriftzüge und Korrekturen einen Blick auf die Persönlichkeit vermitteln und Identität

121 In diesem Fall, 1998 als kritischer Impuls publiziert (Kalverkämper 1998 b), hat die Humboldt-Universität tatsächlich die Mahnungen aufgegriffen und eine in die Immatrikulationsperiodik zum jeweiligen Wintersemester eingeklinkte Verabschiedungsfeier der Hochschulabsolventinnen und -absolventen aller Abschlussqualifikationen aus der Taufe gehoben und seitdem jährlich praktiziert.

aufleuchten lassen[122] in einer Zeit, in der fast jederman die sowieso schon voreingestellte Type *Times New Roman* wählt, um einen Text zu tippen. Das Maschineschreiben als solches ist aber innerhalb einer Generation, und zwar der meinigen, nach dem Zweiten Weltkrieg innerhalb von etwa fünf Dekaden so fundamental technisiert worden und hat folglich derart gewaltige Veränderungen der Handlungskompetenzen der Schreiberinnen und Schreiber gefordert, auch mit breiten gesellschaftlichen Auswirkungen auf Kommunikationsverhalten, ästhetische Ansprüche, Buchwertschätzung, Textgestalt, dass es anhand der wahrhaftigen individuellen <Lebens-Erfahrung an der Tastatur> vielleicht interessant ist, die Schnelllebigkeit nachzuempfinden, die hier auf die Menschen als technologische Herausforderung eingestürmt ist und der sie sich, um im Produktionsprozess präsent zu bleiben, auch stellen mussten, als Autoren, Wissenschaftler, Leser, Bibliophile:

Hierzu schildere ich meine persönlichen Schritte im faszinierenden Wandel der **Schreibtechnik** – einer **Mediengeschichte**, der ich mich für meine Beiträge und meine Herausgeber-Arbeiten ausgesetzt gesehen habe – eine persönliche Berufsmediengeschichte von mehr als 40 Jahren:[123]

- Von der Schreibmaschine mit Typenhebeln, jeder Tastendruck ein „digitaler“[124] Kraftaufwand, noch zu Beginn meines Studiums, in den ausgehenden 1960er Jahren (heute schon echt museale Stücke), auf der ich übrigens, was heute bei der Jugend gar nicht mehr ankommt, vor dem Abitur 1968 einen

---

122 Ich habe von meinem verehrten Lehrer Harald Weinrich alle handgeschriebenen Briefe und Schriftstücke aufbewahrt. Sie zeigen eine feste, in den Buchstaben gerade Schrift mittlerer bis eher höherer Größe, stets mit Füller geschrieben und in blauer Tinte, bei einem strukturierten, gepflegten Gesamteindruck. Es ist schade, dass solche Zeugnisse der Persönlichkeit mit der Technisierung der Schrift bis in die private Texterstellung hinein (heutzutage: eMails, sms u.a.) zugunsten von Massenware (technisch vom Werk voreingestellte Times New Roman) verlorengeht.

123 Das ist ein persönlicher Baustein zu einer Medien-Kulturgeschichte, wie sie Raible (2006) vorgelegt hat.

124 Etymologisch genau genommen, nämlich als lat. *digitus* ‚Finger‘.

richtigen Schreibmaschinekurs (wie eine Sekretärin) absolviert habe, was mir später sehr hilfreich zugute kam;

- zur elektrischen („Olympia") mit Typenhebeln in den frühen 1970er Jahren, bei der die Druckschlagkraft der Hebel gegen die Walze von einem Motor übernommen wird;
- dann in den 1970er Jahren (bis in die frühen 80er) die – heute auch im Design legendäre – Schreibmaschine mit Kugelkopf von IBM, bei der schon die aufkommenden, wissenschaftlich begründeten individuellen Gestaltungswünsche im Layout, insbesondere bei der Vielfalt von Schriften und, sehr wichtig gerade in der Linguistik (Meta-Markierung), bei dem Wechsel von ‚*recte*' zu ‚*kursiv*', in die Hand des Maschineschreibenden gelegt wurde, indem man nämlich an den jeweils gewünschten Textstellen den Kugelkopf mit einigen, damals durchaus als komfortabel empfundenen Handgriffen von einem Zentralstift, der im Schreibprozess motorgetrieben mitwanderte, abzog und gegen einen anderen Typenkopf austauschte, indem man ihn aufsetzte (z.B. den Kugelkopf mit *Recte*-Typen gegen den mit den *Kursiv*-Typen und danach wieder zurück). Übrigens brachte diese Technik-Generation auch die neuen Farbbänder auf den Markt, bei denen sich im Schreibprozess nicht mehr ein farbgetränktes Gewebeband zwischen Schlagtype und dem Blatt Papier befand, sondern ein schwarz beschichtetes Einmalplastikband (‚Carbonband'), aus dessen Farbschicht die Type gleichsam herausgeschlagen und auf das Papier gedrückt wurde[125]; umgekehrt hatte das zur Folge, dass man mit einem schmalen Klebeband auf eigener Rolle unterhalb des Kugelkopfes im Schreibprozess den aufgedrückten Buchstaben auch wieder vom Blatt ab-

125 Das war seinerzeit so revolutionär, dass es sogar auch als Möglichkeit der Überführung eines Mörders durch Inspektor Columbo, alias Peter Falk (US-amerikanischer Schauspieler, 1927–2011), in einem Fall der gleichnamigen Kriminalserie – *Columbo* – genutzt wurde: durch Zurück-Abrollen des Druckbandes, das „dummerweise" noch in der Schreibmaschine steckte, war ein Erpressungstext Buchstabe für Buchstabe rekonstruierbar.

ziehen konnte: ein neuer, bequemer Weg des Korrigierens – vom Einzelbuchstaben bis hin zu ganzen Zeilen;

- dann statt der Kugelköpfe: Schreiben mit flachen, kreisrunden Schreibscheiben – Typenräder (den berühmten ‚Margeriten' oder, im Englischen, *Daisy* ‚Gänseblume') von Olivetti –, bei denen wie auf einem Strahlenkranz von einem Zentrum aus am Ende der dünnen, federnden Plastikzungen die Typen saßen, auf die nach Drehbewegung der Scheibe zur Positionierung der Typen-Zunge ein fest installierter Druckbolzen von hinten schlug und so die Beschichtung des Carbonbandes auf das Papier drückte; mit leichter Hand konnte man das Typenrad von einem Trägerstift der Maschine abheben bzw. neu, nach auswechselnder Wahl einer anderen Schrifttype, das Typenrad auf ihn per Einrasten aufdrücken;
- dann, in meinen 1980er Jahren am Schreibtisch, zusätzlich ausgestattet mit einem ein- oder zweizeiligen maschinenbreiten grünlichen Display zwischen Maschinenblock und Tastatur, was den Wechsel von den elektrischen zu den elektronischen Maschinen – mit LCD- (d.i. Flüssigkristall-[126]) Leiste oberhalb des Tastaturfeldes – mit sich brachte (ich besaß damals das entsprechende Modell von Olivetti). Via Display schrieb man den Text ein- bzw. zweizeilig und korrigierte ihn gegebenenfalls dort auch, um dann das Textstück durch Tastendruck rasant auf das Papier schlagen zu lassen, so dass das Display wieder frei war für das Folgeschreiben;
- danach die ersten PC in meiner Assistentenzeit mit den konkreten Textanforderungen für die Habilitationsschrift, also in den 80er Jahren, mit System-Konkurrenzen: MAC, WINDOWS, Apple, Atari (der in Freiburg am Lehrstuhl Raible besondere Gunst erfuhr), schließlich zu den 90er Jahren hin die breite Durchsetzung von WINDOWS und WORD, spätestens mit der Wende 1989 (technische Neu-Ausrüstung der Ost-Universitäten) als allgemeiner

126 *Liquid Crystal Display.*

Bürostandard; seitdem Perfektionierung von Hardware und breite Programme-Palette bei der Software.

- Inzwischen haben wir die elektronischen Fortschritte kategorisiert nach den Begriffen der technologischen Innovationen: „iPod" als tragbares digitales Musikabspielgerät (2001), „iPad" (2010) („iPad2" dann 2011), „iCloud" (2011), ... und was da noch kommen wird als Recherche-, Dokumentations-, Speicher- und Texterfassungs- und Textbearbeitungsmedien.

☐ Einer solchen Mediengeschichte des Schreibens müsste auch eine **Mediengeschichte des Dokumentierens** zur Seite gestellt werden; denn auch hier sind mit dem elektronischen Zeitalter fundamentale Veränderungen eingetreten. Den dicken Leitz-Ordner, von dem für ein Großprojekt wie die beiden *Fachsprachen*-Bände in der renommierten Reihe *HSK*[127] in sieben Jahren Korrespondenz und Arbeit noch am Ende des Jahrtausends an die 50 voluminöse Ordner in den Regalen anfielen, das sind rund vier Meter printmedialer Dokumentation ... – solche imposanten Wände eines Entstehungsfundus gibt es im beginnenden 21. Jahrhundert nicht mehr oder jedenfalls immer seltener, stattdessen nisten sich Korrespondenz und Beiträge in differenzierten PC-Stammbäumen ein.

☐ Was nun, wieder auf den Ausgang zurück, das *Schreiben* betrifft, so haben die neuen und äußerst vielfältigen Schreibmöglichkeiten in Type und Layout allerdings die **Verantwortlichkeiten über die Texte** wie auch die Souveränitäten der Textgestaltung ganzheitlich auf den Autor verlagert; letztlich beginnt da jener Zustand, der heute als Standard im „Büchermachen" wie aber auch beim ePublishing herrscht: Von der ehemaligen Lektorierung der Texte im Verlag ist die Entwicklung zu einer seit Beginn des 21. Jahrhunderts faktisch selbstverantworteten Einreichung der fertigen Buchtyposkripte per pdf gegangen, auch mit integrierten Bildern und Verknüpfungen zu anderen Trägermedien (wie CD im Buch). Damit ist der Me-

127 Hoffmann / Kalverkämper / Wiegand [Hrsg.] (1998–1999).

diengeschichte und der Dokumentationsgeschichte auch eine **Autorengeschichte**, die auch eine **Textentstehungsgeschichte** ist – insbesondere im wissenschaftlichen Forschungskontext, aber natürlich auch bei literarischen Texten – zur Seite gestellt.

☐ Diese Entwicklung zur praktisch alleinigen Autor-Verantwortung bei der Textproduktion bis ins Layout hinein hat auch das Aufgabenspektrum der Verlage nachhaltig verändert und den dortigen eigenständigen Berufsstand des Lektors praktisch verschwinden lassen, analog zum Kopisten im 15. und 16. Jahrhundert nach der Erfindung des Buchdrucks mit beweglichen Lettern (Mitte 15. Jahrhundert) durch Johannes Gutenberg. Hier greift also als weiterer gesellschaftlicher Aspekt des Wandels die **Buchgeschichte** oder **Buchproduktionsgeschichte** ein. Andererseits hat diese Entwicklung die Verantwortung des (in dieser Beziehung Laien-)Autors dem Layout seines Textes gegenüber enorm gesteigert; redaktionelle Kenntnisse und textästhetische Fähigkeiten sowie die technischen Fertigkeiten, dementsprechende Umsetzungen im und am Text vorzunehmen (d.h. Textverarbeitungskompetenz), sind inzwischen unerlässlich und werden vorausgesetzt.

Dennoch ist die Toleranz gegenüber Druckfehlern, Layoutverstößen in der Textaufteilung, Inkonsequenzen bei Aufteilungen, Typenwahl u.a., Disproportionen bei der Text-Bild-Verteilung, Schönheitsmängeln bei der Seitengestaltung und der Gesamtanlage eines Buches deutlich gestiegen. Diese laxe Haltung lässt sich nicht nur im Rezensionswesen bemerken, indem so etwas bei der Buchbesprechung gar nicht mehr moniert wird; das lässt sich eben auch an dem enormen Ausstoß an Büchern für die breite Leserschaft erkennen, bei denen die Texte nicht den Eindruck besonderer redaktioneller Pflege offenbaren; es muss nur noch raschrasch – wie bei den eMails mit ihrer prinzipiell fehlenden Rechtschreibkontrolle durch die Schreibenden – gehen, der Ausstoß ist wichtig, nicht die langzeitliche Qualität der Präsentation. Inzwischen ist eine besondere redaktionelle Aufmerksamkeit des Verlags zum Werbefaktor und qualitativen Herausstellungsmerkmal geworden.

Der Kreis des Wandels schließt sich hier bei dem letzten Faktor im Prozess der schriftlichen Kommunikation: nämlich beim Rezipienten, für den hier, breit ausgelegt und auch die Neuen Medien der Telekommunikation mit einbeziehend, ein modernes Kapitel der **Rezeptionsgeschichte** beginnt und wohl auch noch nicht in der Entwicklung und den Auswirkungen beendet ist.

☐ Um so mehr muss heutzutage ein verantwortungsbewusster **Herausgeber von wissenschaftlichen Reihen** darauf achten, dass die Einzelbände seiner Reihe neben der inhaltlichen Qualität auch formal eine gewisse Konstanz aufweisen, damit die von ihm betreute fachwissenschaftliche Reihe ihr „Gesicht" wahrt, auch als Wiedererkennungsmarke und Ausweis von formaler Kohärenz im vielfältigen inhaltlichen Profil. Hier praktiziere ich ein deutliches Credo für ein präsentes herausgeberisches Wachsamsein und Pflegen, was sich in Verein mit den Leistungen des Verlags (Frank & Timme, Berlin)[128] als schon formaler Qualitätsausweis meiner Reihen[129] auswirkt.

---

128 Im Jahr 2007 habe ich, mehr als überfällig, für *FFF – Forum für Fachsprachen-Forschung* die Zusammenarbeit mit dem Verlag Narr gekündigt (letzter Band: *FFF* 77). Gründe dafür lagen in der Art der Zusammenarbeit, in Problemen der Druckkostenzuschüsse und dem jeweiligen Verkaufspreis. Dass Narr dann im Jahr 2012 die ganze Reihe von 77 Bänden, die letzten noch keine fünf Jahre alt, verramschen bzw. makulieren ließ, zeigt mir, wie er mit den ihm anvertrauten geistigen Werten umgeht. Zudem hatte sich Gunter Narr seit Jahren ohne ordentliches Promotionsverfahren und für sich selbst ganz kostenfrei einen Dr.-Titel zugelegt und führte diesen auch offiziell und öffentlich; ich habe Gunter Narr im Jahr 2012 wegen Titel-Missbrauchs angezeigt.
Die Idee der Reihe, ihr Name und ihr Logo sowie das Design für die Umschlaggestaltung mit den drei foral integrierten *F*, dem ja inzwischen schon Markenqualität zugesprochen wird, waren 1984 mein Werk, ich habe sie mitgenommen und in Berlin mit einem neuen Verlag – Frank & Timme – weitergeführt: Seit 2008 erscheint dort ab Band 78 die Reihe *FFF* in vergleichbarer Aufmachung und zeigt inzwischen, bis Band 130 publiziert bzw. unter Vertrag, florierende Verkaufszahlen. Hier sehe ich die Bestätigung für die Richtigkeit meiner Entscheidung: Die Zäsur hat den Autoren gedient und die kraftvolle Prosperität der Reihe gesichert und somit der Disziplin selbst ihr attraktives Forum der Darstellung erhalten sowie eine weite Verbreitung für die Rezeption ihrer Erkenntnisse und Forschungsergebnisse geschaffen.

129 Gemeint sind (Berlin: Frank & Timme; *www.frank-timme.de*):
- ***FFF*** – *Forum für Fachsprachen-Forschung* (seit 1985);
- ***KKK*** – *Kulturen, Kommunikation, Kontakte* (seit 2009); ▷

4.2. *Neben Ihren Erfahrungen als Autor mit dem Schreiben als Medientechnik gibt es um den Schreibenden herum auch die Mitmenschen als Leser, als Mitautoren, als sonstwie im Wissenschaftsprozess Mitwirkende.*

Dazu möchte ich das Beglückendste und Wertvollste ansprechen, das neben geordneten und innigen Familienverhältnissen im Leben eines Wissenschaftlers vorhanden ist, nämlich das Vertrauen und die Freundschaft.

❑ Ich bin sehr froh, in der eigenen **Familie** mit unseren drei Kindern – der elfjährigen Marilena und den neunjährigen Zwillingsjungs Laurin und Leander (2015) –, die notwendige Verankerung zu haben.

Neben meiner eigenen Familie habe ich das große Glück, in meiner **Schwester**, HILTRUD SPELZ (Essen), eine wichtige Gesprächspartnerin meines Vertrauens zu haben und als eine der zentralen Personen meines Lebens verlässlich zu wissen, gleichsam als Confidentin, wofür ich ihr außerordentlich dankbar bin.

Auch übergehe ich hier keinesfalls meine **Mutter**. Die Liebe zu Sprachen, die besondere Aufmerksamkeit für Rhetorizität und Stilistik, das Sprachgefühl insgesamt sind Anlagen, die über die Eltern geweckt und gepflegt werden. Hier hat meine Mutter schon beim kleinen Hartwig konsequent auf Ausdruckspflege, lexikalische Vielfalt und orthographische Korrektheit Wert gelegt. Ich hoffe, diese spracherzieherischen Mühen in meiner späteren Laufbahn gebührend eingelöst zu haben und bin natürlich dankbar für solche frühen Schulungen und sprachlich-literarischen Bewusstheiten des Elternhauses.

❑ Was die **Freundschaft** betrifft, so bin ich seit dem Fachsprachen-Kongress September 1988 in Dresden, noch zu

---

- ***TRANSÜD*** – *Arbeiten zur Theorie und Praxis des Übersetzens und Dolmetschens* (seit 2000) (diese Reihe zusammen herausgegeben mit Klaus-Dieter Baumann und Klaus Schubert).

DDR-Zeiten, durch die von Lothar Hoffmann (Leipzig) bei dieser Gelegenheit arrangierte persönliche Begegnung mit Klaus-Dieter Baumann beglückt. Wir kannten und schätzten uns zwar schon lange vorher durch recht intensive Korrespondenz über die Grenze hinweg, aber nach dem direkten Zusammentreffen in Dresden, wo ich an der Technischen Universität den Plenumsvortrag hielt[130], haben wir die gleiche „Wellenlänge“ gespürt, fachlich und persönlich, und so sind gegenseitig höchst wertvolle Bande gewachsen, die uns zu einer brüderlichen Gemeinschaft haben entwickeln lassen, deren Qualität sich über das Berufliche und Wissenschaftliche hinaus auch persönlich und familiär niederschlägt.

☐ Zu den erfragten (anderen) **Mitautoren** kann ich nur sagen, dass ich da eher ein Schreibtyp des Alleinverfassens bin. Das kann dann natürlich auch das – in solchen Fällen dankbar öffentlich mitgeteilte – Ergebnis von intensiven Diskussionen und fachbezogenen Dialogen betreffen, aber Textverfassen als Konglomerat verschiedener Formulierungsideen und Verbalisierungsstrategien liegt mir nicht so. Dagegen arbeite ich gern mit Wissenschaftlerinnen und Wissenschaftlern zusammen, um im Wissenschaftsmanagement, in der komplexen Organisation von Projekten oder in der Mitherausgabe von Werken, gerade auch umfangreicher Art (z.B. Handbüchern[131]), gute Resultate als Wissenschaftsangebote zu produzieren.

Gerade auch die Gestaltung von Wissenschaft als ein großes Forum der Ideen, Versuche, Wege und Ausbauten mit Buch-Reihen nehme ich sehr ernst in der Acquise, in der Beurteilung, in der Betreuung und schließlich auch, mit dem Verlag zusammenarbeitend, in der Vermarktung. Der schöne Erfolg und das auch international so außerordentlich hohe Ansehen der Reihe *FFF – Forum für Fachsprachen-Forschung* (seit

130 „Merkmale eines europäischen ‚Fach‘-Begriffs.“ (Der Vortrag floss dann ein in die Publikation Kalverkämper 1992).

131 So die logistisch aufwändigen Projekte zur Fachkommunikationsforschung (Hoffmann / Kalverkämper / Wiegand [Hrsg.] 1998–1999) oder zur Rhetorik (Kalivoda / Kalverkämper / Ueding [Hrsg.] 2015 ff.).

1985) ist so ein Beweis für die Richtigkeit einer konsequent engagierten Haltung im quirligen Kontext der wissenschaftlichen Forschung; auch die wachsende Erfolgsgeschichte von *TransÜD. Arbeiten zur Theorie und Praxis des Übersetzens und Dolmetschens* (seit 2000) bestätigt den motivierenden Gedanken, mit einer erfolgreichen Reihe eine Disziplin gestalten und kreativ ausbauen zu können, was in der Tat vor dem Jahr 2000 noch buchrepräsentativ, als zusammengehörige Phalanx des Fachwissens, so noch gefehlt hatte.

> **4.3.** *Ihr Weg als Wissenschaftler ist durch das Wirken anderer Wissenschaftler beeinflusst worden. Gibt es da noch Beziehungen und Erinnerungen an Menschen der Universität, die in Ihrem Leben eine Rolle, und dann: welche Rolle, gespielt haben oder möglicherweise sogar noch ausüben?*

Ja, ich hatte das Glück, außergewöhnlichen Menschen auf meinem akademischen Werdegang zu begegnen, ihr Interesse für mich zu wecken und ihr Wissen und ihre Kompetenzen als Lernen an der Universität kennenzulernen, wertschätzen und verwerten zu können.

■ Chronologisch war da zuerst[132] Wolfgang **ROTHE** (1920–1974), der den jungen Studenten in Münster durch seine fesselnden allgemein-sprachwissenschaftlichen und romanistischen Vorlesungen von der Germanistik hin zur Romanistik als Studienschwerpunkt zog; ihm, dem undogmatischen Strukturalisten, verdanke ich die Förderung eines gerade zu Studienbeginn arbeitsprägenden strukturenbezogenen und systematisierenden Denkens, sodann die über die damals noch übliche Grenze der Schulgrammatik hinausführende Sicht auf die Texte, zu der er seines eigenen Lehrers, nämlich Harald Weinrichs bohrende Frage nach den Signalen im Text und in

---

132 Es handelt sich bei den folgenden Persönlichkeiten immer um Professoren. Ich habe, entsprechend den Gepflogenheiten in Texten, hier die akademischen Titel weggelassen.

der Situation und im Vorwissen (bzw. Kulturwissen) immer wieder stellte: „Woher weiß man das, (was man linguistisch behauptet)?“, und schließlich ein auf Strukturen und Systematizität hin ausgerichtetes wissenschaftliches Arbeiten, wie er es selbst in seiner Habilitationsschrift zu den *Strukturen des Konjunktivs im Französischen* (1967) vorgestellt und in der wegen seines frühen Todes nur handschriftlich und in Teilen typographisch vorliegenden *Grammatik des Altfranzösischen* durchgeführt hat, zu der er mich als damalige Studentische Hilfskraft an seinem Lehrstuhl hinzugezogen hatte. Er war es dann auch, der meinen ursprünglichen Vorabiturs-Berufswunsch, nämlich als Gymnasiallehrer tätig zu sein für eine romanische Schulsprache und Deutsch oder Latein, eloquent verwarf und mich für den Promotionsstudiengang einlud: „Sie gehören an die Universität!“ – ich höre es noch wie damals, im Rückblick sehr dankbar für diese prägende Richtungsweisung meines Lebenswegs. Die Promotion bedurfte dann allerdings, damals zwingend, dreier Studiengänge in eigenständigen Philologien; und so habe ich, ab Ende des zweiten Semesters, also 1970, zu Romanistik und Germanistik noch Klassische Philologie hinzugewählt, wobei mir zugute kam, dass ich schon auf dem Gymnasium das Große Latinum sowie, in freiwilliger Arbeitsgemeinschaft, das Graecum zum Abitur absolviert hatte. Als Rothe dann 1972 nach Düsseldorf berufen wurde, bin ich auf seine Einladung von Münster mitgegangen und habe mich dort als Doktorand immatrikuliert.

Zusätzlich noch, was damals möglich und sinnvoll war, habe ich in Münster Vergleichende Sprach- und Literaturwissenschaft studiert und habe als Studentische Hilfskraft bei

■ HELMUT **GIPPER** (1919–2005) in der Allgemeinen Sprachwissenschaft lernend gearbeitet; ihm verdanke ich den Zugang zu den Hopi (und somit die Begegnung mit der Sapir–Whorf-Hypothese), mit denen Gipper sich intensiv beschäftigte und die er auch öfters zu Studienzwecken im Nordosten von Arizona, USA, in ihrem Reservat besucht hat, woraus sich eine substantielle Kritik der Sprachlichen Relativitätstheorie ergab[133]. Ebenso weckte er mein Interesse an der individuellen Entstehung des Sozialgeschenks ‚Sprache', also an der sogen. Kindersprache und an Sprachentwicklungstheorien überhaupt, wozu er Sammlungen durchführte[134], die mein Verständnis komplex und disziplinübergreifend wachsen ließen. Auch zur Verhaltensforschung führte er mich jungen Studenten und nahm mich mit zu einem mehrmonatigen Studienaufenthalt bei Konrad Lorenz (1903–1989) in Seewiesen (Max Planck-Institut für Verhaltensforschung) am Starnberger See bei München, wo ich u.a. die berühmte Graugans Martina, vielerzählter Ursprung seiner tierpsychologischen, verhaltensbiologischen, vergleichend-ethologischen Analysen[135], kennenlernte sowie die ersten thematischen Begegnungen mit dem Zusammenhang von <Sprache und Denken> erfuhr, was heute als ‚Kognitionsforschung' lebt.

■ Ebenfalls abseits von meinen eigentlichen Studienwegen, dabei aber empfunden als Bereicherung und Ergänzung, habe ich Allgemeine und Indogermanische Sprachwissenschaft bei Peter **HARTMANN** (1923–1984) gehört. Das war eine geistig aufreißende Gelegenheit, die die Augen öffnete für systematische Beziehungen und moderne Ansichten. Er war in seiner gefassten, straffen Auftretensweise eine faszinierend

133 Gipper (1972). Gipper widerspricht hier den Hypothesen des US-amerikanischen Ethnologen und strukturalistischen Linguisten Edward Sapir (1884–1939) und dessen Schülers, dem US-Amerikaner Benjamin Lee Whorf (1897–1941) aus der zweiten Hälfte der 1930er Jahre, dass Sprachstrukturen das Denken (Weltbegegnung, Erfassen der Welt) der Sprachgemeinschaft widerspiegeln bzw., umgekehrt, Einfluss auf dieses ausüben und es formen. Hierzu hatte sich schon Wilhelm von Humboldt geäußert (*Über die Verschiedenheit des menschlichen Sprachbaues und ihren Einfluss auf die geistige Entwickelung des Menschengeschlechts*, Berlin: Dümmler 1836 [d.i. die – auch auf dem Titelblatt angegebene („nebst einer Einleitung über") – Einleitung zum dreibändigen Werk *Über die Kawi-Sprache auf der Insel Java*, Berlin: Dümmler 1836–1838–1839]); Leo Weisgerber (1899–1985), dessen Bonner Schüler Gipper war, prägte den Begriff des ‚Sprachlichen Weltbildes' (sogen. ‚Sprachinhaltsforschung').

134 Sie mündeten 1985 in den von Helmut Gipper herausgegebenen Band *Kinder unterwegs zur Sprache* (Gipper [Hrsg.] 1985).

135 Vgl. Lorenz (1988).

kompetente Persönlichkeit, die mich in der Tat fesselte und deren Weggang von Münster nach Konstanz 1969 ich als Student sehr bedauert habe. Hartmann gehört mit Harald Weinrich zu den Wegbereitern der bewusst wahrgenommenen und methodologisch umgesetzten ‚Text'-Dimension, mit all ihren Konsequenzen, von denen die Textsorten-Diskussion die alte Gattungslehre der Literaturwissenschaft ganz schön durchgeschüttelt und jedenfalls ergänzt hat. Hartmanns Überlegungen 1964 zum ‚Text' gehören zu den initialen Inspirierungen.[136] Meine fachliche und persönliche Zuneigung muss wohl von ihm erwidert worden sein, denn Peter Hartmann lud mich anlässlich der Übergabefeier seiner Festschrift zum 60. Geburtstag 1983, an der ich mich mit einem Beitrag beteiligt hatte[137], nach Konstanz ein, was ich auch gern angenommen habe.

■ Mit dem plötzlichen Tod von Wolfgang Rothe nach seiner Berufung an die Universität Düsseldorf fiel 1974 für mich eine heile Studienwelt schlagartig zusammen. Auf der Beerdigung nahm sich da Frau Weinrich meiner desolaten Verfasstheit an, brachte mich liebenswürdig in Kontakt[138] mit ihrem ebenfalls anwesenden Ehemann, Harald **WEINRICH** (geb. 1927), und er war so freundlich, die Prüfung des Dissertationsthemas, der Konzeption, des bis dahin bereits Vorliegenden vorzunehmen. Mit seiner kurz darauf folgenden Zusage als mein Doktorvater

---

136 S. Darstellung in Kalverkämper (1981).

137 Faust / Harweg / Lehfeldt / Wienold [Hrsg.] (1983). Beitrag: Kalverkämper (1983).

138 Ist es indiskret, wenn ich erzähle, was mir unauslöschlich als Erlösungsworte aus einem (damals mir schrecklichen) Dilemma noch heute wie gegenwärtig im Ohr klingt, als Frau Weinrich ihren Mann rief: „Harald, kannst Du mal kommen, hier ist jemand, der Deine Hilfe braucht." – Wer auch immer einen solchen Strohhalm der Rettung gereicht bekommt, mag nachvollziehen, dass es für den 25jährigen Studenten, plötzlich ohne seinen Doktorvater, eine Art Erlösung aus Not war, diese Vermittlung an einen schon damals Übergroßen der Zunft geboten zu bekommen. Es sind jene Fügungen, die Lebenswege bestimmen. Es gibt viele, die darin auch das Wirken des Heiligen Geistes sehen. Ich bin jedenfalls unendlich dankbar für diese Chance meines Lebensweges.

waren dann auch Studien bei ihm in Bielefeld verbunden[139], wo ich, nach damaligem Studienrecht, noch ein Jahr immatrikuliert sein musste, um dort schließlich promovieren zu können (Juli 1976).

Ich kannte natürlich die Schriften von Harald Weinrich. Sein auch heute höchst empfehlenswertes, mehrfach erfolgreich aufgelegtes und in verschiedene Sprachen übersetztes Büchlein *Linguistik der Lüge* (1965; [7]2007) – ein „Kleinod der jüngsten deutschen Geisteswissenschaft" [Nikolaus Stemmer] und ein „verstecktes Manifest der Textlinguistik" [Harald Weinrich][140] – hatte ich schon vor dem Abitur verschlungen, als linguistische Offenbarung ganz in mich aufgenommen, und auch sein fulminantes, hochgelehrtes und dabei so angenehm geschriebenes Buch *Tempus. Besprochene und erzählte Welt* (1964 / [6]2001) hatte nachhaltig prägende Wirkung auf mich, nicht zuletzt in dem Punkt, dass – und hier ist das Buch ja wirklich konsequent „anders" als alles Bisherige zum Thema – die alten Auffassungen kritisch zu hinterfragen sind und erst einmal nichts „geglaubt" werden sollte, was sich als „selbstverständlich" anbietet, selbst wenn es die Tradition des Denkens, und sei es bis auf Aristoteles zurückgehend, beglaubigt: So wie auch im Falle der Metaphern[141], wo Harald Weinrich die aristotelische Metapherologie und die rhetorische Tradition dazu durch Querdenken und Mut zum Anders-Sehen verwirft und neue – textuelle – Einsichten in das Funktionieren von Metaphern bietet.

Auf Harald Weinrich geht der Terminus ‚Textlinguistik' zurück[142], der sich seit den 1960er Jahren als Gegenentwurf zur bis dahin geltenden Schulgrammatik mit ihrer Formatgrenze auf Satzebene (Syntax) rasch und effizient verbreitete und

---

139 Harald Weinrich hatte mich damals freundlicherweise auch als Tutor für seine französischsprachigen Seminare eingesetzt.

140 Zitat Stemmer aus der Produktbeschreibung bei amazon.de; Zitat Weinrich aus dem Nachwort ab der 6., durch ein Nachwort erweiterten Auflage 2006.

141 Weinrich (1976).

142 Weinrich (1976; [7]2007); vgl. die Darstellung in Kalverkämper (1981).

heutzutage als methodologische Grundlage jeden linguistischen Arbeitens nicht mehr wegzudenken ist.

Auch die Revitalisierung des alten Begriffs der ‚Sprachkultur' aus dem Prager Strukturalismus und dessen Auffüllung mit neuen Ideen und Erkenntnissen ist Harald Weinrich zu verdanken, und die Verbindung von Linguistik und Kulturwissenschaft in all ihren Facetten findet in diesem Begriff ihre kreative Kondensation.[143]

In jener Zeit, und natürlich auch später durch Lesen seiner Schriften, hat Harald Weinrich mir alles in den Kopf gelegt, das mir für einen heutigen Wissenschaftler als Profil selbst von Wichtigkeit ist:

- methodologische Reflexion,
- weites Verständnis von ‚Linguistik',
- Beachtung von Didaktik und
- Achtung vor den Anwendungs-Komponenten,
- Sehen der Präsenz und des Wirkens von Kulturalität,
- Interdisziplinarität als Credo,
- prinzipielle Offenheit für alle Anreize, die auf Sprache und Kommunikation Einfluss nehmen.

Harald Weinrich, ein faszinierender Grande umfassender Wissenschaftlichkeit, war für mich wie eine Explosion des Geistes.

Das alles vermittelt er in verbindlicher, sehr liebenswürdiger, persönlicher Art, die Achtung ausstrahlt und die, was mich in der Zeit nach der Promotion 1976 in Bielefeld dann betraf, mich in geradezu freundschaftlicher Verbundenheit begleitet hat. Für mich war und ist Harald Weinrich ein großes Geschenk in meinem Werdegang. Ich verdanke ihm so viel und bin ihm (und seiner Familie) herzlich verbunden.

Harald Weinrich hat sich nach seiner Emeritierung kulturellen Fragen und gesellschaftlichen Schlüsselbegriffen gewidmet und dazu hochinteressante, gelehrte, dabei für die geisteswissenschaftliche Zunft so werbend stilistisch und rhetorisch fei-

143 Vgl. Weinrich (1985).

ne Bücher verfasst, alle auf je geltende Weise eine Bereicherung der Geistes-, Sozial- und Kulturwissenschaften[144] und in ihrer erzählerischen Sprachschönheit auch literarisch wertvolle Zeugnisse. Andreas Platthaus, Journalist bei der *Frankfurter Allgemeinen Zeitung*, hat diese faszinierende Spannung und höchst seltene Verbindung von Wissenschaft, Kulturalität und Ästhetik, von Wissenschaftssprache, kultiviert-gelehrsamer Darstellung und literarisch sensibler Gepflegtheit sehr treffend formuliert: „Harald Weinrich ist längst zu einer Person geworden, über die man genauso begeistert erzählen kann, wie man von ihr erzählt bekommt." Und ich möchte auch Hans-Martin Gauger (geb. 1935) aus Freiburg im Br. zitieren, der die Besonderheit der Sprach-Wirkung Harald Weinrichs meines Erachtens genau erfasst:[145]

> „Da ist der berühmte Weinrich-Sound, sein Stil, der ihn hervorhebt unter so vielen anderen deutschschreibenden Gelehrten. Er schreibt klar, anmutig, sogar heiter gelöst, aber diese Gelöstheit ist immer durch Ernst, die römische Mannestugend der *gravitas*, gezügelt. Da ist etwas von Spiel, aber gar nicht jenes Verspielte, das uns heute vielfach entgegentritt, bei denen, die den Unterschied zwischen wissenschaftlichem und literarischem Schreiben nicht anerkennen und dann beides liefern: schlechte Wissenschaft und schlechte Literatur."

Harald Weinrich wird 2015 am 24. September 88 Jahre; möge er uns alle noch lange in Gesundheit mit seiner geistigen Präsenz und Vielseitigkeit beschenken.[146]

■ In Münster habe ich auch den Lehrer und Doktorvater Harald Weinrichs, HEINRICH **LAUSBERG** (1912–1992), in Vorlesungen und Seminaren erleben können. Er hat mir die

---

144 Vgl. z.B. Weinrich (1985, 2000, 2004, ^{3}2005, ^{3}2006, 2007, 2008, 2012).

145 Gauger (2007).

146 Ich bereite mir die Freude, in diesem Buch ein öffentliches Bild meines Lehrers anlässlich seines Buches *Über das Haben. 33 Ansichten* zu seinem 85. Geburtstag (Weinrich 2012) anzubieten.

Liebe zur antiken Rhetorik geweckt und den systematischen Zugriff auf sie vermittelt, und zwar so intensiv und nachhaltig, dass ich, noch Student, mich selbst durch sein sehr komplexes *Handbuch der literarischen Rhetorik* (1960; ⁴2008)[147] gearbeitet habe – wie ich meine, sehr zu meinem eigenen Gewinn und zur Bereicherung meiner hohen Meinung von dem, was die Alten an systematisch strukturierter Geistesleistung erarbeitet haben und wovon wir heute, oft wie selbstverständlich, profitieren.

Harald Weinrich hat zu Heinrich Lausbergs Tod einen feinsinnigen Nekrolog[148] geschrieben, der diese kluge Persönlichkeit als Faszinosum, wie ich ihn damals ebenfalls so empfand, treffend beschreibt.

■ Ebenfalls in Münster hat der Germanist Jost **TRIER** (1894–1970) eine prägende Auswirkung auf mich ausgeübt, der zu meiner Zeit noch als Emeritus lehrte. Er vermittelte mir zum einen eine grundständige Freude an der Etymologie und deren Einsatz für die Gewinnung von Transparenz der Begriffe und

URL: *http://media.xad.de/print/o/print214854.jpg* (aus dem ich diesen Ausschnitt gewählt habe).

147 Lausberg (³1990).

148 Weinrich (³2006 a: 331–343).

Termini, was zu wertvollen Einsichten in die Grundlagen des Sprachhandelns in prähistorischer Zeit und zu Verknüpfungen von Denksträngen führt (z.B. außerordentlich evident beim ‚Fach'-Begriff[149]). Zum anderen wirkte er auf mich mit seiner Wortfeldtheorie – beginnend mit der Habilitationsschrift *Der deutsche Wortschatz im Sinnbezirk des Verstandes* (1931). Das Konzept des ‚Wort-' oder ‚Begriffsfelds' brachte die zu jener Zeit stark diskutierten Ideen des Strukturalismus neuartig zusammen, und zwar auf der lexikalischen Sprachbeschreibungsebene, indem deren Einzeldaten in ihrem systemischen Verbund (bei Ferdinand de Saussure in seinem *Cours de linguistique générale* [1916]: deren *valeur* ‚Wertigkeit') – wir können heute auch sagen: in ihrer gegenseitigen Vernetzung oder begrifflichen Vernetztheit – betrachtet wurden, was zu neuen Einsichten der Ordnung, der Beziehungen, der Hierarchien, also der semantischen Organisation und Dynamik führte. Es sind letztlich Fragen, die bis heute insofern virulent sind, als sie auch die moderne Kognitionsforschung beschäftigen und in den Bereich <Organisation von Sprache im Gehirn> reichen; somit haben wir zwar eine auf das Sprachsystem (*Langue*) bezogene Arbeitsintention, sie lässt sich aber nur methodisch umsetzen durch Beachtung der Verwendungsweisen in Texten (*Parole*), und zwar, um die Entwicklung aufzeigen zu können, gerade auch von *historischen* Texten und ihren Kontexten.

■ Für mich ebenfalls ein gewichtiger Markstein in meiner wissenschaftlichen Ausrichtung war in Münster auch Otto Hiltbrunner (geb. 1913) bei den Klassischen Philologen. Er bewies stets eindrucksvoll, wie fundiertes, breites und detailliertes Faktenwissen zu einem kreativen Gebrauch für die eigenen Ideen und Forschungsziele einzusetzen sind. Sein Nachschlagewerk *Kleines Lexikon der Antike* (^{6}1995), von Heinrich Lausbergs Tochter Marion Lausberg (heute Augsburg) bearbeitet, legt Zeugnis ab für die gediegene philologisch-enzyklopädische Arbeitsweise.

---

149 Die Trierschen Forschungen hilfreich verwertet bei Kalverkämper (1992; 1998 a).

■ Manchmal sind die Umstände wunderlich: Ich hätte mich, angeregt durch Otto Hiltbrunner wie auch durch den Altphilologen ALFONS **WEISCHE** (geb. 1932), der mir als Münsteraner Studenten die römische Rhetorik und meinen geliebten Cicero auf lebendigste Weise nahegebracht und Zugänge gewiesen hat zu Quintilian, dessen *Institutio oratoria* ich gleichsam verschlungen habe und als eine wertvollere Hinführung zur ‚Pragmatik von Kommunikation' empfand als (neben anderen) jeden Austin und Searle,[150] die ihrerseits zudem – bekannte anglophone Wissenschaftspraxis – ohne historischen Bezug ihre Thesen vertreten haben und dann auch noch unhistorisch als so herausragend und angeblich zäsurstiftend bewertet werden … –
nochmals: ich hätte mich, angeregt durch gerade diese beiden akademischen Lehrer, auch für die Klassische Philologie entscheiden können, sah aber, über die Arbeitsweisen von Wolfgang Rothe und dann durch den Kosmos bei Harald Weinrich, der ja selbst der Antike innig zugewandt ist und aus ihr heraus argumentiert, dass es auf mich beengend gewirkt hätte, hier mich einzugliedern, wo (a) deutlich stärkere Texte-Kanones, und wo (b) rigider etablierte Vorstellungen von der Geltungsmacht der sogen. ‚Hohen Literatur', und wo weiterhin (c) starker Druck zur Akzeptanz von Themenkreisen sowie schließlich (d) eine immer noch deutliche Ausrichtung an der schulgrammatischen Lehre (Lexik, Morphologie und Syntax) herrschten und herrschen.[151]

---

150 Vgl. die berechtigte Polemik in Kalverkämper (2012 b: 467–468).

151 Ich kann nur berichten, welche Schwierigkeiten ich hatte, als Mitherausgeber der HSK-Bände *Fachsprachen / Languages for Special Purposes* (Hoffmann / Kalverkämper / Wiegand [Hrsg.] 1998–1999) für den Artikel 26 ‚*Reflexionen zu fachsprachlichen Phänomenen in der Antike und Spätantike*' einen geeigneten Autor bzw., wie dann gelungen, eine geeignete Autorin (Otta Wenskus, Innsbruck) zu finden, und wie der Argumentationshaushalt war, mit dem das Dilemma kaum findbarer geeignet kompetenter Autorenschaft erklärt wurde; erst die jüngere Generation – ich denke z.B. an moderne Altphilologen wie Thorsten Fögen – schafft es (etwa seit der Jahrtausendwende), auch unkonventionelle und nicht-literarische Themen (zu Subsprachen, zur nonverbalen Kommunikation, zur Fachsprachlichkeit, zu Wandkritzeleien und Graffiti, zu Transformationen der Antike u.a.) so traktieren zu können, dass sie in der Klassischen Philologie

■ Solche fachstrukturellen Beengungen sind bei einem Wissenschaftlerformat wie ROMAN **JAKOBSON** (1896–1982) nicht gegeben, den ich bei Harald Weinrich in Bielefeld nach meiner Promotion (1976) längerzeitig am berühmten *ZiF – Zentrum für Interdisziplinäre Forschung* (Bielefeld) erleben und genießen durfte, was mir ein unvergessliches persönliches und akademisches Erlebnis bescherte. Das Studium seiner Schriften[152], auch soweit ich seinen Ausführungen im Bereich der Slavinen folgen konnte, hat mich, von mir selbst so empfunden, wesentlich weiter gebracht in Fragen der Semiotik, der Interdisziplinarität, der stringenten Analyse unter Hinzuziehung aller relevanten Fakten. Zudem war für mich damals sein kleines, anspruchsvolles, in sich völlig stimmiges Büchlein über *Kindersprache, Aphasie und allgemeine Lautgesetze* (1941)[153] prägend, das den Aufbau wie auch den (pathologischen) Abbau von Sprachkompetenz neuartig in einem komplementären Verhältnis betrachtet und da zu fundamentalen Einsichten gelangt. Leider sehe ich in den modernen Fachpublikationen Roman Jakobson nicht unter den Vielzitierten unserer Zunft; vielleicht muss er, wie auch Karl Bühler (1879–1963) mit seinem ‚*Órganon*-Modell der Sprache'[154], eine Zeitlang im Hintergrund stehen, um dann, wiederentdeckt, zukünftig um so heller wieder zu strahlen.[155]

---

als wertvolle Beiträge zur Gräzistik oder Latinistik zur Kenntnis genommen und als klassisch-philologische Leistung auch angenommen und bei Bewerbungen entsprechend berücksichtigt werden.

152 Vgl. Jakobson (1974).

153 Jakobson (1969).

154 Aus seinem Buch *Sprachtheorie: die Darstellungsfunktion der Sprache* (1934). Erst mit dem Erstarken der Pragmalinguistik in den 1970er Jahren hat, speziell über das genannte Modell, sein Buch wieder Beachtung gefunden.

155 Dieses „Schicksal" einer partiellen *damnatio memoriae* teilen noch etliche Altehrwürdige unserer Zunft; ich habe sie im Zusammenhang von Lucien Tesnière (1893–1954), dem französischen Konstrukteur der Dependenzgrammatik, würdigend angesprochen: Kalverkämper (1980: 289 f.).

■ Schon aus seiner Habilitationsschrift *Satz und Text* (1972) und anderen Publikationen[156] war mir WOLFGANG **RAIBLE** (geb. 1939) bekannt; anlässlich des Korreferats zur Dissertation und meiner Promotionsprüfung 1976 in Bielefeld war er mir persönlich begegnet, und danach lud er mich ein, die Stelle des Wissenschaftlichen Assistenten an seiner Professur in Siegen und, nach seiner zweiten Rufannahme, die in Freiburg im Br. zu übernehmen. Ich war sein erster akademischer Schüler, was Wolfgang Raible auch bis zu meiner Habilitation 1985 in Freiburg als gemeinsames Arbeits-Ethos anspruchsvoll verfolgte – und was mir zugleich hehre Verpflichtung war, das Verfahren auch erwartungsgemäß zu bestehen (was, so darf ich durchaus bekunden, dann auch geschehen ist).[157]

Wolfgang Raible hat mir, schon damals in den sechs Jahren als Assistent sehr dankbar von mir so empfunden, eine konziliante und familienfreundliche Assistentenzeit ermöglicht; ich pendelte damals wöchentlich zwischen Freiburg mit den dortigen Lehr- und Assistenzpflichten und meinem Wohnort Attendorn im Sauerland – immerhin rund 450 km Distanz –, wo meine damalige Familie (zwei Töchter[158]) lebte, und erstellte ebendort, wo ich auch meine umfängliche Bibliothek greifbar hatte, meine Habilitationsschrift. Für die erlebte ungetrübte Assistentenzeit und die vielen Anregungen und Horizonterweiterungen danke ich Wolfgang Raible herzlich.

Als Werner-Heisenberg-Stipendiat erhielt ich, gerade Privatdozent geworden, 1985 Zugang zu dem von Wolfgang Raible

---

156 Besonders prägenden Eindruck hat später auch Raibles Beitrag (1980) zur Textsorten-Strukturierung auf mich ausgeübt. Hierzu s. auch (1996).

157 Ich war 1985 der erste Habilitand von Wolfgang Raible. Inzwischen sind an die 14 professorale Schülerinnen und Schüler in ihrem Werdegang mit ihm verbunden. Sie alle eint die Einschätzung, dass Raible forscherische Qualität, thematisch-methodischen Einfallsreichtum und wissenschaftliche Originalität erwartete und dafür auch Konzilianz im Arbeitsverhältnis und selbstlose Förderung im wissenschaftlichen Gespräch bot.

158 Ich habe ihnen, Daniela und Maria-Sibylla, der damals, 1981, Sechs- und Vierjährigen, mein in dieser Assistentenzeit erschienenes Buch *Orientierung zur Textlinguistik* gewidmet (Kalverkämper 1981).

in Freiburg disziplinen-vernetzend 1985 ins Leben gerufenen (und bis 1996 existierenden) Sonderforschungsbereich *321 Übergänge und Spannungsfelder zwischen Mündlichkeit und Schriftlichkeit*, in dem ich allerdings wegen meiner direkt sich ergebenden Vertretungen von auswärtigen Professuren nicht so nachhaltig habe mitarbeiten können, wie wir beide es uns zunächst wohl vorgestellt hatten. Die in jenen Jahren aber noch nachrangig in der Linguistik berücksichtigte ‚Mündlichkeit' erlangte bei dieser universitären Unternehmung mit ihrer breiten Außenwirkung ein blühendes Ansehen: als neues, modernes Thema, als Herausforderung an eine eigene Theorie, als Korrektion zu Einschätzungen der Schriftlichkeit[159], als Ansporn zur Entwicklung eigener Methodologien und angemessener Instrumentarien der Analyse, als kreatives Bindeglied zwischen Linguistik und Literaturwissenschaft, also Integrationsstifter für affine Disziplinen neben diesen beiden (so Rhetorik, Pragmatik, Soziologie, Dialogforschung, *Oral Poetry*-Forschung, Körpersemiotik, Kulturwissenschaft u.a.). Jedenfalls war das Themenfeld ‚Mündlichkeit' so spannend, so explosiv im Vernetzen, so schillernd-diffus im Objekt wie kreativ im wissenschaftlichen Zugriff, dass ich seitdem auch die Medialität von Kommunikation (‚mündlich' und ‚schriftlich' und ihre durch die modernen Kommunikationstechnologien notwendigen Zwischenkategorien) stets in dieser Komplexität beachte und bei meinen Analysen aufmerksam berücksichtige.

Wolfgang Raible legte, wie sein Lehrer Harald Weinrich, großen Wert auf die Beziehungen von Erkenntnissen, auf Interdisziplinarität, wozu er auch Hochinteressantes publiziert hat.[160]

Mein Ruf auf eine Professur für <Deutsch als Fremdsprache (mit Schwerpunkt Lateinamerika)> an die FernUniversität Hagen im Jahr 1988 ließ mich dann auch lokal ganz eigene Wege gehen, die neben den Herausforderungen mit damals

---

159 Sehr spannender Beitrag mit Neusichten zur Textgestalt und den kulturellen Prozessen ihres historischen Wandels: Raible (1991).

160 Vgl. z.B. Raible (1993).

- neuartigem Medien-Einsatz (Ton-Kassetten) auch für mich
- neue Bereiche der Didaktik,
- des Fernstudiums,
- der interkulturell sensibilisierten Fremdsprachenvermittlung, dazu
- auf hohem Sprach-Niveau („Deutsch für Köpfe" nach Harald Weinrich[161]),

besagte.[162]

■ Zu meinen wissenschaftlichen Weggefährten zählt bis in die Gegenwart und sicher darüber hinaus in die lange Zukunft KLAUS-DIETER **BAUMANN** (Leipzig) (geb. 1955). Werner Heisenberg hat mal (1969) gesagt, „Wissenschaft entsteht im Gespräch",[163] und das sei ihm gern unterschrieben, aber mit Ergänzungen versehen, die heute wichtig sind und eigentlich eben nur mit einem Freund gleicher „Wellenlänge" und vergleichbarer Interessen in der Wissenschaft möglich ist: Es bedarf dazu der Empathie, des Vertrauens, der geistigen Nähe, der Uneitelkeit, der Offenheit in der Sache. Es bedarf des gemeinsamen Freuens über Ergebnisse, über Gelingen von Projekten, die neue Wege erschließen. Gerade diese Qualitäten sind mit Klaus-Dieter Baumann uneingeschränkt vorhanden, eben vertrauensvoll und der Gemeinsamkeit verpflichtet, im Einklang. Hier sehe ich auch als Wissenschaftler ein großes Geschenk für meine eigenen Überlegungen, da auch die Geistes-, Sozial- und Kulturwissenschaften ihre Ausformungen des Konkurrenzdenkens und des gegenseitigen Neids praktizieren. Das alles besetzt unsere Beziehung in keiner Weise, was eine kreative Atmosphäre der brüderlichen Wertschätzung geschaffen hat, aus der viele attraktive Projekte als Gemeinschaftswerke wie auch als Individualarbeit entstanden sind.[164]

---

161 Weinrich (^{3}2006: 315–319).

162 Kalverkämper (1989–1994).

163 Smend (2002).

164 Was mich betrifft, sei an seine opulente Herausgabe Baumann [Hrsg.] (2011) erinnert.

4.4. *Und welchen Stellenwert hat die Familie für Sie in dieser Dominanz der Wissenschaft?*

Es ist in der Tat für jemanden, der sein wissenschaftliches Engagement druckvoll und leistungsbetont, mit Lust an geistiger Kreativität betreibt und deutlich nachwuchsorientiert, d.h. altruistisch-arbeitsintensiv begreift, durchaus eher schwierig, die legitimen Bedürfnisse des Familienlebens und die Anforderungen des Wissenschaftslebens immer glückvoll zu vereinen. Ich bemühe mich bewusst darum, die möglichen Diskrepanzen zu mildern oder zu überbrücken.

Das funktioniert allerdings nur bei sympathetischem Verständnis des Ehepartners für die besondere Sachlage komplexer Arbeitsanforderungen im Universitätswesen:

- Forschung (das besagt Rezeption und eigenes Schaffen in Aufsätzen, Büchern, Wissenschaftsgestaltung durch Handbücher und Reihenherausgabe, u.a.),
- Lehre (mit den Anforderungen der Hausarbeiten, Klausuren, Abschlussarbeiten),
- Verwaltung,
- Nachwuchsförderung,
- Dialogführung auf Wissenschaftsebene –

all das und noch mehr verlangt seinen spezifischen Tribut an Zeit, Präsenz, gedanklichem Gebundensein, an Kopf- und Sitzarbeit (meist am Schreibtisch). Das läuft kreativ und stimulierend nur in harmonischen, abgestimmten Lebenskontexten zu Hause.

4.5. *Könnten Sie sich denn vorstellen, auch etwas Anderes beruflich auszuüben, keine Wissenschaft und akademische Lehre? Gibt es da noch andere dominante Interessen?*

□ Ich hatte als Schüler, der, so glaube ich sagen zu dürfen, mit überdurchschnittlichem Niveau **Klavier** spielte, und dann als junger Mann, der in Münster in St. Petri, öffentliche Kirche der

Studentengemeinde, Orgel spielte, mal den Traum, Konzertpianist zu werden. Das Pianoforte ist ein sich selbst genügendes, nicht abhängiges Instrument (wie es die Solo-Instrumente in einem z.B. Violin- oder Querflötenkonzert sind); ein Flügel schafft da ganz andere individuelle Präsenz. Aber im Verein mit einem Orchester verschieben sich die Beziehungen: Hier präsentiert sich die Dialektik zwischen Individualität (d.i. das Klavier und sein Virtuose) und der Gemeinschaft (mit dem Orchester) zu einer konzertanten Harmonie. Hier spiegelt Kunst *in nuce* und auf ästhetische Weise durchaus das gesellschaftliche Zusammenleben, jedenfalls nach meinem Verständnis.

☐ Und auch schon in den vier Jahren vor dem Abitur, die man damals noch Unter- und Obersekunda, Unter- und Oberprima nannte, interessierte ich mich für **Architektur**, dabei – und hier kommt die historische Komponente wieder zum Vorschein sowie der funktionale Aspekt der praktischen Anwendung – mit dem Schwerpunkt des **Denkmalschutz**es. Gerade in der Zeit nach dem Zweiten Weltkrieg ist es für die Folgegenerationen wichtig, eingebunden zu sein in die Diskussion um Wertbeständigkeit, um Zeugnis, um Vermächtnis der Vorgenerationen, um historische Redlichkeit, um die Spannung der Vergangenheit zur Gegenwart und der möglichen Zukunftsgestaltung. Die Diskussionen um die Realisierungen der Dresdner Frauenkirche oder von St. Peter in München am Viktualienmarkt oder der Pauliner Kirche an der Grimmaischen Straße in Leipzig (die inzwischen in den neuen Universitätsbau am Augustusplatz architektonisch kongenial eingepasst wiedererstanden ist), weiterhin die kontroversen Diskussionen um den Wiederaufbau des Schlosses in Braunschweig oder der Potsdamer Garnisonkirche oder des Stadtschlosses in Berlin-Mitte (das nun erfreulicherweise endlich am 12. Juni 2015 Richtfest feiern konnte) sind einige repräsentative Beispiele für die öffentliche Behandlung solcher Themen und für das engagierte Interesse der Gesellschaft an seinen steinernen Zeugnissen der Stadtkultur, des historisch-urbanen Charakters und der sozialen Identität.

Auch generell hat sich die Denkmalpflege als nationale Aufgabe speziell nach der Wende 1989/90 in das öffentliche Bewusstsein geschlichen und zeitigt kreative Wirkung; die *Deutsche Stiftung Denkmalschutz* (Bonn) hat hierzu Maßgebliches mit hoher Breitenwirkung[165] geleistet. Allein schon unter dem Gesichtspunkt der Rettung von Kulturgut – in Einzelobjekten bis hin zu Stadtensembles (man denke nur an Quedlinburg, Plauen, Bautzen, Görlitz, Wismar, Schwerin, Rostock und viele, viele weitere) – ist die Wiedervereinigung Deutschlands eines der glücklichsten Ereignisse in der Geschichte unseres Landes und für die Kulturgeschichte der Deutschen.

Meine beiden gerade genannten, nicht realisierten Optionen beruflicher Orientierung haben aber, was die Interessen und die Zuneigung betrifft, auch jetzt noch Bestand. Klavierkonzerte sind für mich kaum zu übertreffende musikalische Kunstereignisse, wenngleich nun zu hörende. Und im Bereich der Denkmalpflege unseres Landes engagiere ich mich im Rahmen meiner Möglichkeiten.

❒ Auch **Kunstgeschichte**, die heute gern ‚Bildwissenschaft' genannt wird, hat mich schon im Studium gereizt, und einige Vorlesungen habe ich in Münster dazu auch als Gasthörer besucht. Architektur und Kunstgeschichte konvergieren ja in vielen Aspekten (und erst recht dann bei der Denkmalpflege). In meinen eigenen Lehrveranstaltungen kommt, im Rahmen der Kulturwissenschaft, immer wieder das Thema ‚Bild', ‚Bildende Kunst', ‚Visualisation' zum Tragen, natürlich auch unter kunstgeschichtlichen Aspekten, und da eröffnet sich für das studentische Bewusstsein natürlich auch der Grad der Vernetzung der Künste und die Vielfalt gesellschaftlicher Gestaltungskraft als Ausdrucksweise gemeinsamer Befindlichkeiten. Hier sind insbesondere das Mittelalter und die Renaissance meine Schwerpunkte, aber mich faszinieren auch die sich dann in so kurzen Zeitspannen ablösenden Versuche und Angebote als ‚*-ismen*' im 20. Jahrhundert: Hier mag ich besonders den europäischen

165 So durch ihre professionelle Zeitschrift (seit 1990) *monumente. Magazin für Denkmalkultur in Deutschland.*

Jugendstil der Jahrhundertwende, aber grundsätzlich all das Experimentelle, Spielerische, Normüberschreitende jener Zeit (wie Dadaismus, Surrealismus, Konkretismus u.a.).

Als studienrelevante Komponente kann man hier die Semiotik anschließen, die sich mit den Zeichen und ihren Qualitäten, mit ihren Funktionen, Strukturen und systemischen Verbünden, mit ihrer Ordnung und Zuordnung zu komplexeren Ganzheiten, mit ihren gesellschaftlichen Nutzungen und Verwertungen, natürlich auch mit ihrer Geschichte und Veränderlichkeit beschäftigt; und eines der markantesten, omnipräsenten, wirkungsvollsten Zeichen in der gesellschaftlichen Aufmerksamkeit ist das ästhetische. Die Semiotik hat inzwischen sogar eine eigene Spezialsicht, die Kunstsemiotik, ausgearbeitet.

□ Entschieden begonnen habe ich mein Studium dann tatsächlich aber mit dem **Berufsziel** ‚Studienrat', also Lehrer am Gymnasium (für Französisch und Deutsch, zudem Latein). Auch da hat das Leben dann seine Weichen gestellt, indem andere auf mich einwirkten, als mich nämlich Professor Wolfgang Rothe zur Promotion einlud und dann Professor Harald Weinrich die Betreuung meiner Arbeit dankenswerterweise weiterführte. Ich halte es da mit Martin Luther (1483–1546), der mal gesagt hat: „Wenn nicht geschieht, worum du bittest, wird geschehen, was besser ist für dich."[166] Das ist ein starker, inhaltsschwerer Spruch, helfend, tröstend, verheißend. Für mich war mit der Veränderung vom Studienrat zur Promotion dann doch die Universitätslaufbahn und die Arbeit als Wissenschaftler und Hochschullehrer vorgezeichnet. Und so bin ich es auch sehr zufrieden.

4.6. *Sind Sie ein glücklicher Mensch?*

Ja, weil die Ingredienzien stimmen, die eine wesentliche Grundlage eines umfassenden Glücksgefühls ausmachen: nämlich die der ZUFRIEDENHEIT. Diese speist sich aus der Fa-

---

166 Es gibt dazu leichte Varianten im Einzelnen. Die Überlieferung weist eine direkte Quelle nicht nach.

milie, aus dem Spektrum der eigenen Fähigkeiten und dem, wie man es verwendet, aus dem beruflichen Können und der daraus erwachsenen Resonanz, aus dem Lebensumfeld und hier insbesondere den verlässlichen, liebenswerten Personen – aus der (mit 65 Jahren gesprochen) Bilanz des eigenen Lebens.

Und man schaut – als WISSENSCHAFTLER, der publiziert (hat) und selbst von dem profitiert (hat), was andere publiziert haben – auf das, was die *memoria* ermöglicht; das ist das Beglückende an unserem Beruf: Etwas Bleibendes, an geistigem Wert, schaffen zu können. Gute Forschungsleistung in den Geistes-, Sozial- und Kulturwissenschaften ist nicht so vergänglich, als dass sie vergessen wird[167]; selbst schlechte nicht, da sie durch Rezensionen[168] oder Abwehr Anlass zur Re-Aktion gegeben haben[169] und im Dialog dann „das Richtige" oder „das Angemessene" noch deutlicher in den Blick schieben, was selbst natürlich auch wieder als Diskussionsanlass dient und so den Wissenschaftsdiskurs und die intellektuelle Vernetzung schafft.

Unsere hier herrschende Wissenschaftskultur lässt wissenschaftsgeschichtliche Verankerungen zu, verlangt diese Positionierungen im historischen und geltenden Forschungsumfeld sogar, und dadurch bekommen die da gerade aktuellen Paradigmen, Erkenntnisse und Aussagen ihre Kontur und ihren spezifischen Stellenwert. Unsere Forschungsangebote werden somit niemals umsonst gewesen und nie „tot" sein, möglicherweise, so ist der Gang der Geschichte, überholt und abgelöst, aber gerade darin eben nicht verloren: als Kettenglieder in der Entwicklung der Erkenntnisprozesse, der Denkkultur, der Disziplin, der Wissenschaft. Das hat man ja selbst schon in seinem eigenen beruflichen Wirken bei und mit anderen praktiziert.

Für einen Wissenschaftler ist diese Selbstgewissheit, die ja durch die eigene Arbeitsweise verifiziert ist, durchaus ein

167 Zur Kultur des Vergessens vgl. unbedingt Weinrich (^{3}2005).

168 Kalverkämper (1980; 1996; 2007).

169 Vgl. Kalverkämper (2006).

Moment des Glücklichseins. Ich sehe mich und mein Wirken in diesem Zusammenhang.[170] Da wirkt sich der Beruf als Berufung auch in das Leben und Lebensgefühl aus.

4.7. *Was wünschen Sie sich für die Zukunft Ihrer wissenschaftlichen Arbeit?*

Da unterscheide ich mich nicht von so vielen anderen, die belastet sind: Eindeutig besteht der Wunsch nach „mehr Zeit". Zur ‚Zeit' hat Harald Weinrich ein wunderbares, gelehrtes Buch geschrieben.[171] Man sieht dort, dass und wie man in einer kulturgeschichtlichen Tradition steht, wenn man all dem nachjammert oder wenigstens wehmütig nachschaut, was man eigentlich noch hätte schaffen wollen.

☐ Wenn Sie fragen, was das konkret für mich besagt, so sehe ich, dass ich mich schon in meiner Assistentenzeit mit dem Phänomen der **literarischen Spannung** beschäftigt habe – wie entsteht sie, gerade in den unterschiedlichen Gattungen und Niveaus, gibt es sie auch außerhalb der Literatur, wie zeigt sie sich und wird sie realisiert in der Alltagskommunikation, welche Unterschiede gibt es zwischen mündlicher und schriftlicher Spannungs-Erzeugung, warum brauchen wir überhaupt ‚spannende' Texte (und, als Visualtexte: Bilder – kann ein Bild überhaupt spannend sein, ist das nicht eher eine Kategorie der wandernden Bilder, also des Films) usw.; das ist ein interdisziplinäres Thema, bei dem die Medienwissenschaft neben der Linguistik und Literaturwissenschaft, aber auch die Translationswissenschaft sowie die Rhetorik, ihre spezifischen Sichten und Erkenntnisse einbringen können. So weit sind wir heute. Damals, in den 70er Jahren, war eine solche Komplexität noch kein Thema. Es ist erst in jüngerer Zeit aufgetaucht, aber

---

170 Mich hat der biblische Sendungsspruch mein Leben lang in persönlichem Verständnis begleitet: *non vos me elegistis, sed ego elegi vos, et posui vos, ut eatis et fructum afferatis, et fructus vester maneat* (Johannes XV 16) ‚nicht ihr habt mich erwählt, sondern ich habe euch erwählt und dazu bestimmt, dass ihr euch aufmacht und Frucht bringt und dass eure Frucht bleibt'.

171 Weinrich (2004).

in einer Weise, dass ich immer noch meine: Das hätte ich eigentlich gern in Angriff genommen oder genauer: tatsächlich in Angriff nehmen sollen.

☐ Als weiteres Thema, das ich schon früh als attraktiv für meine eigenen Interessen angesehen hatte und bei verfügbarer Zeit auch entsprechend meiner einschlägigen Sammlungen traktiert worden wäre, ist ‚**Schweigen**'. Jetzt berücksichtige ich das Phänomen in seiner Breite, wenn ich Aussagen zur Nonverbalen Kommunikation mache; aber mir schwebte eigentlich, als das Thema noch nicht so „entdeckt" war, eine breite Phänomenologie des Schweigens vor, und da ist der Einfluss von Harald Weinrich, die Dinge zu sehen[172], nicht von der Hand zu weisen.

☐ Mich hatte auch schon früh das Phänomen der **Liste** gefesselt, also das Zusammenstellen als Fundus („das ist es") oder als Prototyp („und so weiter"), gerade auch in Literatur und Kunst, dabei in Geschichte und Gegenwart, und nun, nach so viel Zeit, ist stattdessen das Buch von Umberto Eco[173] erschienen.

☐ Und von Eco finde ich nun auch ein Thema[174] angeboten, das mich selbst kunstgeschichtlich schon seit Studienzeiten interessierte, auch mit eigenen Sammlungen, nämlich das Phänomen der **Hässlichkeit**, das Faszinosum des Gegenprogramms zum kulturenübergreifenden Ideal der ‚Schönheit'[175], wenngleich diese sich nicht als ein künstlerisches Universale äußert; dazu habe ich auch Vorträge im Zusammenhang mit der Physiognomik und der Körpersemiotik gehalten – hier

172 Vgl. z.B. zum Lügen (Weinrich ^{7}2007), zum Vergessen (Weinrich ^{3}2005), zur Moral (Weinrich 2007), zur Zeit (Weinrich 2004), zum Handeln (Weinrich 2012).

173 Eco (2009).

174 Eco [Hrsg.] (2007); es gibt zu der Thematik ‚Hässlichkeit' und ihrer Ästhetik inzwischen aber durchaus Forschungsliteratur.

175 Eco [Hrsg.] (2004); gerade hierzu, zum Thema ‚Schönheit', liegt eine umfangreiche und über die Jahrhunderte gewachsene Forschungsliteratur aus Sicht der Kunstgeschichte, der Ästhetik sowie der Sozialpsychologie vor.

sind ja z.B. die *testi groteschi* Leonardos von besonderer Prägnanz; aber einzubeziehen sind auch Tristesse-Photographie und Abstoß-Motive (photographierte Bunker, tote Gleise, Kriegsruinen, kalte Nachkriegsbebauung, menschen-unwürdige Wohnverhältnisse, apathische Menschen, emotionslose Gesichter, „tote" Kinderaugen usw.). Hier lässt sich Ecos Sammlung im wissenschaftlichen Zugriff, in der Breite der Themen und in den infrage kommenden Objekten noch weit übertreffen.

4.8. *Was fesselt Sie denn zur Zeit inhaltlich so, dass Sie das Thema weiterhin wissenschaftlich verfolgen und dazu bei vorhandener Zeit auch zu publizieren gedenken?*

□ Ich verfolge seit langem das Thema, wie Kontinuitäten, zeitliche Sequenzen, simultan dargestellt werden: die **Simultaneität von Kontinuitäten** – in künstlerischer Fassung. Das ist schon semiotisch von Interesse. Es gibt nicht das ganzheitlich-komplexe sofortige Erfassen von z.B. Bildern oder Situationen, erst recht nicht von verbaler Kommunikation, die ja mündlich wie schriftlich an zeitliche Erstreckung gebunden ist: Kommunikation braucht Zeit, Ablauf, einen Weg. Wenn es nun semiotisch-bildnerische oder poetisch-literarische Kniffe gibt, diese Erstreckung zu stauchen und Abläufe in einen einzigen, komplexen[176] Präsentationsmodus zu bringen, ist das ein genialer künstlerischer Entwurf. So kann man den Hinweg, die Ankunft, den Besuch, die Abreise der Heiligen Drei Könige schon in mittelalterlicher Darstellung, aber auch in der Renaissance als erzählten Geschichtsablauf auf einer einzelnen Gemäldetafel erkennen. Oder, alttestamentarische Erzählung (2 Samuel 11 f.), das Hingehen der Bathseba zum Wasser, das Ausziehen, das Baden unter den beobachtenden Augen des

176 Hier ganz angemessen verstanden im etymologischen Sinne: Das Deponens lat. *complecti* bedeutet ‚umfassen', ‚zusammenhalten', ‚umschlungen halten', ‚umschließen', ‚gleichzeitig erfassen'.

König David, das Entsteigen aus den Fluten, das erotische Zusammenkommen beider. Die bildende Kunst bietet hier durchaus einen Fundus (zu dem ich viel gesammelt habe). Wie da topologisch und chronologisch Orte des segmentierenden Erzählens sukzessiver Ereignisse, ihres Zusammenhalts bei zugleich künstlerischer Abgrenzung gezeigt werden, aber auch, als Anforderung an den Betrachter, Weisen des Hinsehens, des spezifischen Verstehens gefordert, der Blickführung zum ‚Ersehen' der Zusammenhänge, also insgesamt, als Dialog, Qualitäten der verdichteten Aussage künstlerisch geschaffen werden, das ist es, was mich interessiert. ‚Simultaneität' ist eher ein Hilfsbegriff dafür, dass alles, was kontinuierlich, als Kontinuität, abläuft, nun künstlerisch gemeinsam, wie simultan, in *einem* die Zeit- und Ortswechsel überspannenden Geltungs- und vor allem Darstellungsrahmen, präsentiert – das heißt ja: ver*gegenwärt*igt – ist. Zeiterstreckung wird zu einem Zeitkomplex, Zeitspanne wird gestaucht in eine Gleichzeitigkeit (die aber ihrerseits, in der Bildkomposition, eine räumliche Ordnung aufweist, die den Sehgewohnheiten des Betrachters entspricht: der Raum gehorcht hier dem dominanten Zeitablauf der dargestellten Geschehnisse). Die Raffinesse ist das Interessante, mit der der Blick und somit das Bildverstehen gesteuert werden, das Bild steuert die Rezeption in seiner Wirkung aus Teilganzen im Ganzen, der Maler beeinflusst letztlich als „psychagogischer" Künstler das ganzheitlich verstehende Betrachten des Bildes, die Kunst unterwirft sich den Gesetzen der Kognition.

❒ Außerdem sammele ich zum **„Halben Gesicht"**. Es ist erstaunlich, wie viele Abbildungen es auf Buchumschlägen, Werbeplakaten, Hinweisschildern, Logos usw. gibt, die ein Gesicht nur zur Hälfte zeigen, meist in der Senkrechten geteilt. Da ich mich seit langem für Physiognomik interessiere[177], liegt es nahe, hier genauer zu hinterfragen, welche Formen, Aussageintentionen, Wirkungspotenzen, Textsortenspezifika

177 Kalverkämper (2003 a).

u.a. es für dieses Motiv und die offenkundige Attraktivität von ‚Hälfte' gibt.

☐ In diesem Zusammenhang interessiert mich, nicht zuletzt durch meine körpersemiotischen Arbeiten („Körpersprache", Körperkommunikation)[178], die Gestik und Mimik und Kinesik – überhaupt: die **Körperkommunikation – in der Kunstgeschichte**. Mein Einstieg war und ist immer noch – von mir sehr nachdrücklich und umfangreich gesammelt – die Gestik und Kinesik der *Verkündigungsszene* an Maria durch den Engel Gabriel, dass sie Gottes Sohn empfangen habe (Lukas 1, 26–38). Hier bietet die Kunstgeschichte ein überaus reiches Repertoire an Gesten, gerade auch der über das Unglaubliche erschrockenen Maria: zugleich kultur- und gesellschaftsverwurzelter Mensch (mit der Reaktion des Abwehrens: <kann doch nicht sein>, was die – meist – rechte Hand mit dem Gestus des Wegstoßens andeutet) und erste Glaubende (mit der Demut des Annehmens, indem sie – meist – die linke, die Herzhand, mit öffnender Geste dem Engel entgegenhält: <es geschehe, wie der Herr es entschieden hat>).

☐ Natürlich gibt es auch bei der **Linguistik** (insbesondere die Anglophonie-Konkurrenz[179]), in der **Fachkommunikationsforschung** (ich erstelle hier zusammen mit Klaus-Dieter Baumann ein Handbuch), in der **Translationswissenschaft**, in der **Semiotik** (speziell zur Körperkommunikation) und zur **Poetik** (hierzu ist ein Buch zur Konkreten Poesie nahezu fertig) sowie in der **Rhetorik** (hier besonders zur Wissenschaftsrhetorik) Themen, die mich als Projekte begleiten und als Zukunftsaufgaben interessieren. Einige haben bereits als Buchpublikationen ihre erste Gestalt, andere befinden sich in Entstehungsprozessen, so ein umfassendes Rhetorik-Handbuchprojekt (Berlin: de Gruyter)[180]. Ganz langfristig, so sei verraten, plane ich ein Buch zur **Kindersprache**, und zwar, sammlerisch

178 Vgl. u.a. Kalverkämper (2003 b; 2008 b; 2013).

179 Hierzu Kalverkämper (2008 a).

180 *Handbücher Rhetorik*. Kalivoda / Kalverkämper / Ueding [Hrsg.] (2015 ff.) [13 Bände, je ca. 800 S.]. Von diesen gebe ich zudem den Einzelband *Wis-*

ganz in den Spuren des deutschen Psychologenpaares Clara (1877–1948) und William Stern (1887–1960)[181], auf der empirischen Grundlage eines umfangreich gesammelten Korpus zur Sprachentwicklung meiner eigenen fünf Kinder, und natürlich nicht nur Lautlehre oder Lexik oder Morphologie und Syntax allein betreffend. Das soll dann meine letzte monographische Publikation sein und die Wissenschaft und das Familienleben so miteinander verweben, wie es ja jahrzehntelang gängige Lebenspraxis war.

❐ Eine solche geistige Regsamkeit dürfte aber prinzipiell alle Wissenschaftlerinnen und Wissenschaftler umtreiben, die ein erfülltes, kreatives Leben hinter sich sehen und es weiter in die Zukunft verbringen wollen, eben weil das wissenschaftliche Ethos, das Staunen (Aristoteles spricht von θαυμάζειν *thaumázein* ‚staunen'[182]), die Neugier[183] sie beseelt und die εὐδαιμονία *eudaimonía*, die Aristoteles konzeptuell im Rahmen der Tugendlehre durchdenkt, als ‚inneres Glück' trägt[184].

---

senschaftsrhetorik heraus und, zusammen mit Gregor Kalivoda, den Band *Moderne Rhetorik*. Die Bände erscheinen 2015 bis 2018.

181 Stern / Stern (1928). Das Ehepaar beobachtete die Entwicklung seiner drei Kinder Hilde (1900–1962), Günther (1902–1992) und Eva (1904–1992) in den Jahren 1900 bis 1918 sehr genau mit Tagebuchaufzeichnungen, was methodisch für die Entwicklungspsychologie einen Durchbruch bedeutete; für die heutige Zeit sei auf das Datenbanksystem CHILDES (**Ch**ild **L**anguage **D**ata **E**xchange **S**ystem) mit Material zum kindlichen Spracherwerb, auch dem der Sterns, verwiesen (an der privaten, 1967 entstandenen Carnegie Mellon University CMU, Department of Psychology, in Pittsburg [Pennsylvania, USA]).

182 In der *Metaphysik* (I 2, 982b 12 f.) und in der *Rhetorik* (I 11, 1371a 32f.). – Vgl. Höffe [Hrsg.] (2005) zu dem Lemma.

183 Die Entdeckungslust, der Wunsch, hinter die Dinge zu sehen, mehr zu erfahren, die ‚Gier nach Neuem' ist letztlich eingebunden in eine dem Menschen eigene Qualität des Strebens (griech. ὄρεξις *órexis*), was eine Spannbreite von den Trieben über das handwerklich-neugierige Experiment bis zur intellektuell-geistigen Durchdringung als Erkenntnisgewinn umfasst. Näheres zu dem griechischen Lemma bei Höffe [Hrsg.] (2005).

184 Wörtlich bedeutet der philosophisch schwierige Begriff ‚von einem guten [εὐ *eú* ‚gut', ‚recht', ‚glücklich'] Geist [δαίμων *daímōn*] begünstigt (oder: beseelt)'. – Vgl. zum Lemma Höffe [Hrsg.] (2005); s. auch Hossenfelder (2013). – Empfehlenswert Weinrich (2000).

Nur so gedeiht Wissenschaft, gerade in den Disziplinen der Geistes-, Sozial- und Kulturwissenschaften.

Das ist eine kreative intellektuelle Unruhe, die über den offiziellen Berufsabschluss hinaus eine stimulierende Begleiterin sein wird. Und das wiederum ist das Beglückende unseres Berufs, solange es Gesundheit, Familie und eigener druckvoller Wille es ermöglichen. In diesem Sinne sehe ich da – Gott sei Dank – noch keine Zäsur.

***

Literaturverzeichnis

Assion, Peter (1973): *Altdeutsche Fachliteratur*. Berlin: Schmidt. (= Grundlagen der Germanistik. 13).

Assmann, Aleida (1999): *Erinnerungsräume. Formen und Wandlungen des kulturellen Gedächtnisses*. München: Beck. [32006].

Assmann, Jan (1992): *Das kulturelle Gedächtnis. Schrift, Erinnerung und politische Identität in frühen Hochkulturen*. München: Beck. [72013].

Ballod, Matthias (2001): *Verständliche Wissenschaft. Ein informationsdidaktischer Beitrag zur Verständlichkeitsforschung*. Tübingen: Narr. (= Forum für Fachsprachen-Forschung. 57).

Baumann, Klaus-Dieter (2008 a): „Fachtexte–in–Vernetzung aus interdisziplinärer Sicht." In: Barz, Irmhild / Fix, Ulla [Hrsg.] (2008): *Fachtextsorten – gestern und heute. Ingrid Wiese zum 65. Geburtstag*. Frankfurt/M. – Berlin – Bern – Bruxelles – New York – Oxford – Wien: Lang. (= Leipziger Arbeiten zur Sprach- und Kommunikationsgeschichte. 15). 109–127.

Baumann, Klaus-Dieter (2008 b): „Ein translatorisches Intertextualitätskonzept, dargestellt am Beispiel von Fachtexten–in–Vernetzung." In: Wotjak, Gerd / Ivanova, Vessela / Tabares Plasencia, Encarnación [Hrsg.] (2008): *Translatione via facienda. Festschrift für Christiane Nord zum 65. Geburtstag / Homenaje a Christiane Nord en su 65 cumpleaños*. Frankfurt/M. – Berlin – Bern – Bruxelles – New York – Oxford – Wien: Lang. (= Studien zur romanischen Sprachwissenschaft und interkulturellen Kommunikation. 58). 35–48.

Baumann, Klaus-Dieter (2008 c): „Fachstile als Reflex des Fachdenkens." In: Krings, Hans P. / Mayer, Felix [Hrsg.] (2008): *Sprachenvielfalt im Kontext von Fachkommunikation, Übersetzung und Fremdsprachenunterricht. Für Reiner*

Arntz zum 65. Geburtstag. Berlin: Frank & Timme. (= Forum für Fachsprachen-Forschung. 83). 185–195.

Baumann, Klaus-Dieter [Hrsg.] (2011): *Fach – Translat – Kultur. Interdisziplinäre Aspekte der vernetzten Vielfalt*. 2 Bände [im Schuber]. Berlin: Frank & Timme. (= Forum für Fachsprachen-Forschung. 98/99).

Baumann, Klaus-Dieter (2011a): „Fachliche Intertextualität – ein interdisziplinärer Untersuchungsansatz." In: Baumann [Hrsg.] (2011): 125–169.

Baumann, Klaus-Dieter / Kalverkämper, Hartwig [Hrsg.] (2013): *Theorie und Praxis des Dolmetschens und Übersetzens in fachlichen Kontexten*. Berlin: Frank & Timme. (= TransÜD. Arbeiten zur Theorie und Praxis des Übersetzens und Dolmetschens. 63).

Blom, Philipp (2004): *Sammelwunder, Sammelwahn: Szenen aus der Geschichte einer Leidenschaft*. Frankfurt/M.: Eichborn.

Bühler, Karl (1934): *Sprachtheorie. Die Darstellungsfunktion der Sprache*. Jena: Fischer. [2., unveränd. Aufl. Mit einem Geleitwort von Friedrich Kainz. Stuttgart: Fischer 1965; Neudruck Stuttgart – New York: Fischer 1982; 3. Aufl. Stuttgart: Lucius & Lucius 1999].

Casson, Lionel (2002): *Bibliotheken in der Antike*. Düsseldorf – Zürich: Artemis & Winkler.

Christmann, Hans Helmut (1985): *Romanistik und Anglistik an der deutschen Universität im 19. Jahrhundert. Ihre Herausbildung als Fächer und ihr Verhältnis zu Germanistik und klassischer Philologie*. Stuttgart: Steiner. (= Akademie der Wissenschaften und der Literatur, Mainz).

Coseriu, Eugenio (1978): „Antrittsrede vor der Heidelberger Akademie der Wissenschaften am 19. November 1977." In: *Jahrbuch der Heidelberger Akademie der Wissenschaften für das Jahr 1977*. Heidelberg: Winter. 107–110.

Curtius (1948): *Europäische Literatur und lateinisches Mittelalter*. Bern: Francke. [11. Aufl. Tübingen: Francke 1993].

Dormeier, Silke (2006): *Wissensvermittlung im Hörfunk*. Tübingen: Narr. (= Forum für Fachsprachen-Forschung. 72).

Eco, Umberto [Hrsg.] (2004): *Die Geschichte der Schönheit.* München – Wien: Hanser.

Eco, Umberto [Hrsg.] (2007): *Die Geschichte der Hässlichkeit.* München: Hanser.

Eco, Umberto (2009): *Die unendliche Liste.* München: Hanser.

Eichler, Ernst [Hrsg.] (1993): *Slawistik in Deutschland von den Anfängen bis 1945. Ein biographisches Lexikon.* Bautzen: Domowina.

Eis, Gerhard (1962): *Mittelalterliche Fachliteratur.* Stuttgart: Metzler. (= Sammlung Metzler. Abt. D: Literaturgeschichte. 14).

Faust, Manfred / Harweg, Roland / Lehfeldt, Werner / Wienold, Götz [Hrsg.] (1983): *Allgemeine Sprachwissenschaft, Sprachtypologie und Textlinguistik. Festschrift für Peter Hartmann.* Tübingen: Narr. (= Tübinger Beiträge zur Linguistik. 215).

Finkenstaedt, Thomas (1983): *Kleine Geschichte der Anglistik in Deutschland: Eine Einführung.* Darmstadt: Wissenschaftliche Buchgesellschaft.

Galtung, Johan (1983): „Struktur, Kultur und intellektueller Stil. Ein vergleichender Essay über sachsonische, teutonische, gallische und nipponische Wissenschaft." In: *Leviathan* [Freie Universität, Berlin] 2 (1983) 303–338. – Auch in: Wierlacher, Alois [Hrsg.] (1994): *Das Fremde und das Eigene. Prolegomena zu einer interkulturellen Germanistik.* München: iudicium. 151–193.

Gauger, Hans-Martin (2007): „Unsere Zeit ist knapp. Zum 80. Geburtstag des großen Sprach- und Literaturwissenschaftlers Harald Weinrich." In: *Tagesspiegel* 24. September 2007. – URL: *http://www.tagesspiegel.de/kultur/literatur/portraet-unsere-zeit-ist-knapp/1050552.html*

Gipper, Helmut (1972): *Gibt es ein sprachliches Relativitätsprinzip? Untersuchungen zur Sapir-Whorf-Hypothese.* Frankfurt/M.: S. Fischer. (= Conditio humana. Ergebnisse aus den Wissenschaften vom Menschen).

Gipper, Helmut [Hrsg.] (1985): *Kinder unterwegs zur Sprache. Zum Prozeß der Spracherlernung in den ersten drei Lebens-*

jahren – mit 50 Sprachdiagrammen zur Veranschaulichung. Düsseldorf: Schwann.

Haage, Bernhard D. / Wegner, Wolfgang (2007): *Deutsche Fachliteratur der Artes in Mittelalter und Früher Neuzeit.* Berlin: Schmidt. (= Grundlagen der Germanistik. 43).

Haenicke, Gunta (1979): *Zur Geschichte der Anglistik an deutschsprachigen Universitäten 1850–1925.* Augsburg: Universität Augsburg. (= Augsburger I- & I-Schriften. 8).

Heer, Friedrich (2004): *Für eine gerechte Welt. Große Dokumente der Menschheit.* Überarb. u. erweitert v. Sabine Freitag und Klaus Günther. Darmstadt: Primus.

Hiltbrunner, Otto ([6]1995): *Kleines Lexikon der Antike. Umfassend die griechisch-römische Welt von ihren Anfängen bis zum Beginn des Mittelalters (6. Jahrhundert n.Chr.).* Unter Mitarbeit von Marion Lausberg. 6., völlig neubearb. u. erw. Aufl. Tübingen – Basel: Francke 1995. [1. Aufl. 1961].

Höffe, Otfried [Hrsg.] (2005): *Aristoteles-Lexikon.* Stuttgart: Kröner. (= Kröners Taschenausgabe. 459).

Hoffmann, Lothar / Kalverkämper, Hartwig / Wiegand, Herbert Ernst [Hrsg.] (1998–1999): *Fachsprachen / Languages for Special Purposes. – Ein internationales Handbuch zur Fachsprachenforschung und Terminologiewissenschaft / An International Handbook of Special-Language and Terminology Research.* 2 Bände. Berlin – New York: de Gruyter. (= ‚HSK' – Handbücher zur Sprach- und Kommunikationswissenschaft / Handbooks of Linguistics and Communication Science / Manuels de linguistique et des sciences de communication. 14, 1–2).

Holzapfel, Otto (1993): *Lexikon der abendländischen Mythologie.* Freiburg/Br.: Herder.

Hossenfelder, Malte (2013): *Antike Glückslehren. Quellen zur hellenistischen Ethik in deutscher Übersetzung.* Aktualisiert und mit einem Geleitwort v. Christof Rapp. 2., aktual. u. erg. Aufl. Stuttgart: Kröner. (= Kröners Taschenausgabe. 424).

von Humboldt, Wilhelm (1836): „Über die Verschiedenheit des menschlichen Sprachbaues und ihren Einfluss auf die geistige Entwickelung des Menschengeschlechts." Einleitung zu: *Über die Kawi-Sprache auf der Insel Java*. 3 Bände. Berlin: Dümmler 1836–1838–1839.

Jakobson, Roman (1969): *Kindersprache, Aphasie und allgemeine Lautgesetze*. Frankfurt/M.: Suhrkamp. (= edition suhrkamp. 330). [[8]1992].

Jakobson, Roman (1972): „Die Linguistik und ihr Verhältnis zu anderen Wissenschaften." [1972]. In: Jakobson (1974: 150–224).

Jakobson, Roman (1974): *Aufsätze zur Linguistik und Poetik*. Hrsg. u. eingel. v. W. Raible. München: Nymphenburger Verlagshandlung. (= sammlung dialog. 71).

Kalivoda, Gregor / Kalverkämper, Hartwig / Ueding, Gert [Hrsg.] (2015 ff.): *Handbücher Rhetorik*. Berlin: de Gruyter. [13 Themenbände, erscheinen 2015 bis 2018].

Kalivoda, Gregor / Kalverkämper, Hartwig [Hrsg.] (in Vorber.): *Moderne Rhetorik*. Berlin: de Gruyter. (= Handbücher Rhetorik. 7).

Kalkhoff, Alexander M. (2010): *Romanische Philologie im 19. und frühen 20. Jahrhundert. Institutionengeschichtliche Perspektiven*. Tübingen: Narr. (= Romanica Monacensia. 78).

Kalverkämper, Hartwig (1980): Rezension zu: Baum, Richard (1976): *„Dependenzgrammatik" Tesnières Modell der Sprachbeschreibung in wissenschaftsgeschichtlicher und kritischer Sicht*. Tübingen: Niemeyer. (= Beihefte zur Zeitschrift für Romanische Philologie. 151). – In: *Zeitschrift für französische Sprache und Literatur* 90, 289–308.

Kalverkämper, Hartwig (1981): *Orientierung zur Textlinguistik*. Tübingen: Niemeyer. (= Linguistische Arbeiten. 100).

Kalverkämper, Hartwig (1983): „Antike Rhetorik und Textlinguistik. Die Wissenschaft vom Text in altehrwürdiger Modernität." In: Faust / Harweg / Lehfeldt / Wienold [Hrsg.] (1983: 349–372).

Kalverkämper, Hartwig (1984): *Fächer und Fachtexte zwischen französischer Klassik und Aufklärung 1650–1750*. [Habilitationsschrift Freiburg im Br.].

Kalverkämper, Hartwig (1988): „Fachexterne Kommunikation als Maßstab einer Fachsprachen-Hermeneutik. Verständlichkeit kernphysikalischer Fakten in spanischen Zeitungstexten.“ In: Kalverkämper, Hartwig [Hrsg.] (1988): *Fachsprachen in der Romania*. Tübingen: Narr. (= Forum für Fachsprachen-Forschung. 8). 151–193.

Kalverkämper, Hartwig (1989): „Verständlichkeit, Verständnis und Verständigung im Fadenkreuz: der Wissenschaftstransfer.“ In: *KODIKAS / Code – Ars Semeiotica. An International Journal of Semiotics* 11, 114–126.

Kalverkämper, Hartwig (1989–1994) [Verantwortlicher Leiter und Mit-Autor]: *Fernstudienkurs Deutsch. Ein Weg zu wissenschaftlichen, wirtschaftlichen und kulturellen Kontakten. Ein Kurs für Lerner mit spanischer Muttersprache in Mittel- und Südamerika*. Hagen: FernUniversität. – [publ. 1. Aufl. 1994–1995; 2., überarb. Aufl. 1996].

Kalverkämper, Hartwig (1992): „Die kulturanthropologische Dimension von ‚Fachlichkeit‘ im Handeln und Sprechen. Kontrastive Studien zum Deutschen, Englischen, Französischen, Italienischen und Spanischen.“ In: Albrecht, Jörn / Baum, Richard [Hrsg.] (1992): *Fachsprache und Terminologie in Geschichte und Gegenwart*. Tübingen: Narr. (= Forum für Fachsprachen-Forschung. 14). 31–58.

Kalverkämper, Hartwig (1996): Rezension zu: Bungarten, Theo [Hrsg.] (1993): *Fachsprachentheorie. I.: Fachsprachliche Terminologie – Begriffs- und Sachsysteme – Methodologie. II.: Konzeptionen und theoretische Richtungen*. Tostedt: Attikon. – In: *Fachsprache / International Journal of LSP* [Wien: Braumüller] 18, 36–56.

Kalverkämper, Hartwig (1998 a): „Fach und Fachwissen.“ In: Hoffmann / Kalverkämper / Wiegand [Hrsg.] (1998–1999: 1. Band, Artikel Nr. 1, 1–24).

Kalverkämper, Hartwig (1998 b): „<*Honoris causa*> – auch *Causa cogitandi* zur akademischen Zeremonialkultur und zur Reputation der Angewandten Geisteswissenschaften.“ In: *Humboldt-Spektrum* [Humboldt-Universität zu Berlin] 5 (1998) Heft 3, 50–55.

Kalverkämper, Hartwig (1999): „Translationswissenschaft als integrative Disziplin.“ In: Gerzymisch-Arbogast, Heidrun / Gile, Daniel / House, Juliane / Rothkegel, Annely [Hrsg.] (1999): *Wege der Übersetzungs- und Dolmetschforschung*. Tübingen: Narr. 1999. (= Jahrbuch *Übersetzen und Dolmetschen* der Deutschen Gesellschaft für Übersetzungs- und Dolmetschwissenschaft. 1). 55–76.

Kalverkämper, Hartwig (2000): „Vorläufer der Textlinguistik: Die Rhetorik.“ In: Brinker, Klaus / Antos, Gerd / Heinemann, Wolfgang / Sager, Sven F. [Hrsg.] (2000): *Text- und Gesprächslinguistik / Linguistics of Text and Conversation. – Ein internationales Handbuch zeitgenössischer Forschung / An International Handbook of Contemporary Research*. 1. Band, Artikel Nr. 1. Berlin – New York: de Gruyter. (= ‚HSK‘ – Handbücher zur Sprach- und Kommunikationswissenschaft / Handbooks of Linguistics and Communication Science / Manuels de linguistique et des sciences de communication. 16, 1). 1–17.

Kalverkämper, Hartwig (2003 a): „Physiognomik.“ In: Ueding, Gert [Hrsg.] (2003): *Historisches Wörterbuch der Rhetorik*. VI. Tübingen: Niemeyer. 1083–1190.

Kalverkämper, Hartwig (2003 b): „Textgrammatik der Körpersprache – eine Perspektive.“ In: Willkop, Eva-Maria / Thurmair, Maria [Hrsg.] (2003): *Am Anfang war der Text – 10 Jahre <Textgrammatik der deutschen Sprache>* [scil. (1993) von Harald Weinrich]. München: iudicium. 259–284.

Kalverkämper, Hartwig (2004): „Translation – Anforderungen an eine Inter-Kunst.“ In: Rega, Lorenza / Magris, Marella [Hrsg.] (2004): *Übersetzen in der Fachkommunikation / Comunicazione specialistica e traduzione*. Tübingen: Narr. (= Forum für Fachsprachen-Forschung. 64). 21–73.

Kalverkämper, Hartwig (2006): *Eigennamen in der Fachkommunikation. Onomastik der Moderne – eine moderne Onomastik? Ein kritisches Plädoyer für eine interdisziplinäre Methodologie*. Hamburg: Dr. Kovač. (= Angewandte Linguistik aus interdisziplinärer Sicht. 8).

Kalverkämper, Hartwig (2007): Rezension zu: Gläser, Rosemarie (2005): *Eigennamen in der Arbeitswelt*. Leipzig: Leipziger Universitätsverlag. (= Onomastica Lipsiensia. Leipziger Untersuchungen zur Namenforschung. 3). – In: *Beiträge zur Namenforschung*. N.F. 42, 227–247.

Kalverkämper, Hartwig (2008 a): „«Kampf der Kulturen» als Konkurrenz der Sprachkulturen – Anglophonie im globalen Spannungsfeld von Protest, Prestige und Gleichgültigkeit." In: *trans-kom* 1, 2008, Heft 2, S. 123–163. [Wissenschaftliche *Internet*-Zeitschrift für Translation und Fachkommunikation; URL: *www.trans-kom.eu*].

Kalverkämper, Hartwig (2008 b): „Der kommunikative Körper in Dolmetschprozessen." In: Schippel [Hrsg.] (2008: 71–165).

Kalverkämper, Hartwig (2009 a): „Die Translation als interkulturelle Praxis in wissenschaftlicher Reflexion: Leistungen – VorUrteile – Argumente – Klarstellungen, anlässlich 120 Jahre Berliner universitärer Erfolgsgeschichte zum Dolmetschen und Übersetzen und deren mutwilliger Beendigung an der Humboldt-Universität im Jubiläumsjahr." In: Kalverkämper / Schippel [Hrsg.] (2009: 13–58).

Kalverkämper, Hartwig (2009 b): „Das wissenschaftstheoretische Paradigma der Translationswissenschaft und ihr gesellschaftlicher Kontext." In: Kalverkämper / Schippel [Hrsg.] (2009: 65–114).

Kalverkämper, Hartwig (2009 c): „Fachsprachen im globalen Fortschritt: Fachkulturforschung – der Weg ins 21. Jahrhundert." Öffentlicher Vortrag auf dem *XVII. European Symposium on Languages for Specific Purposes*, Aarhus (Dänemark), 17.–21. August 2009.

Kalverkämper, Hartwig (2010): „,Kultur' und ,Kulturalität': Orientierungsbegriffe für die Translationskultur." In: Grbić, Nadja / Hebenstreit, Gernot / Vorderobermeier, Gisella / Wolf, Michaela [Hrsg.] (2010): *Translationskultur revisited. Festschrift für Erich Prunč [zum 65. Geburtstag]*. Tübingen: Stauffenburg. (= Stauffenburg Festschriften). 33–57.

Kalverkämper, Hartwig (2012): „Entgrenzte Kommunikation. Übersetzen und Dolmetschen in der globalisierten Welt." In: Kalverkämper, Hartwig / Schippel, Larisa [Hrsg.] (2012): *„Vom Altern der Texte." Bausteine für eine Geschichte des interkulturellen Wissenstransfers.* Berlin: Frank & Timme. (= TransÜD. Arbeiten zur Theorie und Praxis des Übersetzens und Dolmetschens. 45). 39–84.

Kalverkämper, Hartwig (2012 b): „Kommunikative Kompetenz." In: Ueding, Gert [Hrsg.] (2012): *Historisches Wörterbuch der Rhetorik.* X: *Nachträge A–Z.* Berlin – Boston: de Gruyter. 458–480.

Kalverkämper, Hartwig (2013): „Körperkommunikation als Teil von Translationskultur." In: Baumann / Kalverkämper [Hrsg.] (2013: 51–113).

Kalverkämper, Hartwig (2016): *Textsortengeschichte und Fächertradition. Systeme im Wandel zwischen französischer Klassik und Aufklärung.* Berlin: Frank & Timme. (= Forum für Fachsprachen-Forschung. 78). [= Bearb. u. aktual. Version von Kalverkämper (1984)].

Kalverkämper, Hartwig [Hrsg.] (in Vorber.): *Wissenschaftsrhetorik.* Berlin: de Gruyter. (= Handbücher Rhetorik. 13).

Kalverkämper, Hartwig / Baumann, Klaus-Dieter [Hrsg.] (2016): *Fachtextsorten-in-Vernetzung. Interdisziplinäre Innovationen.* Berlin: Frank & Timme. (= Forum für Fachsprachen-Forschung. 80).

Kalverkämper, Hartwig / Schippel, Larisa [Hrsg.] (2009): *Translation zwischen Text und Welt. Translationswissenschaft als historische Disziplin zwischen Moderne und Zukunft.* Berlin: Frank & Timme. (= TransÜD. Arbeiten zur Theorie und Praxis des Übersetzens und Dolmetschens. 20).

Keil, Gundolf [Hrsg.] (1982): *Fachprosa-Studien. Beiträge zur mittelalterlichen Wissenschafts- und Geistesgeschichte.* Berlin: Schmidt.

Keil, Gundolf / Rudolf, Rainer / Schmitt, Wolfram / Vermeer, Hans J. [Hrsg.] (1968): *Fachliteratur des Mittelalters.* Festschrift für Gerhard Eis. Stuttgart: Metzler.

Kocka, Jürgen [Hrsg.] (1987): *Interdisziplinarität. Praxis – Herausforderung – Ideologie.* Frankfurt/M.: Suhrkamp. (= suhrkamp taschenbuch wissenschaft. 671).

König, Christoph [Hrsg.] (2009): *Das Potential europäischer Philologien. Geschichte, Leistung, Funktion.* Göttingen: Wallstein.

Krings, Hans P. [Hrsg.] (1996): *Wissenschaftliche Grundlagen der Technischen Kommunikation.* Tübingen: Narr. (= Forum für Fachsprachen-Forschung. 32).

Lausberg, Heinrich ([3]1990): *Handbuch der literarischen Rhetorik. Eine Grundlegung der Literaturwissenschaft.* 3. Aufl, mit einem Vorwort v. Arnold Arens. Stuttgart: Steiner. [[4]2008; 1. Aufl. München: Hueber 1960; 2., durch einen Nachtrag vermehrte Aufl. 1973].

Lausberg, Heinrich (1993): *Ernst Robert Curtius (1886–1956).* Aus dem Nachlaß hrsg. u. eingel. v. Arnold Arens. Stuttgart: Steiner.

Lorenz, Konrad (1988): *Hier bin ich – wo ist du? Ethologie der Graugans.* München – Zürich: Piper.

Merton, Robert K. (1983): *Auf den Schultern von Riesen. Ein Leitfaden durch das Labyrinth der Gelehrsamkeit.* Frankfurt/M.: Suhrkamp. (= Suhrkamp Taschenbuch Wissenschaft. 426).

Niederhauser, Jürg (1999): *Wissenschaftssprache und populärwissenschaftliche Vermittlung.* Tübingen: Narr. (= Forum für Fachsprachen-Forschung. 53).

Oertel, Britta / Resnik, Brigitte (2009): „120 Jahre Dolmetscher- und Übersetzerausbildung an der Berliner Universität: 1887–2007. Eine Dokumentation." In: Kalverkämper / Schippel [Hrsg.] (2009: 641–671).

Peters, Tim (2008): *Macht im Kommunikationsgefälle: der Arzt und sein Patient.* Tübingen: Narr. (= Forum für Fachsprachen-Forschung. 82).

Prunč, Erich ([3]2012): *Entwicklungslinien der Translationswissenschaft. Von den Asymmetrien der Sprachen zu den Asymmetrien der Macht.* 3., erw. u. verb. Aufl. Berlin: Frank &

Timme. (= TransÜD. Arbeiten zur Theorie und Praxis des Übersetzens und Dolmetschens. 43).

Raible, Wolfgang (1972): *Satz und Text. Untersuchungen zu vier romanischen Sprachen*. Tübingen: Niemeyer. (= Beihefte zur Zeitschrift für romanische Philologie. 132).

Raible, Wolfgang (1980): „Was sind Gattungen? Eine Antwort aus semiotischer und textlinguistischer Sicht." In: *Poetica* 11, 320–349.

Raible, Wolfgang (1981): „Von der Allgegenwart des Gegensinns (und einiger anderer Relationen). Strategien zur Einordnung semantischer Information." In: *Zeitschrift für romanische Philologie* 97. 1981, 1–40.

Raible, Wolfgang (1991): *Die Semiotik der Textgestalt. Erscheinungsformen und Folgen eines kulturellen Evolutionsprozesses*. Heidelberg: Winter. (= Abhandlungen der Heidelberger Akademie der Wissenschaft. Phil.-histor. Klasse, Jg. 1991, Abhandlg. 1).

Raible, Wolfgang (1993): *Sprachliche Texte – Genetische Texte. Sprachwissenschaft und molekulare Genetik*. Heidelberg: Winter. (= Sitzungsberichte der Heidelberger Akademie der Wissenschaften. Philosophisch-historische Klasse, Jg. 1993, Bericht 1).

Raible, Wolfgang (1996): „Wie soll man Texte typisieren?" In: Michaelis, Susanne / Tophinke, Doris [Hrsg.] (1996): *Texte – Konstitution, Verarbeitung, Typik*. München – Newcastle: Lincom Europa. (= Edition Linguistik. 13). 59–72.

Raible, Wolfgang (2006): *Medien-Kulturgeschichte. Mediatisierung als Grundlage unserer kulturellen Entwicklung*. Heidelberg: Winter.

Schaper, Rüdiger (2012): *Die Odyssee des Fälschers. Die abenteuerliche Geschichte des Konstantin Simonides, der Europa zum Narren hielt und nebenbei die Antike erfand*. München: Siedler.

Scharnhorst, Jürgen / Ising, Erika [Hrsg.] (1976–1982): *Grundlagen der Sprachkultur. Beiträge der Prager Linguistik zur Sprachtheorie und Sprachpflege*. 2 Bände. Berlin [DDR]: Akademie Verlag. (= Sprache und Gesellschaft. 8 / 1–2).

Schippel [Hrsg.] (2008): *Translationskultur – ein innovatives und produktives Konzept.* Berlin: Frank & Timme. (= TransÜD. Arbeiten zur Theorie und Praxis des Übersetzens und Dolmetschens. 16).

Schrey, Helmut (1982): *Anglistisches Kaleidoskop. Zur Geschichte der Anglistik und des Englischunterrichts in Deutschland.* Sankt Augustin: Richarz. (= Duisburger Studien. Geistes- und Gesellschaftswissenschaften. 6).

Smend, Rudolf [Hrsg.] (2002): *Wissenschaft entsteht im Gespräch. 250 Jahre Akademie der Wissenschaften zu Göttingen.* Göttingen: Wallstein.

Stern, Clara / Stern, William (1928): *Die Kindersprache. Eine psychologische und sprachtheoretische Untersuchung.* Leipzig: Barth. (= Monographien über die seelische Entwicklung des Kindes. 1).

Täuscher, Henrike (2012): *Fachlichkeit in der Werbung für Laien: Deutsche und französische Anzeigen im Vergleich.* Tübingen: Narr. (= Forum für Fachsprachen-Forschung. 81).

Watzlawick, Paul / Beavin, Janet / Jackson, Don D.: *Menschliche Kommunikation. Formen, Störungen, Paradoxien.* Bern: Huber 1969.

Weinrich, Harald (1976): *Sprache in Texten.* Stuttgart: Klett Cotta.

Weinrich, Harald (1978): „Plädoyer für ein interdisziplinäres Wörterbuch der deutschen Sprache." In: Henne, Helmut / Mentrup, Wolfgang / Möhn, Dieter / Weinrich, Harald [Hrsg.] (1978): *Interdisziplinäres deutsches Wörterbuch in der Diskussion.* Düsseldorf: Schwann 1978. (= Sprache der Gegenwart. 45). 11–30. – Bearb. auch in: Weinrich (1985: 61–82).

Weinrich, Harald (1985): *Wege der Sprachkultur.* Stuttgart: Deutsche Verlags-Anstalt.

Weinrich, Harald ([6]2001): *Tempus. Besprochene und erzählte Welt.* 6., neu bearb. Aufl. München: Beck. [1. Aufl. Stuttgart: Kohlhammer 1964].

Weinrich, Harald (2000): *Kleine Literaturgeschichte der Heiterkeit.* München: Beck.

Weinrich, Harald (2001): „Sprache ohne Sprachkultur ist für mich etwas Monströses.“ Interview mit Gerhard von der Handt (Deutsches Institut für Erwachsenenbildung) für *DIE – Zeitschrift für Erwachsenenbildung*. Oktober 2001. Online: *http://www.diezeitschrift.de/42001/gespraech.htm*

Weinrich, Harald (2004): *Knappe Zeit: Kunst und Ökonomie des befristeten Lebens*. München: Beck. [2008 neu verlegt in: beck'sche reihe. 1843].

Weinrich, Harald ([3]2005): *Lethe. Kunst und Kritik des Vergessens*. 3., überarb. Aufl. München: Beck. [1. Aufl. 2000].

Weinrich, Harald ([3]2006): *Sprache, das heißt Sprachen*. Mit einem vollständigen Schriftenverzeichnis des Autors 1956–2005. 3., erg. Aufl. Tübingen: Narr. (= Forum für Fachsprachen-Forschung. 50). [1. Aufl. 2001].

Weinrich, Harald ([3]2006 a): „In memoriam Heinrich Lausberg.“ In: Weinrich ([3]2006: 331–343).

Weinrich, Harald (2007): *Wie zivilisiert ist der Teufel? Kurze Besuche bei Gut und Böse*. München: Beck.

Weinrich, Harald ([7]2007): *Linguistik der Lüge*. 7., unveränd. Aufl. München: Beck. (= beck'sche reihe. 1372). [1. Aufl. 1966].

Weinrich, Harald (2008): *Vom Leben und Lesen der Tiere. Ein Bestiarium*. München: Beck.

Weinrich, Harald (2012): *Über das Haben. 33 Ansichten*. München: Beck.

Weydt, Harald (1969): *Abtönungspartikel. Die deutschen Modalwörter und ihre französischen Entsprechungen*. Bad Homburg v.d.H. – Berlin – Zürich: Gehlen.

Wimmer, Rainer [Hrsg.] (1985): *Sprachkultur*. Jahrbuch 1984 des Instituts für deutsche Sprache. Düsseldorf: Schwann-Bagel.(= Sprache der Gegenwart. Schriften des Instituts für deutsche Sprache. 63).

Zehrer, Christiane (2014): *Wissenskommunikation in der technischen Redaktion. Die situierte Gestaltung adäquater Kommunikation*. Berlin: Frank & Timme. (= Forum für Fachsprachen-Forschung. 114).

Zimmermann, Albert [Hrsg.] (1974): *„Antiqui“ und „Moderni“: Traditionsbewußtsein und Fortschrittsbewußtsein im späten Mittelalter*. Berlin – New York: de Gruyter. (= Miscellanea mediaevalia. 9).

Namenregister

Autorennamen in den Anmerkungen: Seitenzahl *kursiv* Bei selbem Namen im Fließtext und in der Anmerkung ist die Seite <u>recte</u> angegeben.

Sachregister

Informationen in den Anmerkungen finden sich als *kursive* Seitenangaben.
Bei Informationen im Fließtext und in zugehöriger Anmerkung steht die Seitenangabe in recte.

Schriftenverzeichnis 1976–2015

- ☐ Allgemeine Sprachwissenschaft
- ☐ Angewandte Linguistik
- ☐ Anthropologie
- ☐ Antike
- ☐ Deutsch als Fremdsprache
- ☐ Didaktik der Kultureme
- ☐ Fachsprachen- / Fachkommunikations- / Fachkultur-Forschung
- ☐ Fremdsprachenvermittlung (Didaktik und Methodik des Fernstudiums für Fremdsprachenvermittlung)
- ☐ Gattungstheorie
- ☐ Germanistik
- ☐ Grammatiktheorie
- ☐ Interkulturelle Kommunikation
- ☐ Klassische Philologie (Griechisch, Latein)
- ☐ Kontrastive Linguistik
- ☐ Körpersemiotik
- ☐ Kultureme-Forschung (Allgemeine Kulturwissenschaft, Körpersprache, Interkulturelle Kommunikation)
- ☐ Kultur- und Kunstgeschichte (insbes. Mittelalter, Renaissance, Europäische Aufklärung)
- ☐ Literaturtheorie
- ☐ Medienwissenschaft / Neue Medien
- ☐ (Literarische) Motiv-Forschung
- ☐ Onomastik (Namenkunde)
- ☐ Poetik
- ☐ (Antike und Moderne) Rhetorik
- ☐ Romanistik (Romanische Philologie): LINGUISTIK (Französisch, Spanisch); KULTURWISSENSCHAFT der Romania
- ☐ Semiotik
- ☐ Sprachenpolitik (insbes. Konkurrenz ‚Anglophonie und europäische Sprachenvielfalt' / Globalisierung)
- ☐ Sprachgeschichte (Romanistik, Germanistik)
- ☐ Terminologiewissenschaft
- ☐ Textlinguistik
- ☐ Translationswissenschaft (Übersetzungs- und Dolmetschwissenschaft)
- ☐ Verständlichkeitsforschung
- ☐ Wissenschaftssprachen

Makrostruktur

1. BÜCHER

1.1. Autor
1.2. Herausgeber / Mitherausgeber
1.3. Autorschaft
1.4. Chronologische Zusammenstellung BÜCHER (1976–2015)

2. BUCHREIHEN

2.1. Allein-Herausgeber

2.1.1. *Forum für Fachsprachen-Forschung* FFF (1985 ff.)
2.1.2. *Kulturen – Kommunikation – Kontakte* KKK (2009 ff.)
2.1.3. *Uni Wissen Romanistik* (1998–2005)
2.1.3.1. *Uni Wissen Romanistik* / Französisch
2.1.3.2. *Uni Wissen Romanistik* / Italienisch
2.1.3.3. *Uni Wissen Romanistik* / Spanisch
2.1.4. *ZeitZeugnis. Vitale Historiographien aus den Geistes-, Sozial- und Kulturwissenschaften* ZZ (2015 ff.)

2.2. Mit-Herausgeber

2.2.1. *Körper – Zeichen – Kultur / Body – Sign – Culture* KZK (1998–2008)
2.2.2. *TransÜD. Arbeiten zur Theorie und Praxis des Übersetzens und Dolmetschens* (2000 ff.)
2.2.3. *Handbücher Rhetorik* (2015 ff.)

3. WISSENSCHAFTLICHE AUFSÄTZE

4. REZENSIONEN

1. BÜCHER

1.1. Autor

1976 : ***Eigennamen und Kontext.*** Dissertation Bielefeld. (594 S.).

1978 : ***Textlinguistik der Eigennamen.*** Stuttgart: Klett-Cotta. (454 S.). [Bearb. Fassung von 1976]

1981 : ***Orientierung zur Textlinguistik.*** Tübingen: Niemeyer. (= Linguistische Arbeiten. 100). (262 S.).

1984 : ***Fächer und Fachtexte zwischen französischer Klassik und Aufklärung (1650–1750).*** Habilitationsschrift Freiburg im Br. (425 S. + 245 S. Materialband). [Bearb. publ. Version in FFF: s.u. 2016].

2006 : ***Eigennamen in der Fachkommunikation: Onomastik der Moderne – eine moderne Onomastik? Ein kritisches Plädoyer für eine interdisziplinäre Methodologie.*** Hamburg: Dr. Kovač. Fachverlag für wissenschaftliche Literatur. (= Angewandte Linguistik aus interdisziplinärer Sicht. 8). (222 S.).

2011 : ***Wissenschaftlicher Dialog als dialogische Literatur – Galilei und Fontenelle als Fallbeispiele des italienischen 17. und französischen 18. Jahrhunderts.*** Berlin: Humboldt-Universität zu Berlin. (= Öffentliche Vorlesungen. 172). (111 S.).
Digitale Ausgabe unter: *http://edoc.hu-berlin.de/humboldt-vl/172/kalverkaemper-hartwig-15/PDF/kalverkaemper.pdf*

2015 : ***Wissenschaft als Berufung.*** Berlin: Frank & Timme. Verlag für wissenschaftliche Literatur. (= ZeitZeugnis. 1). (250 S.).

2016 : ***Textsortengeschichte und Fächertradition. Systeme im Wandel zwischen französischer Klassik und Aufklärung.*** Berlin: Frank & Timme. Verlag für wissenschaftliche Literatur. (= Forum für Fachsprachen-Forschung. 78). [Bearb. u. aktual. Version von 1984] .

In konkreter Vorbereitung:

- **«Textqualität»** – ***Die Evaluation von Kommunikationsprozessen seit der antiken Rhetorik bis zur Translationswissenschaft: Ein interdisziplinärer Überblick.*** Berlin: Frank & Timme. Verlag für wissenschaftliche Literatur. (= TransÜD. Arbeiten zur Theorie und Praxis des Übersetzens und Dolmetschens).

- *Literaturgeschichte und Wissenschaftstransfer. Fallstudien zur fachlichen Sprachkultur der italienischen Renaissance und französischen Aufklärung.* Berlin: Frank & Timme. Verlag für wissenschaftliche Literatur. (= Forum für Fachsprachen-Forschung).

- *Globalität und Kommunikation. Interkulturelle Anforderungen der Moderne an neun Disziplinen.* Berlin: Frank & Timme. Verlag für wissenschaftliche Literatur. (= Kulturen – Kommunikation – Kontakte).

1.2. Herausgeber / Mit-Herausgeber

1986 : KALVERKÄMPER, Hartwig / WEINRICH, Harald [Hrsg.]: ***Deutsch als Wissenschaftssprache.*** *25. Konstanzer Literaturgespräch des Buchhandels, 1985.* Tübingen: Narr. (= Forum für Fachsprachen-Forschung. 3). (209 S.).

1988 : KALVERKÄMPER, Hartwig [Hrsg.]: ***Fachsprachen in der Romania.*** Tübingen: Narr. (= Forum für Fachsprachen-Forschung. 8). (290 S.).

1992 : BAUMANN, Klaus-Dieter / KALVERKÄMPER, Hartwig [Hrsg.]: ***Kontrastive Fachsprachenforschung.*** Tübingen: Narr. (= Forum für Fachsprachen-Forschung. 20). (291 S.).

1996 : KALVERKÄMPER, Hartwig / BAUMANN, Klaus-Dieter [Hrsg.]: ***Fachliche Textsorten. Komponenten – Relationen – Strategien.*** Tübingen: Narr. (= Forum für Fachsprachen-Forschung. 25). (828 S.).

1998–99 : HOFFMANN, Lothar / KALVERKÄMPER, Hartwig / WIEGAND, Herbert Ernst [Hrsg., in Verbindung mit GALINSKI, Christian / HÜLLEN, Werner]: ***Fachsprachen – Languages for Special Purposes. Ein internationales Handbuch zur Fachsprachenforschung und Terminologiewissenschaft – An International Handbook of Special-Language and Terminology Research.*** 2 Bände. Berlin – New York: de Gruyter. (= ‚HSK' – Handbücher zur Sprach- und Kommunikationswissenschaft / Handbooks of Linguistics and Communication Science / Manuels de linguistique et des sciences de communication. 14, 1 / 2). Band 1 (1998), 1.369 S.; Band 2 (1999), 1.361 S.
[Seit 2009 sind beide Bände auch als *eBook* bei de Gruyter Mouton verlegt].

2000 : Baumann, Klaus-Dieter / Kalverkämper, Hartwig / Steinberg-Rahal, Kerstin [Hrsg.]: ***Sprachen im Beruf. Stand – Probleme – Perspektiven.*** Tübingen: Narr. (= Forum für Fachsprachen-Forschung. 38). (325 S.).

2004 : Baumann, Klaus-Dieter / Kalverkämper, Hartwig [Hrsg.]: ***Pluralität in der Fachsprachenforschung.*** Tübingen: Narr. (= Forum für Fachsprachen-Forschung. 67). (490 S.).

2008 a : Kalverkämper, Hartwig / Schippel, Larisa [Hrsg.]: ***Simultandolmetschen in Erstbewährung: Der Nürnberger Prozeß 1945. Mit einer orientierenden Einführung von Klaus Kastner und einer kommentierten fotografischen Dokumentation von*** Theodoros Radisoglou *sowie mit einer dolmetschwissenschaftlichen Analyse von* Katrin Rumprecht. Berlin: Frank & Timme. Verlag für wissenschaftliche Literatur. (= TransÜD. Arbeiten zur Theorie und Praxis des Übersetzens und Dolmetschens. 17). (336 S.).

2008 b : Kalverkämper, Hartwig / Schippel, Larisa [Hrsg.]: ***Translation zwischen Text und Welt – Translationswissenschaft als historische Disziplin zwischen Moderne und Zukunft.*** Berlin: Frank & Timme. Verlag für wissenschaftliche Literatur. (= TransÜD. Arbeiten zur Theorie und Praxis des Übersetzens und Dolmetschens. 20). (692 S.).

2012 : Kalverkämper, Hartwig / Schippel, Larisa [Hrsg.]: ***„Vom Altern der Texte". Bausteine für eine Geschichte des interkulturellen Wissenstransfers.*** Berlin: Frank & Timme. Verlag für wissenschaftliche Literatur. (= TransÜD. Arbeiten zur Theorie und Praxis des Übersetzens und Dolmetschens. 45). (458 S.).

2013 : Baumann, Klaus-Dieter / Kalverkämper, Hartwig [Hrsg.]: ***Theorie und Praxis des Dolmetschens und Übersetzens in fachlichen Kontexten.*** Berlin: Frank & Timme. Verlag für wissenschaftliche Literatur. (= TransÜD. Arbeiten zur Theorie und Praxis des Übersetzens und Dolmetschens. 63). (748 S.).

2014 : Manerko, Larissa Alexandrovna / Baumann, Klaus-Dieter / Kalverkämper, Hartwig [Eds.]: ***Terminology Science in Russia today: From the Past to the Future.*** Berlin: Frank & Timme. Verlag für wissenschaftliche Literatur. (= Forum für Fachsprachen-Forschung. 116). (454 S.).

2015 : Kalverkämper, Hartwig [Hrsg.]: ***Fachkommunikation im Fokus – Paradigmen, Positionen, Perspektiven.*** Berlin: Frank &

Timme. Verlag für wissenschaftliche Literatur. (= Forum für Fachsprachen-Forschung. 100).

In konkreter Vorbereitung:

- Kalverkämper, Hartwig / Baumann, Klaus-Dieter [Hrsg.]: ***Fachtextsorten-in-Vernetzung. Interdisziplinäre Innovationen.*** Berlin: Frank & Timme. Verlag für wissenschaftliche Literatur. (= Forum für Fachsprachen-Forschung. 80).
- Kalverkämper, Hartwig [Hrsg.]: ***Wissenschaftsrhetorik.*** Berlin – New York: de Gruyter. (ca. 700 S.). (= Handbücher Rhetorik. 13).
- Kalivoda, Gregor / Kalverkämper, Hartwig [Hrsg.]: ***Moderne Rhetorik.*** Berlin – New York: de Gruyter. (ca. 700 S.). (= Handbücher Rhetorik. 7).

1.3. Autorschaft

Verantwortlicher Leiter und **Mit-Autor** bei der Entwicklung (seit Oktober 1988) und Fertigstellung (1993) eines neuartigen **Sprachlehrkurses** an der FernUniversität Hagen:

> **Fernstudienkurs Deutsch.**
> ***Ein Weg zu wissenschaftlichen, wirtschaftlichen und kulturellen Kontakten. Ein Kurs für Lerner mit spanischer Muttersprache in Mittel- und Südamerika.***
> Hagen: FernUniversität 1989–1994. (1. Aufl. 1994 [Studienbriefe 1–6] u. 1995 [Studienbriefe 7–12]). – 2., überarb. Aufl. Hagen: FernUniversität 1996.

Entwickelt und fertiggestellt von
Hartwig Kalverkämper (Projektleitung, Oktober 1988–September 1993 [= Wegberufung Kalverkämper an die HU Berlin zum WS 1993/94]).
Zusammen mit einem Team von wechselnden Mitarbeiterinnen und Mitarbeitern (auf befristeten Rückgliederungsstipendiaten-Stellen des DAAD und Zeitstellen der FernUniversität Hagen bzw. mit externen Werkverträgen zur Mitarbeit bei einzelnen Studienbriefen): Sibylle Angele, Ursula Esser, Hans-Rüdiger Fluck, Barbara Frankenberg, Annelies Günter, Bärbel Gutzat, Ulrich Inden, Helmut Kunz, Birgit Sandow, Anne Thomalla.

- 12 Lehreinheiten (*Studienbriefe*) zu je ca. 170 S. (= ca. 2.040 S.),
- je 1 bis 2 Tonkassetten (= 17 TK),

- REPETITIONSBAND zur Vorbereitung auf die PNdS [‚Prüfung zum Nachweis deutscher Sprachkenntnisse'] (= ca. 40 S.),
- PÄDAGOGISCHES BEGLEITMATERIAL (= zusammen ca. 70 S.) als lehr-organisatorisches und didaktisch-methodisches Umfeld für den Kurs; dazu gehören:
  - ▹ Einsende-Aufgaben (Leistungsüberprüfung im Fernstudium) zu jedem Studienbrief (Lehr-Einheit) für die Lerner.
  - ▹ Didaktische Hilfestellungen für die Lerner (*Guía del estudiante*).
  - ▹ Befragungsbögen ‚Lerner' zur kritischen Kursbegleitung und Evaluation (*Preguntas al estudiante*).
  - ▹ Didaktisch-methodische Hilfestellungen für den Mentor/Lehrer bei den Präsenzphasen vor Ort (*Hinweise für den Mentor*).
  - ▹ Befragungsbögen ‚Mentor' zur kritischen Kursbegleitung und Evaluation (*Fragen an den Mentor*).

Kurs-Aufbau
(12 Lehreinheiten als je ein Studienbrief, Einsendeaufgaben und Tonkassetten)

Studienbrief **1**: ***Alexander von HUMBOLDT***	(1769–1859) (167 S.)
Studienbrief **2**: ***Marlene DIETRICH***	(1901–1991) (181 S.)
Studienbrief **3**: ***Albert EINSTEIN***	(1879–1955) (194 S.)
Studienbrief **4**: ***Bertold BRECHT***	(1898–1956) (168 S.)
Studienbrief **5**: ***Albrecht DÜRER***	(1471–1528) (165 S.)
Studienbrief **6**: ***Rosa LUXEMBURG***	(1871–1919) (174 S.)
Studienbrief **7**: ***Robert KOCH***	(1843–1910) (161 S.)
Studienbrief **8**: ***Konrad ADENAUER***	(1876–1967) (157 S.)
Studienbrief **9**: ***Werner von SIEMENS***	(1816–1892) (159 S.)
Studienbrief **10**: ***Johann Sebastian BACH***	(1685–1750) (169 S.)
Studienbrief **11**: ***Sigmund FREUD***	(1856–1939) (187 S.)
Studienbrief **12**: ***Johann Wolfgang von GOETHE***	(1749–1832) (178 S.)

Merkmale

- *Deutsch als Fremdsprache*
  Zielgruppe: Lateinamerika (spanischsprachig, brasilianisch-portugiesisch) sowie Spanien und Portugal.

- *Sprachregister:*
  Wissenschafts- und Kultursprache, Literatursprache, übergreifende Fachsprachlichkeit (besonders der Wirtschaftsfachsprache).

- *Medium:*
  FERNSTUDIENKURS (Sprachvermittlung durch Fernstudium):

Studienbriefe ([Lehr- und Arbeitshefte von je ca. 170 S.]; 12 Einheiten; mit eigenem Abschlussheft zur gezielten Vorbereitung auf die offizielle Sprachprüfung).
Tonkassetten (2 oder 3 je Studienbrief).

- *Didaktische Hauptzüge:*
  Prinzipiell interkulturell ausgerichtet; prinzipiell textorientiert.
  Alle vier Fertigkeiten (Lesen – Schreiben – Sprechen – Hören).
  „Grundkurs“ (6 Einheiten) und „Aufbaukurs“ (6 Einheiten).
  Kombination von Studienbrief (je ca. 170 S.) und Tonkassetten.

  Lehrziel: <*Kultur-, wissenschafts- und literaturbezogenes sowie übergreifend fachsprachliches Deutsch als Fremdsprache*> – unter Beachtung interkultureller Besonderheiten – für spanisch-sprechende Lerner mit qualifiziertem Schulabschluss (Erwachsene, ohne Vorkenntnisse zur deutschen Sprache, mit vorhandenem Bildungsniveau); Stichwort: „Deutsch für Köpfe“ (Harald Weinrich).

  Didaktisches Umfeld, unter Berücksichtigung der spezifischen Anforderungen an das Fernstudium und die Fernvermittlung einer Fremdsprache: Hilfestellungen für den Lerner, Befragungsbögen für den Lerner, Befragungsbögen für den Mentor vor Ort zur kritischen Kursbegleitung und Evaluation, Didaktisch-methodische Hilfestellungen und Hinweise für den Mentor bei den Präsenzphasen.

Darstellungen des Projekts:

1.) Kalverkämper, Hartwig (1990): „Kultur- und Wissenschaftssprache Deutsch – Deutsch als Fremdsprache für das Fernstudium in Lateinamerika.“ In: *Fremdsprachen lehren und lernen (‚FLuL‘). Zur Theorie und Praxis des Sprachunterrichts an Hochschulen* 19: *„Fachsprachen und ihre Vermittlung“*, 1990, 97–125.

2.) Kalverkämper, Hartwig (1996): „<Deutsch als>: Herausforderungen im Disziplinen-Spektrum – Verpflichtungen für die Sprach-, Sach- und Kulturvermittlung (anläßlich des neuen Lehrwerks *Fernstudienkurs Deutsch. Ein Weg zu wissenschaftlichen, wirtschaftlichen und kulturellen Kontakten*, Hagen 1989–1994).“ In: Wolff, Armin / Köppel, Anette / Stein-Meintker, Anneliese [Hrsg.] (1996): *Materialien Deutsch als Fremdsprache* 42: *„Autonomes Lernen – Lernpsychologie im Fremdsprachenunterricht – Deutsch als Fremdsprache im internationalen Kontakt – Qualitätskriterien für Sprachkurse DaF im außeruniversitären Bereich.“* Regensburg: Fachverband Deutsch als Fremdsprache ‚FaDaF‘. (= Materialien Deutsch als Fremdsprache. 42). 35–61.

3.) Didaktische Gesamtkonzeption des *Fernstudienkurses Deutsch* als tabellarische Übersicht mit den Kategorien <‚Fachlich-wissenschaftliche/kulturelle Repräsentanten‘; ‚Inhaltliche Schwerpunkte‘; ‚Zentrale Themen‘; ‚Lehrziele und sprachliche Lerninhalte‘> findet sich in: Bau-

MANN, Klaus-Dieter [Hrsg.] (2011): *Fach – Translat – Kultur. Interdisziplinäre Aspekte der vernetzten Vielfalt.* Berlin: Frank & Timme. 2 Bände. (= Forum für Fachsprachen-Forschung. 98 / 99). S. 1462.

1.4. Chronologische Zusammenstellung BÜCHER (1976–2015)

[1]
1976 : ***Eigennamen und Kontext.*** Diss. Bielefeld. (594 S.).

[2]
1978 : ***Textlinguistik der Eigennamen.*** Stuttgart: Klett-Cotta. (454 S.). [Überarb. Version von 1976].

[3]
1981 : ***Orientierung zur Textlinguistik.*** Tübingen: Niemeyer. (= Linguistische Arbeiten. 100). (262 S.).

[4]
1984 : ***Fächer und Fachtexte zwischen französischer Klassik und Aufklärung (1650–1750).*** Habilitationsschrift Freiburg im Br. (425 S. + 245 S. Materialband).

[5]
1986 : KALVERKÄMPER, Hartwig / WEINRICH, Harald [Hrsg.]: ***Deutsch als Wissenschaftssprache.*** Tübingen: Narr. (= Forum für Fachsprachen-Forschung. 3). (209 S.).

[6]
1988 : KALVERKÄMPER, Hartwig [Hrsg.]: ***Fachsprachen in der Romania.*** Tübingen: Narr. (= Forum für Fachsprachen-Forschung. 8). (290 S.).

[7]
1989–1994 : [Verantwortlicher Leiter und Mit-Autor]: ***Fernstudienkurs Deutsch. Ein Weg zu wissenschaftlichen, wirtschaftlichen und kulturellen Kontakten. Ein Kurs für Lerner mit spanischer Muttersprache in Mittel- und Südamerika.*** Hagen: FernUniversität. – (1. Aufl. 1994–1995; 2., überarb. Aufl. 1996).
[**12 Studienbriefe** zu je ca. 170 S., zusammen ca. 2.040 S.; jeweils 1 oder 2 Tonkassetten, zusammen **17 Tonkassetten**; außerdem **1 Repetitions-Band** zur Vorbereitung auf die PNdS (‚Prüfung zum Nachweis der deutschen Sprachkenntnisse') (40 S.)]; zudem **pädagogisches und didaktisches Begleitmaterial** (zusammen rund 70 S.).

[8]
1992 : Baumann, Klaus-Dieter / Kalverkämper, Hartwig [Hrsg.]: ***Kontrastive Fachsprachenforschung.*** Tübingen: Narr. (= Forum für Fachsprachen-Forschung. 20). (291 S.).

[9]
1996 : Kalverkämper, Hartwig / Baumann, Klaus-Dieter [Hrsg.]: ***Fachliche Textsorten. Komponenten – Relationen – Strategien.*** Tübingen: Narr. (= Forum für Fachsprachen-Forschung. 25). (828 S.).

[10]
1998 (I.)–1999 (II.) : Hoffmann, Lothar / Kalverkämper, Hartwig / Wiegand, Herbert Ernst [Hrsg., in Verbindung mit Christian Galinski / Werner Hüllen]:
Fachsprachen – Languages for Special Purposes. Ein internationales Handbuch zur Fachsprachenforschung und Terminologiewissenschaft – An International Handbook of Special-Languages and Terminology Research. **I., II.** Berlin – New York: de Gruyter. (= ‚HSK' – Handbücher zur Sprach- und Kommunikationswissenschaft / Handbooks of Linguistics and Communication Science / Manuels de linguistique et des sciences de communication. 14, 1 / 2). (2731 S.).

[11]
2000 : Baumann, Klaus-Dieter / Kalverkämper, Hartwig / Steinberg-Rahal, Kerstin [Hrsg.]:
Sprachen im Beruf. Stand – Probleme – Perspektiven. Tübingen: Narr. (= Forum für Fachsprachen-Forschung. 38). (325 S.).

[12]
2004 : Baumann, Klaus-Dieter / Kalverkämper, Hartwig [Hrsg.]: ***Pluralität in der Fachsprachenforschung.*** Tübingen: Narr. (= Forum für Fachsprachen-Forschung. 67). (490 S.).

[13]
2006 : ***Eigennamen in der Fachkommunikation: Onomastik der Moderne – eine moderne Onomastik? Ein kritisches Plädoyer für eine interdisziplinäre Methodologie.*** Hamburg: Dr. Kovač. Fachverlag für wissenschaftliche Literatur. (= Angewandte Linguistik aus interdisziplinärer Sicht. 8). (222 S.).

[14]
2008 : Kalverkämper, Hartwig / Schippel, Larisa [Hrsg.]:
Simultandolmetschen in Erstbewährung: Der Nürnberger Prozeß 1945. Mit einer orientierenden Einführung von Klaus

Kastner *und einer kommentierten fotografischen Dokumentation von* Theodoros Radísoglou *sowie mit einer dolmetschwissenschaftlichen Analyse von* Katrin Rumprecht. Berlin: Frank & Timme. Verlag für wissenschaftliche Literatur. (= TransÜD. Arbeiten zur Theorie und Praxis des Übersetzens und Dolmetschens. 17). (336 S.).

[15]
2009 : Kalverkämper, Hartwig / Schippel, Larisa [Hrsg.]: ***Translation zwischen Text und Welt – Translationswissenschaft als historische Disziplin zwischen Moderne und Zukunft.*** Berlin: Frank & Timme. Verlag für wissenschaftliche Literatur. (= TransÜD. Arbeiten zur Theorie und Praxis des Übersetzens und Dolmetschens. 20). (692 S.).

[16]
2011 : ***Wissenschaftlicher Dialog als dialogische Literatur – Galilei und Fontenelle als Fallbeispiele des italienischen 17. und französischen 18. Jahrhunderts.*** Berlin: Humboldt-Universität zu Berlin. (= Öffentliche Vorlesungen. 172). (111 S.).
Digitale Ausgabe unter: *http://edoc.hu-berlin.de/ovl*

[17]
2012 : Kalverkämper, Hartwig / Schippel, Larisa [Hrsg.]: ***„Vom Altern der Texte". Bausteine für eine Geschichte des interkulturellen Wissenstransfers.*** Berlin: Frank & Timme. Verlag für wissenschaftliche Literatur. (= TransÜD. Arbeiten zur Theorie und Praxis des Übersetzens und Dolmetschens. 20). (692 S.).

[18]
2013 : Baumann, Klaus-Dieter / Kalverkämper, Hartwig [Hrsg.]: ***Theorie und Praxis des Dolmetschens und Übersetzens in fachlichen Kontexten.*** Berlin: Frank & Timme. Verlag für wissenschaftliche Literatur. (= TransÜD. Arbeiten zur Theorie und Praxis des Übersetzens und Dolmetschens. 63). (748 S.).

[19]
2014 : Manerko, Larissa Alexandrovna / Baumann, Klaus-Dieter / Kalverkämper, Hartwig [Eds.]: ***Terminology Science in Russia today: From the Past to the Future.*** Berlin: Frank & Timme. Verlag für wissenschaftliche Literatur. (= Forum für Fachsprachen-Forschung. 116). (454 S.).

[20]
2015: ***Wissenschaft als Berufung.*** Berlin: Frank & Timme. Verlag für wissenschaftliche Literatur. (= ZeitZeugnis. 1). (250 S.).

[21]
2015 : KALVERKÄMPER, Hartwig [Hrsg.]:
Fachkommunikation im Fokus – Paradigmen, Positionen, Perspektiven. Berlin: Frank & Timme. Verlag für wissenschaftliche Literatur. (= Forum für Fachsprachen-Forschung. 100).

[22]
2016 : ***Textsortengeschichte und Fächertradition. Systeme im Wandel zwischen französischer Klassik und Aufklärung.*** Berlin: Frank & Timme. Verlag für wissenschaftliche Literatur. (= Forum für Fachsprachen-Forschung. 78). [Überarb. Fassung von 1984, ersch. Frühjahr 2016].

2. BUCHREIHEN

2.1. Allein-Herausgeber

2.1.1. *Forum für Fachsprachen-Forschung* FFF (1985 ff.)

Buchreihe zur Fachkommunikation.
Tübingen: Narr 1985–2007 (77 Bände); Berlin: Frank & Timme 2008 ff. (Bd. 78 ff.). Aktuell [2015] 130 Bände. *www.frank-timme.de*

2.1.2. *Kulturen – Kommunikation – Kontakte* KKK (2009 ff.)

Buchreihe zur Kulturwissenschaft.
Berlin: Frank & Timme. Aktuell [2015] 30 Bände.
www.frank-timme.de

2.1.3. *Uni Wissen Romanistik* (1998–2005)

Buchreihe zur Romanistik:
Grundlagen-Ausbildung in Sprache, Literatur und Kultur der drei romanischen Hauptsprachen.
Stuttgart – Düsseldorf – Leipzig: Klett. Abgeschlossen mit 20 Bänden.

2.1.3.1. *Uni Wissen Romanistik* / FRANZÖSISCH (12 Bände)
2.1.3.2. *Uni Wissen Romanistik* / ITALIENISCH (2 Bände)
2.1.3.3. *Uni Wissen Romanistik* / SPANISCH (6 Bände).

2.1.4. *ZeitZeugnis. Vitale Historiographien aus den Geistes-, Sozial- und Kulturwissenschaften* ZZ (2015 ff.)

Buchreihe zur Wissenschafts-, Gesellschafts- und Geistesgeschichte.
Berlin: Frank & Timme. *www.frank-timme.de*

2.2. Mit-Herausgeber

2.2.1. *Körper – Zeichen – Kultur / Body – Sign – Culture*

KZK (1998–2008)
Initiator der Buchreihe war H.K. Buchreihe zur Kulturwissenschaft mit besonderem Fokus auf Körpersemiotik. Die Zusammenarbeit mit den eingeworbenen Mitherausgebern Reinhard Krüger und Roland Posner wurde 2008 aufgelöst.
An die Stelle von KZK trat, erweitert im kulturwissenschaftlichen Spektrum, KKK (s.o.: 2.1.2.) in Alleinherausgeberschaft von H.K. Ich betrachte die Bände von KZK als thematisch zugehörig zu KKK und sehe hier eine inhaltliche und konzeptionelle Kontinuität zwischen den beiden Reihen.
Von KZK gib es 23 Bände in den Berliner Verlagen Berlin Verlag (Arno Spitz) (1998–1999, 4 Bände) und Weidler Buchverlag (2001–2008, 19 Bände).

2.2.2. *TransÜD. Arbeiten zur Theorie und Praxis des Übersetzens und Dolmetschens* (2000 ff.)

Initiator der Buchreihe war H.K. Buchreihe zur Translationswissenschaft. Zusammenarbeit bis Ende 2012 mit Larisa Schippel, seit Anfang 2013 mit Klaus-Dieter Baumann und Klaus Schubert.
Zuerst erschienen Frankfurt/M. u.a.: Peter Lang (2000–2004) mit den ersten fünf Bänden. Seit 2005 Verlagswechsel nach Berlin: Frank & Timme. Aktuell [2015] 80 Bände. *www.frank-timme.de*

2.2.3. *Handbücher Rhetorik* (2015–[geplant] 2018)

Herausgegeben von Gregor Kalivoda / Hartwig Kalverkämper / Gert Ueding.
Berlin – New York: de Gruyter.
Die Reihe umfasst 13 Themenbände (je ca. 700 S.). Sie spiegeln die disziplinäre Repräsentanz der Rhetorik in den gesellschaftlich relevanten Bereichen (*Antike Rhetorik, Bildrhetorik, Gesprächsrhetorik, Juristische Rhetorik, Literarische Rhetorik, Medienrhetorik, Moderne Rhetorik, Rhetorik und Pädagogik, Rhe-*

torik und Philosophie, Politische Rhetorik, Rhetorik und Predigt, Werberhetorik, Wissenschaftsrhetorik).

3. Wissenschaftliche Aufsätze

1977 : **Textlinguistik im Deutschunterricht. Zwei Aspekte: Textualität, Tempus.** In: *Praxis Deutsch*, Heft 23: „Textanalyse – linguistisch", S. 54–60. (2. Aufl. [1979]: „Nachdruck der Unterrichtsteile aus den Heften Praxis Deutsch 20–25", S. 157–163). [1]

1978 : **Die Problematik von Fachsprache und Gemeinsprache.** In: *Sprachwissenschaft* 3, S. 406–444. [2]

1979 a : **Talk-Show. Eine Gattung in der Antithese.** In: Kreuzer, Helmut / Prümm, Karl [Hrsg.] (1979): *Fernsehsendungen und ihre Formen. Typologie, Geschichte und Kritik des Programms in der Bundesrepublik Deutschland.* Stuttgart: Reclam. S. 406–426. [3]

1979 b : **Die Frauen und die Sprache.** In: Linguistische Berichte, Heft 62, S. 55–71. [4]
Wiederabgedruckt (in Auszügen) in: Schramm, Hilde [Hrsg.] (1981): *Frauensprache – Männersprache. Ein Arbeitsbuch zur geschlechtsspezifischen Sprachverwendung.* Frankfurt/M. – Berlin – München: Diesterweg. (= Kommunikation / Sprache. Materialien für den Kurs- und Projektunterricht). S. 73–75.
Wiederabgedruckt in: Sieburg, Heinz [Hrsg.] (1997): *Sprache – Genus / Sexus.* Frankfurt/M. – Berlin – Bern – New York – Paris – Wien: Lang. (= Dokumentation Germanistischer Forschung. 3). S. 258–278.

1979 c : **Quo vadis linguistica? – Oder: Der feministische Mumpsimus in der Linguistik.** In: *Linguistische Berichte*, Heft 63, S. 103–107. [5]
Wiederabgedruckt in: Sieburg, Heinz [Hrsg.] (1997): *Sprache – Genus / Sexus.* Frankfurt/M. – Berlin – Bern – New York – Paris – Wien: Lang. (= Dokumentation Germanistischer Forschung. 3). S. 302–307.

1979 d : **Der Begriff der Fachlichkeit in der Fachsprachen-Linguistik – Tradition, Kritik und Methoden-Ausblick.** In: *Fachsprache.* Sonderheft 1: *„Zweites Europäisches Fachsprachen-Symposium, Bielefeld 1979"*. Wien: Braumüller. S. 53–71. [6]

1980 a : **Kommentierte Bibliographie zur Fernsehgattung ‚Talk Show'.** In: Kreuzer, Helmut [Hrsg.] (1980): *Fernsehfor-*

schung – Fernsehkritik. Göttingen: Vandenhoeck & Ruprecht. (= ‚LiLi' – *Zeitschrift für Literaturwissenschaft und Linguistik.* Beiheft 11). S. 99–135. [7]

1980 b : **Die Axiomatik der Fachsprachen-Forschung.** In: *Fachsprache* [Wien: Braumüller] 2, S. 2–20. [8]

1980 c : **Das Wortfeld der Fachlichkeit im Französischen. Ein Beitrag der Wortfeld-Forschung zur Methodologie der Fachsprachen-Linguistik.** In: *Sprachwissenschaft* 5, S. 415–496. [9]

1980 d : **Dependenzgrammatik im Gespräch.** In: *Zeitschrift für französische Sprache und Literatur* 90, S. 289–308. [10]

1981 a : **Der Bestand der Textlinguistik. I, II.** In: *Deutsche Sprache* 9, S. 224–270 (Teil I), S. 329–379 (Teil II). [Insgesamt 97 S.]. [11]

1981 b : **Das Hierarchieproblem in der Verbalsyntax von Tesnières Dependenzgrammatik.** In: ROHRER, Christian [Hrsg.] (1981): *Logos Semantikos. Studia Linguistica in Honorem Eugenio Coseriu. IV: Grammatik – Gramática – Grammaire – Grammar.* Berlin – New York: de Gruyter / Madrid: Gredos. S. 249–266. [12]

1982 a : **Talk-Show.** In: KREUZER, Helmut [Hrsg.] (1982): *Sachwörterbuch des Fernsehens.* Göttingen: Vandenhoeck & Ruprecht. (= Uni-Taschenbücher. 1185). S. 180–184. [13]

1982 b : **Fachsprachen und Textsorten.** In: HØEDT, Jørgen / LUNDQUIST, Lita / PICHT, Heribert / QVISTGAARD, Jacques [Eds.] (1982): *Proceedings of the Third European Symposium on Language for Special Purposes ‚LSP', Copenhagen 1981: „Pragmatics and LSP".* Copenhagen: Nyt Nordisk Forlag. S. 105–168. [14]

1983 a : **Antike Rhetorik und Textlinguistik. Die Wissenschaft vom Text in altehrwürdiger Modernität.** In: FAUST, Manfred / HARWEG, Roland / LEHFELDT, Werner / WIENOLD, Götz [Hrsg.] (1983): *Allgemeine Sprachwissenschaft, Sprachtypologie und Textlinguistik. Festschrift für Peter Hartmann.* Tübingen: Narr. (= Tübinger Beiträge zur Linguistik. 215). S. 349–372. [15]

1983 b : **Gattungen, Textsorten, Fachsprachen. Textpragmatische Überlegungen zur Klassifikation.** In: HESS-LÜTTICH, Ernest W.B. [Hrsg.] (1983): *Textproduktion und Textrezeption.* Tübingen: Narr. (= *forum* Angewandte Linguistik. 3). S. 91–103. [16]

1983 c : **Fächer und Sprachen.** In: *Siegener Hochschulblätter* 6, Heft 2, S. 44–56. [17]

1983 d : **Textuelle Fachsprachen-Linguistik als Aufgabe.** In: Kreuzer, Helmut / Schlieben-Lange, Brigitte [Hrsg.] (1983): *Fachsprache und Fachliteratur.* Göttingen: Vandenhoeck & Ruprecht. (= ‚LiLi' – *Zeitschrift für Literaturwissenschaft und Linguistik* 13, Heft 51/52). S. 124–166. [18]

1985 : **Ein Forum als Flußbett.** In: *Special Language / Fachsprache* 7, S. 150–151. [Fachinhaltliche Vorstellung der neu gegründeten Reihe *Forum für Fachsprachen-Forschung*]. [19]

1986 a : **Vorwort. [‚Deutsch und Englisch als Wissenschaftssprachen']**. In: Kalverkämper, Hartwig / Weinrich, Harald [Hrsg.] (1986): *Deutsch als Wissenschaftssprache. 25. Konstanzer Literaturgespräch des Buchhandels, 1985.* Tübingen: Narr. (= Forum für Fachsprachen-Forschung. 3). S. 9–13. [20]

1986 b : **Diskussionsbeitrag E 42. [‚Das Englische – eine leichte Wissenschaftssprache?']**. In: Kalverkämper, Hartwig / Weinrich, Harald [Hrsg.] (1986): *Deutsch als Wissenschaftssprache. 25. Konstanzer Literaturgespräch des Buchhandels, 1985.* Tübingen: Narr. (= Forum für Fachsprachen-Forschung. 3). S. 76–78. [21]

1986 c : **Diskussionsbeitrag J 82. [‚Wissenschaftssprache und Umgangssprache']**. In: Kalverkämper, Hartwig / Weinrich, Harald [Hrsg.] (1986): *Deutsch als Wissenschaftssprache. 25. Konstanzer Literaturgespräch des Buchhandels, 1985.* Tübingen: Narr. (= Forum für Fachsprachen-Forschung. 3). S. 165–167. [22]

1986 d : **Die Fachsprachen der Wissenschaftler und Probleme des Transfers wissenschaftlicher Ergebnisse.** In: *Sprache als Medium und Verständigungsmittel zwischen Wissenschaft, Wirtschaft, Verwaltung und Öffentlichkeit.* Bonn: Verlagsanstalt des deutschen Beamtenbundes. (= Schriften der Akademie des Deutschen Beamtenbundes. Gesellschaftspolitische Grundlagen. Reihe A. Band 2). S. 34–42. [23]

1987 a : **Vom Terminus zum Text.** In: Sprissler, Manfred [Hrsg.] (1987): *Standpunkte der Fachsprachenforschung.* Tübingen: Narr. (= *forum* Angewandte Linguistik. 11). S. 39–78. [24]

1987 b : **Neologismen – Hinterfragung eines linguistischen Konzepts.** In: *Quaderni di Semantica* [Bologna, Italia] 8, S. 311–345. [25]

1987 c : **Fachsprachen-Forschung. Ein Überblick.** In: Spillner, Bernd [Hrsg.] (1987): *Perspektiven der Angewandten Linguistik. Arbeitsfelder. (Kongreßbeiträge zur 16. Jahrestagung der*

Gesellschaft für Angewandte Linguistik, GAL, München 1985). Tübingen: Narr. (= *forum* Angewandte Linguistik. 12). S. 95–99. [26]

1988 a : **Zwischen Anspruch und Wirklichkeit: Signale einer romanistischen Fachsprachen-Forschung. Zur Einführung.** In: Kalverkämper, Hartwig [Hrsg.] (1988): *Fachsprachen in der Romania.* Tübingen: Narr. (= Forum für Fachsprachen-Forschung. 8). S. 7–14. [27]

1988 b : **Fachexterne Kommunikation als Maßstab einer Fachsprachen-Hermeneutik. Verständlichkeit kernphysikalischer Fakten in spanischen Zeitungstexten.** In: Kalverkämper, Hartwig [Hrsg.] (1988): *Fachsprachen in der Romania.* Tübingen: Narr. (= Forum für Fachsprachen-Forschung. 8). S. 151–193. [28]

1988 c : **Die Fachwelt in der allgemeinen einsprachigen Lexikographie (deutsch – englisch – französisch – italienisch).** In: *Special Language / Fachsprache* 10, S. 98–123. [29]

1988 d : **Nach-Denken.** [Nachwort zu religiöser Lyrik]. In: Cramer, Johannes Maria (1988): *Echo des Glaubens. Gedichte.* Attendorn: Frey. S. 151–154. [30]

1989 a : **Verständlichkeit, Verständnis und Verständigung im Fadenkreuz: der Wissenschaftstransfer.** In: *Kodikas / Code – Ars Semeiotica. An International Journal of Semiotics* 11, S. 114–126. [31]

1989 b : **Wissenschaftstransfer: Arbeitsteilung verlangt Sprachteilhabe.** In: *Spektrum der Wissenschaft* [Heidelberg], Heft 1 (Jan.), S. 32–38. [32]

1989 c : **Kolloquiale Vermittlung von Fachwissen im frühen 18. Jahrhundert – gezeigt anhand der *Entretiens sur la Pluralité des Mondes* (1686) von Fontenelle.** In: Schlieben-Lange, Brigitte [Hrsg.] (1989): *Fachgespräche in Aufklärung und Revolution.* Tübingen: Niemeyer. (= Konzepte der Sprach- und Literaturwissenschaft. 47). S. 17–80. [33]

1989 d : **Merkmale eines europäischen ‚Fach'-Begriffs.** In: *Fachsprache – Fremdsprache – Muttersprache.* (Schriftenreihe der Sektion ‚Angewandte Sprachwissenschaft' und des Instituts für deutsche Fachsprache an der Technischen Universität Dresden). Heft 9/10: *„VII. Internationale Konferenz ‚Angewandte Sprachwissenschaft und fachsprachliche Ausbildung' an der Sek-*

tion ‚Angewandte Sprachwissenschaft' der Technischen Universität Dresden, 6.–8. September 1988", Teil 1 (Plenarvorträge). Dresden: Technische Universität. S. 74–94. [34]

1989 e : **Diatechnische Markierungen im allgemeinen einsprachigen Wörterbuch.** In: HAUSMANN, Franz Josef / REICHMANN, Oskar / WIEGAND, Herbert Ernst / ZGUSTA, Ladislav [Hrsg.] (1989): *Wörterbücher – Dictionaries – Dictionnaires. Ein internationales Handbuch zur Lexikographie / An International Encyclopedia of Lexicography / Encyclopédie internationale de lexicographie.* 1. Band, Artikel Nr. 53. Berlin – New York: de Gruyter. (= ‚HSK' – Handbücher zur Sprach- und Kommunikationswissenschaft / Handbooks of Linguistics and Communication Science / Manuels de linguistique et des sciences de communication. 5, 1). S. 680–688. [35]

1989 f : **Fachsprachen-Hermeneutik.** In: *Terminologie et Traduction* (Bruxelles – Luxembourg: Commission des Communautés Européennes) 1, S. 142–145. [Eigenverfasstes Inhaltsreferat meines Vortrags – im Rahmen eines Kurzberichts von Hans-Peder KROMANN / Knud Troels THOMSEN (Handelshøjskolen i København) über „Akzente der Fachsprachenforschung von heute und morgen. Bericht vom Kopenhagener Werkstattgespräch, 1.–2. Juni 1988", insgesamt S. 137–160]. [36]

1989 g : **Körpersprache in der europäischen Literatur.** In: *Hagener Universitätsreden* 14 (*„Dies Academicus 1989"*), S. 51–91. [37]

1990 a : **Das Fachwörterbuch für den Laien.** In: HAUSMANN, Franz Josef / REICHMANN, Oskar / WIEGAND, Herbert Ernst / ZGUSTA, Ladislav [Hrsg.] (1990): *Wörterbücher – Dictionaries – Dictionnaires. Ein internationales Handbuch zur Lexikographie / An International Encyclopedia of Lexicography / Encyclopédie internationale de lexicographie.* 2. Band, Artikel Nr. 160. Berlin – New York: de Gruyter. (= ‚HSK' – Handbücher zur Sprach- und Kommunikationswissenschaft / Handbooks of Linguistics and Communication Science / Manuels de linguistique et des sciences de communication. 5, 2). S. 1512–1523. [38]

1990 b : **Der Begriff der ‚Fachlichkeit' im modernen Italienischen. Lexikalische Organisation und textuelle Integration.** In: *Quaderni di Semantica* (Bologna, Italia) 11, S. 79–115. [39]

1990 c : **Gemeinsprache und Fachsprachen – Plädoyer für eine integrierende Sichtweise.** In: STICKEL, Gerhard [Hrsg.] (1990): *Deutsche Gegenwartssprache. Tendenzen und Perspektiven.*

Jahrbuch [zum 25-jährigen Bestehen] des Instituts für deutsche Sprache [Mannheim], 1989. Berlin – New York: de Gruyter. S. 88–133. [40]

1990 d: **Kultur- und Wissenschaftssprache Deutsch – Deutsch als Fremdsprache für das Fernstudium in Lateinamerika.** In: *Fremdsprachen lehren und lernen (‚FLuL'). Zur Theorie und Praxis des Sprachunterrichts an Hochschulen* 19: *„Fachsprachen und ihre Vermittlung"*, S. 97–125. [41]

1991 a: **Lust, Last und Leiden des deutschen Schulaufsatzes.** In: *Fremdsprachen und Hochschule* (Arbeitskreis der Sprachenzentren, Sprachlehrinstitute und Fremdspracheninstitute ‚aks', [Bochum]) 31, S. 100–118. [42]

1991 b: **Literatur und Körpersprache.** In: *Poetica. Zeitschrift für Sprach- und Literaturwissenschaft* 23, S. 328–373. [43]

1991 c: **Körpersprache als interkulturelle Herausforderung.** In: MATTHEIER, Klaus J. [Hrsg.] (1991): *Ein Europa – Viele Sprachen. (Kongreßbeiträge zur 21. Jahrestagung der Gesellschaft für Angewandte Linguistik, GAL, Bonn 1990)*. Frankfurt/M. – Bern – New York – Paris: Lang. (= *forum* Angewandte Linguistik. 22). S. 192–193. [44]

1992 a: **Die kulturanthropologische Dimension von ‚Fachlichkeit' im Handeln und Sprechen. Kontrastive Studien zum Deutschen, Englischen, Französischen, Italienischen und Spanischen.** In: ALBRECHT, Jörn / BAUM, Richard [Hrsg.] (1992): *Fachsprache und Terminologie in Geschichte und Gegenwart.* Tübingen: Narr. (= Forum für Fachsprachen-Forschung. 14). S. 31–58. [45]

1992 b: **Französische Grammatiken und Tesnières *Éléments*: Vergleichssätze auf dem Prüfstand.** In: ANSCHÜTZ, Susanne R. [Hrsg.] (1992): *Texte, Sätze, Wörter und Moneme. Festschrift für Klaus Heger zum 65. Geburtstag.* Heidelberg: Heidelberger Orientverlag. S. 343–367 (+ 1 Faltblatt zum Aufsatz im hinteren Buchdeckel). [46]

1992 c: **Hierarchisches Vergleichen als Methode in der Fachsprachenforschung.** In: BAUMANN, Klaus-Dieter / KALVERKÄMPER, Hartwig [Hrsg.] (1992): *Kontrastive Fachsprachenforschung.* Tübingen: Narr. (= Forum für Fachsprachen-Forschung. 20). S. 61–77. [47]

1992 d : Klaus-Dieter BAUMANN / Hartwig KALVERKÄMPER: **Kontrastive Fachsprachenforschung – ein Begriff, ein Symposium und eine Zukunft. Zur Einführung.** In: BAUMANN, Klaus-Dieter / KALVERKÄMPER, Hartwig [Hrsg.] (1992): *Kontrastive Fachsprachenforschung.* Tübingen: Narr. (= Forum für Fachsprachen-Forschung. 20). S. 9–25. [48]

1992 e : Lothar HOFFMANN / Hartwig KALVERKÄMPER / Herbert Ernst WIEGAND: **Ein neuer Doppelband in der HSK-Reihe entsteht: F*achsprachen / Languages for Special Purposes. – Ein internationales Handbuch zur Fachsprachenforschung und Terminologiewissenschaft / An International Handbook of Special-Languages and Terminology Research*.** In: *Fachsprache / International Journal of LSP* 14, S. 48–57. [49]

1992 f : Lothar HOFFMANN / Hartwig KALVERKÄMPER / Herbert Ernst WIEGAND: **Konzeption des Handbuches *Fachsprachen / Languages for Special Purposes. – Ein internationales Handbuch zur Fachsprachenforschung und Terminologiewissenschaft / An International Handbook of Special-Languages and Terminology Research.*** Hrsg. von Lothar HOFFMANN / Hartwig KALVERKÄMPER / Herbert Ernst WIEGAND (in Verbindung mit Christian GALINSKI / Werner HÜLLEN). Berlin – New York: de Gruyter 1997 (Bd. 1)–1998 (Bd. 2). (= ‚HSK' – Handbücher zur Sprach- und Kommunikationswissenschaft / Handbooks of Linguistics and Communication Science / Manuels de linguistique et des sciences de communication. 14, 1/2). [Separatum, 13 S.]. [50]

1992 g : **Entwurf einer Fachsprachen-Semiotik – Erster Aspekt: Das fachliche Bild.** In: RAASCH, Albert / CUNY, Marie-Laure / BÜHLER, Peter / MAGAR, Christof [Hrsg.] (1992): *Angewandte Linguistik 1992. Kurzfassungen der Kongreßbeiträge. (23. Jahrestagung der Gesellschaft für Angewandte Linguistik, GAL, Saarbrücken 1992). Schwerpunktthema: „Nachbarsprachen in Europa".* Saarbrücken: Universität des Saarlandes, Romanistisches Institut. (= Saarbrücker Schriften zur Angewandten Linguistik und Sprachlehrforschung. 11). S. 96. [51]
[„Fachsprachen-Semiotik – **Zweiter** Aspekt: Die fachliche Körpersprache" s.u. 1995 e [65]].

1992 h : **Fachsprache und Wissenschaftssprache: Ihre Stilistik und Übersetzungsprobleme.** In: JAKOBSEN, Arnt Lykke [Red.] (1992): *Oversættelse af fagsproglige tekster. (Indlæg fra Sandbjergkonferencen, den 21.–22. november 1991.)* [Eigenverfasste Zusammenfassung meines Plenumsvortrags der Konferenz (in

Sandbjerg, Dänemark, November 1991) sowie der Gesichtspunkte aus der Debatte zu den *Aspekten der wissenschaftlichen Übersetzung*, red. Else IVERSEN]. [52]

1992 i : **Zur Lehrbarkeit von Kulturemen: Körpersprache.** In: SPILLNER, Bernd [Hrsg.] (1992): *Wirtschaft und Sprache. (Kongreßbeiträge zur 22. Jahrestagung der Gesellschaft für Angewandte Linguistik, GAL, Mainz 1991)*: Frankfurt/M. – Berlin – Bern – New York – Paris – Wien: Lang. (= *forum* Angewandte Linguistik. 23). S. 187–188. [Eigenverfasstes Inhaltsreferat meines Vortrags – im Rahmen eines Kurzberichts von Karlfried KNAPP / Hans-Ulrich BOAS über die Themen der *Sektion Kontrastive Linguistik und interkulturelle Kommunikation*, S. 187–191]. [53]

1993 a : **Das fachliche Bild. Zeichenprozesse in der Darstellung wissenschaftlicher Ergebnisse.** In: SCHRÖDER, Hartmut [Hrsg.] (1993): *Fachtextpragmatik*. Tübingen: Narr. (= Forum für Fachsprachen-Forschung. 19). S. 215–238. [54]

1993 b : **Die Symbiose von Text und Bild in den Wissenschaften.** In: TITZMANN, Michael [Hrsg.] (1993): *Zeichen (theorie) und Praxis. (6. Internationaler Kongreß der Deutschen Gesellschaft für Semiotik, 8.–11. Oktober 1990 [in Passau])*. Passau: Wissenschaftsverlag Rothe. S. 199–226. [55]

1993 c : **Diachronie in der Fachsprachenforschung – Überlegungen zu Inhalt, Methoden und Zielen.** In: *Finlance. A Finnish Journal of Applied Linguistics* (University of Jyväskylä, Finland) 12: *„Diachrone Fachsprachenforschung / Diachronic LSP-Research“* (Sabine YLÖNEN [Ed.]). S. 18–47. [56]

1994 a : **Diachrone Fachsprachenforschung – Plädoyer für eine Öffnung in neue Perspektiven.** In: SPILLNER, Bernd [Hrsg.] (1994): *Fachkommunikation. (Kongreßbeiträge zur 24. Jahrestagung der Gesellschaft für Angewandte Linguistik, GAL, Leipzig 1993)*. Frankfurt/M. – Berlin – Bern – New York – Paris – Wien: Lang. (= *forum* Angewandte Linguistik. 27). S. 15–31. [57]

1994 b : **Eigennamen in Texten.** In: CANISIUS, Peter / HERBERMANN, Clemens-Peter / TSCHAUDER, Gerhard [Hrsg.] (1994): *Text und Grammatik. Festschrift für Roland Harweg zum 60. Geburtstag*. Bochum: Brockmeyer. (= Bochumer Beiträge zur Semiotik. 43). S. 205–238. [58]

1994 c : Die Rhetorik des Körpers: Nonverbale Kommunikation in Schlaglichtern. In: *Rhetorik. Ein internationales Jahrbuch* 13: *„Körper und Sprache"*, S. 131–169. [59]

1994 d : [**Semiotik und Fachsprachenforschung.**] In: *Zeitschrift für Semiotik* 16, Heft 1–2: *„Zeit der Hypermedien"*, S. 160–163. [60]

1995 a : **Textgrammatik und Textsemantik der Eigennamen.** In: EICHLER, Ernst / HILTY, Gerold / LÖFFLER, Heinrich / STEGER, Hugo / ZGUSTA, Ladislav [Hrsg.] (1995): *Namenforschung – Name Studies – Les noms propres. Ein internationales Handbuch zur Onomastik – An International Handbook of Onomastics – Manuel international d'onomastique.* 1. Band, Artikel Nr. 65. Berlin – New York: de Gruyter. (= ‚HSK' – Handbücher zur Sprach- und Kommunikationswissenschaft / Handbooks of Linguistics and Communication Science / Manuels de linguistique et des sciences de communication. 11, 1). S. 440–447. [61]

1995 b : **Kultureme erkennen, lehren und lernen – Eine kontrastive und interdisziplinäre Herausforderung an die Forschung und Vermittlungspraxis.** In: *Fremdsprachen lehren und lernen (‚FLuL'). Zur Theorie und Praxis des Sprachunterrichts an Hochschulen* 24: *„Kontrastivität und kontrastives Lernen"*, S. 138–181. [62]

1995 c : [**Sprache: Verstehen und Verständlichkeit.**] In: *Anglistik* 6, Heft 1, S. 149–153. [63]

1995 d : **Kontaktonomastik – Namen als Brücken in der Begegnung von Menschen und Kulturen.** In: EICHLER, Ernst / KRÜGER, Dietlind [Hrsg.] (1995): *Studia Onomastica IX. Karlheinz Hengst und Walter Wenzel gewidmet.* Leipzig: Universitätsverlag. (= Namenkundliche Informationen. Beiheft 18). S. 142–163. [64]
Als Vortragsform in: KREMER, Dieter [Hrsg.] (2000): *Onomastik. Akten des 18. Internationalen Kongresses für Namenforschung (ICOS), Trier, 12.–17. April 1993.* Band II: *Namensysteme im interkulturellen Vergleich.* In Zusammenarbeit mit Rudolf ŠRÁMEK hrsg. von Dieter KREMER. Tübingen: Niemeyer. (= Patronymica Romanica. 15). S. 6–20.

1995 e : Klaus-Dieter BAUMANN / Hartwig KALVERKÄMPER: [**Fachsprachliche Kommunikation.**] [Bericht als Sektionsleiter über die Inhalte der Sektion 6 *Fachsprachliche Kommunikation* auf der 25. Jahrestagung der Gesellschaft für Angewandte Linguistik, GAL, Trier 1993]. Darin: **Entwurf einer Fachsprachen-**

Semiotik – Zweiter Aspekt: Die fachliche Körpersprache. In: SPILLNER, Bernd [Hrsg.] (1995): *Sprache: Verstehen und Verständlichkeit. (Kongreßbeiträge zur 25. Jahrestagung der Gesellschaft für Angewandte Linguistik, GAL, Trier 1994).* Frankfurt/M. – Berlin – Bern – New York – Paris – Wien: Lang. (= *forum* Angewandte Linguistik. 28). S. 269–274. [65] [„Fachsprachen-Semiotik – **Erster** Aspekt: Das fachliche Bild" s.o. 1992 g [51]]

1995 f : **Fachinformationen für Laien mit lexikographischen Formen in Texten.** In: *Lexicographica. International Annual for Lexicography / Revue Internationale de Lexicographie / Internationales Jahrbuch für Lexikographie* 11: *„Fachlexikographie / Lexicographie spécialisée / Lexicography for Special Purposes"* [hrsg. von Herbert Ernst WIEGAND], S. 74–120. [66]

1995 g : **Vom Text über die Sprache zum Theater.** [Il Laboratorio ‚Teatro tra le Righe' (‚Theater zwischen den Zeilen', internationales Kulturprojekt seit 1994), Theater 1995: **Alberto Savinio** (1891–1952 <alias Andrea De Chirico, italienischer Schriftsteller und Komponist, Bruder des sogen. *pictor optimus* Giorgio De Chirico>), **„Capitano Ulisse"**, Modernes Drama in drei Akten]. In: *Il Laboratorio ‚Teatro tra le Righe': Alberto SAVINIO, „Capitano Ulisse"*. [= Theater-Begleitheft]. Berlin: Selbstverlag Teresa Zonno, S. 3–6. [67]

1996 a : **„Deutsch als": Herausforderungen im Disziplinen-Spektrum – Verpflichtungen für die Sprach-, Sach- und Kulturvermittlung.** [Anlässlich des erfolgreichen Abschlusses des neuen, unter Leitung von H.K. entwickelten DaF-Lehrwerks *Fernstudienkurs Deutsch. Ein Weg zu wissenschaftlichen, wirtschaftlichen und kulturellen Kontakten*, Hagen 1989–1994]. In: WOLFF, Armin / KÖPPEL, Anette / STEIN-MEINTKER, Anneliese [Hrsg.] (1996): *Materialien Deutsch als Fremdsprache* 42: *„Autonomes Lernen – Lernpsychologie im Fremdsprachenunterricht – Deutsch als Fremdsprache im internationalen Kontakt – Qualitätskriterien für Sprachkurse DaF im außeruniversitären Bereich"*. Regensburg: Fachverband Deutsch als Fremdsprache ‚FaDaF'. (= Materialien Deutsch als Fremdsprache. 42). S. 35–61. [68]

1996 b : **Namen im Sprachaustausch: Namenübersetzung.** In: EICHLER, Ernst / HILTY, Gerold / LÖFFLER, Heinrich / STEGER, Hugo / ZGUSTA, Ladislav [Hrsg.] (1996): *Namenforschung – Name Studies – Les noms propres. Ein internationales Handbuch zur Onomastik – An International Handbook of Onoma-*

stics – Manuel international d'onomastique. 2. Band, Artikel Nr. 158. Berlin – New York: de Gruyter. (= ‚HSK' – Handbücher zur Sprach- und Kommunikationswissenschaft / Handbooks of Linguistics and Communication Science / Manuels de linguistique et des sciences de communication. 11, 2). S. 1018–1025. [69]

1996 c : **Die Kultur des literarischen wissenschaftlichen Dialogs – aufgezeigt an einem literarischen Beispiel aus der italienischen Renaissance (Galilei) und der französischen Aufklärung (Fontenelle).** [(Erweiterte) Antrittsvorlesung an der Humboldt-Universität zu Berlin vom 5. Juli 1994]. In: KALVERKÄMPER, Hartwig / BAUMANN, Klaus-Dieter [Hrsg.] (1996): *Fachliche Textsorten. Komponenten – Relationen – Strategien.* Tübingen: Narr. (= Forum für Fachsprachen-Forschung. 25). S. 683–745. [70]

1996 d : Klaus-Dieter BAUMANN / Hartwig KALVERKÄMPER: **Curriculum vitae – cursus scientiae – progressus linguisticae. Fachtextsorten als Thema: Zur Einführung. Zugleich eine Würdigung des wissenschaftlichen Werks von Lothar Hoffmann (Leipzig) anläßlich seines 65. Geburtstags am 23. Oktober 1993.** In: KALVERKÄMPER, Hartwig / BAUMANN, Klaus-Dieter [Hrsg.] (1996): *Fachliche Textsorten. Komponenten – Relationen – Strategien.* Tübingen: Narr. (= Forum für Fachsprachen-Forschung. 25). S. 13–34. [71]

1996 e : **Vom Weg und Ziel und ihrer Unvereinbarkeit: Fachsprachenforschung und Fachsprachentheorie.** In: *Fachsprache / International Journal of LSP* 18, S. 36–56. [72]

1996 f : **Die Fachsprachen und ihre Erforschung – Eine Bilanz für die Zukunft.** In: BUDIN, Gerhard [Ed.] (1996): *Multilingualism in Specialist Communication / Mehrsprachigkeit in der Fachkommunikation / Multilingualisme dans la Communication spécialisée. Proceedings / Tagungsband / Actes. 10th European LSP Symposium, Vienna, 29 Aug.–1 Sept., 1995.* Vols. 1, 2. Vienna: International Network for Terminology (TermNet) / (IITF, Infoterm). S. 1–25. [73]

1996 g : **Im Zentrum der Interessen: Fachkommunikation als Leitgröße.** In: *Hermes. Journal of Linguistics / Revue de Linguistique / Tidsskrift for Sprogforskning / Zeitschrift für Linguistik* (Erhvervssproglige Fakultet Handelshøjskolen i Århus, Danmark [Wirtschaftsuniversität Aarhus]) 16, S. 117–176. [74]

Online: *http://download2.hermes.asb.dk/archive/download/H16_07.pdf*

1996 h : **Die Mittler und ihre Mittel / Mediators and Their Means / Les médiateurs et leurs moyens.** In: Internationale Vereinigung *Sprache und Wirtschaft* / International Association for *Language and Business* / Association Internationale Langues et Économie (1996): *Sprache und Wirtschaft in der europäischen Informationsgesellschaft / Language and Business in the European Information Society / Langues et économie dans la société européenne d'information.* 21. Jahrestagung, Berlin, 13.–14. Oktober 1995. Berlin: Humboldt-Universität zu Berlin, Philosophische Fakultät II. S. 93. [Eigenverfasstes Inhaltsreferat meines Podiumsbeitrags im Rahmen der Zusammenfassung des Podiums II auf der 21. Jahrestagung der Internationalen Vereinigung Sprache und Wirtschaft, Berlin, 13.–14. Oktober 1995, von Monika DOHERTY. S. 91–93]. [75]

1997 a : **Körpersprache in älteren Kulturstufen der Romania.** In: HUBERTY, Maren / PERLICK, Claudia [Hrsg.] (1997): *Studia Historica Romanica. In honorem Johannes Klare.* Bonn: Romanistischer Verlag. (= Abhandlungen zur Sprache und Literatur. 90). S. 215–243. [76]

1997 b : **Onomastik als angewandte Semiotik.** In: *Namenkundliche Informationen* 71 / 72 (Leipzig), S. 41–46. [77]

1998 a : **Fach und Fachwissen.** In: HOFFMANN, Lothar / KALVERKÄMPER, Hartwig / WIEGAND, Herbert Ernst [Hrsg., in Verbindung mit GALINSKI, Christian / HÜLLEN, Werner] (1998): *Fachsprachen / Languages for Special Purposes. – Ein internationales Handbuch zur Fachsprachenforschung und Terminologiewissenschaft / An International Handbook of Special-Language and Terminology Research.* 1. Band, Artikel Nr. 1. Berlin – New York: de Gruyter. (= ‚HSK' – Handbücher zur Sprach- und Kommunikationswissenschaft / Handbooks of Linguistics and Communication Science / Manuels de linguistique et des sciences de communication. 14, 1). S. 1–24. [78]

1998 b : **Rahmenbedingungen für die Fachkommunikation.** In: HOFFMANN, Lothar / KALVERKÄMPER, Hartwig / WIEGAND, Herbert Ernst [Hrsg., in Verbindung mit GALINSKI, Christian / HÜLLEN, Werner] (1998): *Fachsprachen / Languages for Special Purposes. – Ein internationales Handbuch zur Fachsprachenforschung und Terminologiewissenschaft / An International Handbook of Special-Language and Terminology Research.* 1. Band,

Artikel Nr. 2. Berlin – New York: de Gruyter. (= ‚HSK' – Handbücher zur Sprach- und Kommunikationswissenschaft / Handbooks of Linguistics and Communication Science / Manuels de linguistique et des sciences de communication. 14, 1). S. 24–47. [79]

1998 c : **Fachsprache und Fachsprachenforschung.** In: HOFFMANN, Lothar / KALVERKÄMPER, Hartwig / WIEGAND, Herbert Ernst [Hrsg., in Verbindung mit GALINSKI, Christian / HÜLLEN, Werner] (1998): *Fachsprachen / Languages for Special Purposes. – Ein internationales Handbuch zur Fachsprachenforschung und Terminologiewissenschaft / An International Handbook of Special-Language and Terminology Research.* 1. Band, Artikel Nr. 3. Berlin – New York: de Gruyter. (= ‚HSK' – Handbücher zur Sprach- und Kommunikationswissenschaft / Handbooks of Linguistics and Communication Science / Manuels de linguistique et des sciences de communication. 14, 1). S. 48–59. [80]

1998 d : **Darstellungsformen und Leistungen schriftlicher Fachkommunikation: diachrone und synchrone Aspekte.** In: HOFFMANN, Lothar / KALVERKÄMPER, Hartwig / WIEGAND, Herbert Ernst [Hrsg., in Verbindung mit GALINSKI, Christian / HÜLLEN, Werner] (1998): *Fachsprachen / Languages for Special Purposes. – Ein internationales Handbuch zur Fachsprachenforschung und Terminologiewissenschaft / An International Handbook of Special-Language and Terminology Research.* 1. Band, Artikel Nr. 4. Berlin – New York: de Gruyter. (= ‚HSK' – Handbücher zur Sprach- und Kommunikationswissenschaft / Handbooks of Linguistics and Communication Science / Manuels de linguistique et des sciences de communication. 14, 1). S. 60–92. [81]

1998 e : **Fachliches Handeln, Fachkommunikation und fachsprachliche Reflexionen in der Renaissance.** In: HOFFMANN, Lothar / KALVERKÄMPER, Hartwig / WIEGAND, Herbert Ernst [Hrsg., in Verbindung mit GALINSKI, Christian / HÜLLEN, Werner] (1998): *Fachsprachen / Languages for Special Purposes. – Ein internationales Handbuch zur Fachsprachenforschung und Terminologiewissenschaft / An International Handbook of Special-Language and Terminology Research.* 1. Band, Artikel Nr. 27. Berlin – New York: de Gruyter. (= ‚HSK' – Handbücher zur Sprach- und Kommunikationswissenschaft / Handbooks of Linguistics and Communication Science / Manuels de linguistique et des sciences de communication. 14, 1). S. 301–322. [82]

1998 f: **Fachsprachliche Phänomene in der Schönen Literatur.** In: HOFFMANN, Lothar / KALVERKÄMPER, Hartwig / WIEGAND, Herbert Ernst [Hrsg., in Verbindung mit GALINSKI, Christian / HÜLLEN, Werner] (1998): *Fachsprachen / Languages for Special Purposes. – Ein internationales Handbuch zur Fachsprachenforschung und Terminologiewissenschaft / An International Handbook of Special-Language and Terminology Research.* 1. Band, Artikel Nr. 75. Berlin – New York: de Gruyter. (= ‚HSK' – Handbücher zur Sprach- und Kommunikationswissenschaft / Handbooks of Linguistics and Communication Science / Manuels de linguistique et des sciences de communication. 14, 1). S. 717–728. [83]

1998 g: Lothar HOFFMANN / Hartwig KALVERKÄMPER:
Forschungsdesiderate und aktuelle Entwicklungstendenzen in der Fachsprachenforschung. In: HOFFMANN, Lothar / KALVERKÄMPER, Hartwig / WIEGAND, Herbert Ernst [Hrsg., in Verbindung mit GALINSKI, Christian / HÜLLEN, Werner] (1998): *Fachsprachen / Languages for Special Purposes. – Ein internationales Handbuch zur Fachsprachenforschung und Terminologiewissenschaft / An International Handbook of Special-Language and Terminology Research.* 1. Band, Artikel Nr. 33. Berlin – New York: de Gruyter. (= ‚HSK' – Handbücher zur Sprach- und Kommunikationswissenschaft / Handbooks of Linguistics and Communication Science / Manuels de linguistique et des sciences de communication. 14, 1). S. 355–372. [84]

1998 h: Lothar HOFFMANN / Hartwig KALVERKÄMPER / Herbert Ernst WIEGAND:
Vorwort [zum Handbuch] / **Preface** [englische Übersetzung des Vorworts]. In: HOFFMANN, Lothar / KALVERKÄMPER, Hartwig / WIEGAND, Herbert Ernst [Hrsg., in Verbindung mit GALINSKI, Christian / HÜLLEN, Werner] (1998): *Fachsprachen / Languages for Special Purposes. – Ein internationales Handbuch zur Fachsprachenforschung und Terminologiewissenschaft / An International Handbook of Special-Language and Terminology Research.* 1. Band. Berlin – New York: de Gruyter. (= ‚HSK' – Handbücher zur Sprach- und Kommunikationswissenschaft / Handbooks of Linguistics and Communication Science / Manuels de linguistique et des sciences de communication. 14, 1). S. XXVII–XXXV / XXXVI–XLIII. [85]

1998 i: **Interkulturalität.** In: LUNDQUIST, Lita / PICHT, Heribert / QVISTGAARD, Jacques [Eds.] (1998): *LSP. Identity and Interface. Research, Knowledge and Society. Proceedings of the 11th*

European Symposium on Language for Special Purposes, Copenhagen, 18–22 Aug. 1997. Copenhagen: Copenhagen Business School. S. 69–99. [86]

1998 j : *<Honoris causa>* – **auch** ***Causa cogitandi*** **zur akademischen Zeremonialkultur und zur Reputation der Angewandten Geisteswissenschaften.** [Bericht zur Verleihung der Ehrendoktorwürde – Dr. h.c. – der Universität Vaasa (Finnland) an H.K. und daraus abgeleitete kritisch vergleichende Betrachtungen zu den universitätspolitischen Entwicklungen der Zeremonialkultur in Deutschland]. In: *Humboldt-Spektrum* [Humboldt-Universität zu Berlin] 5 (1998) Heft 3, S. 50–55. [87]

1998 k : **Bildsemiotik fachlicher Informationsanliegen – zugleich eine diachrone Argumentation für das narrative wissenschaftliche Bild.** In: Danneberg, Lutz / Niederhauser, Jürg [Hrsg.] (1998): *Darstellungsformen der Wissenschaften im Kontrast. Aspekte der Methodik, Theorie und Empirie.* Tübingen: Narr. (= Forum für Fachsprachen-Forschung. 39). S. 349–410. [88]

1998 l : **Körpersprache.** In: Ueding, Gert [Hrsg.] (1998): *Historisches Wörterbuch der Rhetorik.* IV. Tübingen: Niemeyer. Sp. 1339–1371. [89]

1998 m : Klaus-Dieter Baumann / Hartwig Kalverkämper: **Prof. Dr. Lothar Hoffmann zum 70. Geburtstag.** In: *Fachsprache* [Wien: Braumüller] 20, S. 159–160. [90]

1999 a : **Translationswissenschaft als integrative Disziplin.** In: Gerzymisch-Arbogast, Heidrun / Gile, Daniel / House, Juliane / Rothkegel, Annely [Hrsg., in Zusammenarbeit mit Buhl, Silke] (1999): *Wege der Übersetzungs- und Dolmetschforschung.* Tübingen: Narr. (= Jahrbuch *Übersetzen und Dolmetschen* der Deutschen Gesellschaft für Übersetzungs- und Dolmetschwissenschaft. 1). S. 55–76. [91]

1999 b : **Die Fachsprachen in der** ***Encyclopédie*** **[1751–1772 bzw. 1780] von Diderot und D'Alembert.** In: Hoffmann, Lothar / Kalverkämper, Hartwig / Wiegand, Herbert Ernst [Hrsg., in Verbindung mit Galinski, Christian / Hüllen, Werner] (1999): *Fachsprachen / Languages for Special Purposes. – Ein internationales Handbuch zur Fachsprachenforschung und Terminologiewissenschaft / An International Handbook of Special-Language and Terminology Research.* 2. Band, Artikel Nr. 183. Berlin – New York: de Gruyter. (= ‚HSK' – Handbücher zur Sprach- und Kommunikationswissenschaft / Handbooks of

Linguistics and Communication Science / Manuels de linguistique et des sciences de communication. 14, 2). S. 1619–1636. [92]

1999 c: **Kulturgeschichte der französischen Fachsprachen im 16. und 17. Jahrhundert.** In: Hoffmann, Lothar / Kalverkämper, Hartwig / Wiegand, Herbert Ernst [Hrsg., in Verbindung mit Galinski, Christian / Hüllen, Werner] (1999): *Fachsprachen / Languages for Special Purposes. – Ein internationales Handbuch zur Fachsprachenforschung und Terminologiewissenschaft / An International Handbook of Special-Language and Terminology Research.* 2. Band, Artikel Nr. 266. Berlin – New York: de Gruyter. (= ‚HSK' – Handbücher zur Sprach- und Kommunikationswissenschaft / Handbooks of Linguistics and Communication Science / Manuels de linguistique et des sciences de communication. 14, 2). S. 2538–2541. [93]

1999 d: **Die Wiederentdeckung des kommunikativen Körpers – Rhetorik, Theatralik und Interkulturelle Wirtschaftskommunikation.** In: *Hermes. Journal of Linguistics / Revue de Linguistique / Tidsskrift for Sprogforskning / Zeitschrift für Linguistik* (Erhvervssproglige Fakultet Handelshøjskolen i Århus, Danmark [Wirtschaftsuniversität Aarhus]) 23: *„Analyzing Business Genres"*, S. 115–152. [94]

2000 a: **Sprachen im Beruf – Kommunikation im Fach: Herausforderungen an die arbeitsteilige Gesellschaft. Zur Einführung in den Band.** In: Baumann, Klaus-Dieter / Kalverkämper, Hartwig / Steinberg-Rahal, Kerstin [Hrsg.] (2000): *Sprachen im Beruf. Stand – Probleme – Perspektiven.* Tübingen: Narr. (= Forum für Fachsprachen-Forschung. 38). S. 15–28. [95]

2000 b: **Fachliche Körpersprache.** In: Baumann, Klaus-Dieter / Kalverkämper, Hartwig / Steinberg-Rahal, Kerstin [Hrsg.] (2000): *Sprachen im Beruf. Stand – Probleme – Perspektiven.* Tübingen: Narr. (= Forum für Fachsprachen-Forschung. 38). S. 45–81. [96]

2000 c: **Das Vorurteil in interkulturellen Zeichenprozessen.** In: Dietrich, Ute / Winkler, Martina [Hrsg.] (2000): *Okzidentbilder: Konstruktionen und Wahrnehmungen.* Leipzig: Leipziger Universitätsverlag. (= Ambivalenzen der Okzidentalisierung. 3). S. 63–82. [97]

2000 d: **Vorläufer der Textlinguistik: Die Rhetorik.** In: Brinker, Klaus / Antos, Gerd / Heinemann, Wolfgang / Sager, Sven F.

[Hrsg.] (2000): *Text- und Gesprächslinguistik / Linguistics of Text and Conversation. – Ein internationales Handbuch zeitgenössischer Forschung / An International Handbook of Contemporary Research.* 1. Band, Artikel Nr. 1. Berlin – New York: de Gruyter. (= ‚HSK' – Handbücher zur Sprach- und Kommunikationswissenschaft / Handbooks of Linguistics and Communication Science / Manuels de linguistique et des sciences de communication. 16, 1). S. 1–17. [98]

2000 e : **Der transformierte Dialog: Das Vorurteil in der interkulturellen Begegnung.** In: ANGHELESCU, Mircea / SCHIPPEL, Larisa [Hrsg.] (2000): *Im Dialog: Rumänische Kultur und Literatur.* Leipzig: Leipziger Universitätsverlag. S. 37–47. [99]

2001 a : **Fachsprachen / *Langues de spécialité*.** In: HOLTUS, Günter / METZELTIN, Michael / SCHMITT, Christian [Hrsg.] (2001): *Lexikon der Romanistischen Linguistik ‚LRL'.* Band I, 2: *Methodologie (Sprache in der Gesellschaft, Sprache und Klassifikation, Datensammlung und -verarbeitung).* Artikel Nr. 54. Tübingen: Niemeyer. S. 349–408. [100]

2001 b : Klaus-Dieter BAUMANN / Hartwig KALVERKÄMPER: **Bericht zu den Vorträgen und Diskussionen in der Arbeitsgruppe 6: GRAMMATIK IN FACHSPRACHEN** [Leitung Klaus-Dieter Baumann / Hartwig Kalverkämper] **der 9. Göttinger Fachtagung *Fremdsprachenausbildung an der Hochschule* (7.–9. März 2001).** In: *Fremdsprachen und Hochschule (FuH)* (hrsg. v. Arbeitskreis der Sprachenzentren, Sprachlehrinstitute und Fremdspracheninstitute [aks], Göttingen) 62 / 2001, 51–54. [101]

2002 a : **Nonverbale Kommunikation.** [Kulturraum Frankreich]. In: KOLBOOM, Ingo / KOTSCHI, Thomas / REICHEL, Edward [Hrsg.] (2002): *Handbuch Französisch. Sprache – Literatur – Kultur – Gesellschaft. Für Studium, Lehre, Praxis.* Art. Nr. 51. Berlin: Schmidt. S. 384–392. [102]
[Artikel aktualisiert und erweitert für die 2., neu bearb. u. erw. Aufl. 2008: s. [119]].

2002 b : **Mimik.** In: UEDING, Gert [Hrsg.] (2002): *Historisches Wörterbuch der Rhetorik.* V. Tübingen: Niemeyer. Sp. 1327–1360. [103]

2003 a : **Nonverbale Kommunikation.** In: UEDING, Gert [Hrsg.] (2003): *Historisches Wörterbuch der Rhetorik.* VI. Tübingen: Niemeyer. Sp. 307–337. [104]

2003 b : **Physiognomik.** In: UEDING, Gert [Hrsg.] (2003): *Historisches Wörterbuch der Rhetorik*. VI. Tübingen: Niemeyer. Sp. 1083–1190. [105]

2003 c : **Textgrammatik der Körpersprache – eine Perspektive.** In: WILLKOP, Eva-Maria / THURMAIR, Maria [Hrsg.] (2003): *Am Anfang war der Text – 10 Jahre <Textgrammatik der deutschen Sprache>* [(1993) von Harald Weinrich]. München: iudicium. S. 259–284. [106]

2003 d : **Göttliche Menschen in heiligem Raum – die neapolitanische Krippenkultur.** In: UBBIDIENTE, Roberto / VANJA, Konrad / DE LUCIA, Vincenzo [Hrsg.] (2003): *Paradies der Kontraste: Die neapolitanische Krippe / Paradiso dei contrasti: Il presepe napoletano*. Münster – New York – München – Berlin: Waxmann. S. 38–63. [= Begleitband/Katalog zur gleichnamigen Ausstellung im Museum Europäischer Kulturen – Staatliche Museen zu Berlin (27. Nov. 2003–1. Febr. 2004), Berlin]. [107]

2004 a : **Translation – Anforderungen an eine Inter-Kunst.** In: REGA, Lorenza / MAGRIS, Marella [Hrsg.] (2004): *Übersetzen in der Fachkommunikation / Comunicazione specialistica e traduzione*. Tübingen: Narr. (= Forum für Fachsprachen-Forschung. 64). S. 21–73. [108]

2004 b : **Die Fachkommunikationsforschung auf dem Weg der Pluralität. Zur Einführung in den Band. Mit einer Aktualisierung des Schriftenverzeichnisses von Lothar Hoffmann anläßlich seines 75. Geburtstags am 23. Oktober 2003.** In: BAUMANN, Klaus-Dieter / KALVERKÄMPER, Hartwig [Hrsg.] (2004): *Pluralität in der Fachsprachenforschung*. Tübingen: Narr. (= Forum für Fachsprachen-Forschung. 67). S. 11–51. [109]

2004 c : ***Arte – Cuento – Seducción*. Fachliches Werben und werbende Fachlichkeit. Gezeigt an spanischen Anzeigentexten.** In: BAUMANN, Klaus-Dieter / KALVERKÄMPER, Hartwig [Hrsg.] (2004): *Pluralität in der Fachsprachenforschung*. Tübingen: Narr. (= Forum für Fachsprachen-Forschung. 67). S. 129–190. [110]

2005 : **Fachkommunikation zwischen Tradition und Innovation: Ein kulturhistorisches Phänomen der alten und modernen Gesellschaften.** In: FÖGEN, Thorsten [Hrsg. / Ed.] (2005): *Antike Fachtexte / Ancient Technical Texts*. Berlin – New York: de Gruyter. S. 319–361. [111]

2006 : **Grammatik und / für / in Situationen. Standpunkte für <Deutsch als Fremdsprache>.** In: Lăzărescu, Ioan / Wiesinger, Peter [Hrsg.] (2006): *Vom Wert des Wortes. Festschrift für Doina Sandu zum 65. Geburtstag.* București: Meteor Press / Wien: Praesens Verlag. S. 107–147. [112]

2007 a : **Onomastik und Fachkommunikationsforschung.** In: *Beiträge zur Namenforschung.* N.F. 42, S. 227–247. [113]

2007 b : **Semiotik.** In: Ueding, Gert [Hrsg.] (2007): *Historisches Wörterbuch der Rhetorik.* VIII. Tübingen: Niemeyer. Sp. 731–826. [114]

2008 a : **Simultandolmetschen als historische Leistung – Vorwort zum Themenband.** In: Kalverkämper, Hartwig / Schippel, Larisa [Hrsg.] (2008; 2., durchges. Aufl. 2014): *Simultandolmetschen in Erstbewährung: Der Nürnberger Prozeß 1945. Mit einer orientierenden Einführung von* Karl Kastner *und einer kommentierten fotografischen Dokumentation von* Theodoros Radisoglou *sowie mit einer dolmetschwissenschaftlichen Analyse von* Katrin Rumprecht. Berlin: Frank & Timme. Verlag für wissenschaftliche Literatur. (= TransÜD. Arbeiten zur Theorie und Praxis des Übersetzens und Dolmetschens. 16). S. 7–16. [115]

2008 b : **Der kommunikative Körper in Dolmetschprozessen.** In: Schippel, Larisa [Hrsg.] (2008): *Translationskultur – Ein innovatives und produktives Konzept.* Berlin: Frank & Timme. Verlag für wissenschaftliche Literatur. (= TransÜD. Arbeiten zur Theorie und Praxis des Übersetzens und Dolmetschens. 17). S. 71–165. [116]

2008 c : ***Laudatio* [auf Ingrid Wiese (Leipzig)].** [Festvortrag anlässlich des Kolloquiums *Fachtextsorten – gestern und heute* als Emeritierungsfeier in Leipzig, 26. 1. 2007, für Prof. Dr. Ingrid Wiese, Germanistik Universität Leipzig.] In: Barz, Irmhild / Fix, Ulla [Hrsg.] (2008): *Fachtextsorten – gestern und heute. Ingrid Wiese zum 65. Geburtstag.* Frankfurt/M. – Berlin – Bern – Bruxelles – New York – Oxford – Wien: Lang. (= Leipziger Arbeiten zur Sprach- und Kommunikationsgeschichte. 15). S. 15–25. [117]

2008 d : **Das syntaktisierte Wortfeld – ein Indiz für Fachlichkeit im Text.** In: Krings, Hans P. / Mayer, Felix [Hrsg.] (2008): *Sprachenvielfalt im Kontext von Fachkommunikation, Übersetzung und Fremdsprachenunterricht. Für Reiner Arntz zum 65. Ge-*

burtstag. Berlin: Frank & Timme. (= Forum für Fachsprachen-Forschung. 83). S. 197–207. [118]

2008 e : **Nonverbale Kommunikation.** [Kulturraum Frankreich]. In: KOLBOOM, Ingo / KOTSCHI, Thomas / REICHEL, Edward [Hrsg.] (²2008): *Handbuch Französisch. Sprache – Literatur – Kultur – Gesellschaft. Für Studium, Lehre, Praxis.* Art. Nr. 51. 2., neu bearb. u. erw. Aufl. Berlin: Schmidt. S. 374–383. [119] [Aktualisierend überarbeiteter u. erweiterter Artikel aus der 1. Aufl. 2003: s. [102]].

2008 f : **«Kampf der Kulturen» als Konkurrenz der Sprachkulturen – Anglophonie im globalen Spannungsfeld von Protest, Prestige und Gleichgültigkeit.** In: *trans-kom. Zeitschrift für Translationswissenschaft und Fachkommunikation* 1, 2008, Heft 2, S. 123–163. [Wissenschaftliche Internet-Zeitschrift für Translation und Fachkommunikation; URL: *www.trans-kom.eu*] [120]

2009 a : **Die Translation als interkulturelle Praxis in wissenschaftlicher Reflexion: *Leistungen – VorUrteile – Argumente – Klarstellungen* anläßlich 120 Jahre Berliner universitärer Erfolgsgeschichte zum Dolmetschen und Übersetzen und deren mutwilliger Beendigung an der Humboldt-Universität im Jubiläumsjahr. Zugleich als EINFÜHRUNG in den Symposiumsband.** In: KALVERKÄMPER, Hartwig / SCHIPPEL, Larisa [Hrsg.] (2009): *Translation zwischen Text und Welt – Translationswissenschaft als historische Disziplin zwischen Moderne und Zukunft.* Berlin: Frank & Timme. Verlag für wissenschaftliche Literatur. (= TRANSÜD. Arbeiten zur Theorie und Praxis des Übersetzens und Dolmetschens. 20). S. 13–55. [121]

2009 b : **Das wissenschaftstheoretische Paradigma der Translationswissenschaft und ihr gesellschaftlicher Kontext.** In: KALVERKÄMPER, Hartwig / SCHIPPEL, Larisa [Hrsg.] (2009): *Translation zwischen Text und Welt – Translationswissenschaft als historische Disziplin zwischen Moderne und Zukunft.* Berlin: Frank & Timme. Verlag für wissenschaftliche Literatur. (= TRANSÜD. Arbeiten zur Theorie und Praxis des Übersetzens und Dolmetschens. 20). S. 65–114. [122]

2009 c : **Epílogos – Thesen, Konsequenzen, Fakt.** [Zur Translationswissenschaft]. In: KALVERKÄMPER, Hartwig / SCHIPPEL, Larisa [Hrsg.] (2009): *Translation zwischen Text und Welt – Translationswissenschaft als historische Disziplin zwischen Moderne und Zukunft.* Berlin: Frank & Timme. Verlag für wissenschaftliche

Literatur. (= TransÜD. Arbeiten zur Theorie und Praxis des Übersetzens und Dolmetschens. 20). S. 675–686. [123]

2009 d : **Stillehre / Stilistik: Romanischer Sprachraum** [Frühe Neuzeit bis zur Moderne]. In: Ueding, Gert [Hrsg.] (2009): *Historisches Wörterbuch der Rhetorik*. IX. [Teilartikel C.I. zum Groß-Artikel ‚Stillehre / Stilistik']. Tübingen: Niemeyer. Sp. 29–52. [124]

2009 e : **[Interpretation] <Labyrinth auf Buchumschlag und Bandtitel/-thema> von *KKK – Kulturen, Kommunikation, Kontakte*** (Berlin: Frank & Timme). Band 1 (2009): Tobias Spelz: *Kommunikation in den neuen Medien – Französische und brasilianische Webchats*. Impressum-Seite. [125]

2009 f : **[Interpretation] <Labyrinth auf Buchumschlag und Bandtitel/-thema> von *KKK – Kulturen, Kommunikation, Kontakte*** (Berlin: Frank & Timme). Band 2 (2009): Michael Scholz-Hänsel: *Inquisition und Kunst. Convivencia in Zeiten der Intoleranz*. Impressum-Seite. [126]

2010 a : **Konkrete Poesie – Konkrete Posnerie.** In: Fricke, Ellen / Voss, Maarten [Hrsg./Eds.] (2010): *68 Zeichen für Roland Posner / 68 Signs for Roland Posner.* Internet-Publikation. (68 S.).
URL: *www.ellenfricke.de/68zeichen/68zeichen.html* [127]
Als Druckversion auch in: Fricke, Ellen / Voss, Maarten [Hrsg. / Eds.] (2012): *68 Zeichen für Roland Posner. Ein semiotisches Mosaik / 68 Signs for Roland Posner. A Semiotic Mosaic*. Tübingen: Stauffenburg. (= Stauffenburg Festschriften). S. 152–214.

2010 b : **‚Kultur' und ‚Kulturalität': Orientierungsbegriffe für die Translationskultur.** In: Grbić, Nadja / Hebenstreit, Gernot / Vorderober-Meier, Gisella / Wolf, Michaela [Hrsg.] (2010): *Translationskultur revisited. Festschrift für Erich Prunč [zum 65. Geburtstag]*. Tübingen: Stauffenburg. (= Stauffenburg Festschriften). S. 33–57. [128]

2011 a : **[Interpretation] <Labyrinth auf Buchumschlag und Bandtitel/-thema> von *KKK – Kulturen, Kommunikation, Kontakte*** (Berlin: Frank & Timme). Band 5 (2011): Stephan Theilig: *Historische Konzeptionen von Körperlichkeit. Interdisziplinäre Zugänge zu Transformationsprozessen in der Geschichte*. Impressum-Seite. [129]

2011 b : **[Interpretation] <Labyrinth auf Buchumschlag und Bandtitel/-thema> von *KKK – Kulturen, Kommunikation, Kontakte*** (Berlin: Frank & Timme). Band 6 (2011): Susanne Beck: *Körpersprache in italienischen Printmedien.* Impressum-Seite. [130]

2011 c : **[Interpretation] <Labyrinth auf Buchumschlag und Bandtitel/-thema> von *KKK – Kulturen, Kommunikation, Kontakte*** (Berlin: Frank & Timme). Band 7 (2011): Jennifer Sandner: *Medium und Gender. Geschlechtsspezifische Höflichkeit in französischen SMS.* Impressum-Seite. [131]

2011 d : **[Umfassende Antworten in einem fachbezogenen Dialog anlässlich des 60. Geburtstags].** Möwius, Andrea: *„Vita in scientiis – Artes in vita. Dicta et facta memorabilia*: Ein Wissenschaftsgespräch mit Hartwig Kalverkämper." In: Baumann, Klaus-Dieter [Hrsg.] (2011): *Fach – Translat – Kultur. Interdisziplinäre Aspekte der vernetzten Vielfalt.* Band 2. Berlin: Frank & Timme. (= Forum für Fachsprachen-Forschung. 99). S. 1347–1445. [132]

2012 a : **Dialekt.** In: Ueding, Gert [Hrsg.] (2012): *Historisches Wörterbuch der Rhetorik.* X: Nachträge A–Z. Berlin – Boston: de Gruyter. Sp. 228–250. [133]

2012 b : **Kommunikative Kompetenz.** In: Ueding, Gert [Hrsg.] (2012): *Historisches Wörterbuch der Rhetorik.* X: Nachträge A–Z. Berlin – Boston: de Gruyter. Sp. 458–480. [134]

2012 c : **Nonverbale Kommunikation.** [Kulturraum Spanien und Lateinamerika]. In: Born, Joachim / Folger, Robert / Laferl, Christopher F. / Pöll, Bernhard [Hrsg.] (2012): *Handbuch Spanisch. Sprache, Literatur, Kultur, Geschichte in Spanien und Hispanoamerika. Für Studium, Lehre, Praxis* Art. Nr. 53. Berlin: Schmidt. S. 397–407. [135]

2012 d : **Entgrenzte Kommunikation. Übersetzen und Dolmetschen in der globalisierten Welt.** In: Kalverkämper, Hartwig / Schippel, Larisa [Hrsg.] (2012): *„Vom Altern der Texte." Bausteine für eine Geschichte des interkulturellen Wissenstransfers.* Berlin: Frank & Timme. (= TransÜD. Arbeiten zur Theorie und Praxis des Übersetzens und Dolmetschens. 45). S. 39–84. [136]

2012 e : **[Interpretation] <Labyrinth auf Buchumschlag und Bandtitel/-thema> von *KKK – Kulturen, Kommunikation, Kontakte*** (Berlin: Frank & Timme). Band 4 (2012): Claudia Bliesener: *Wenn Worte zu gefährlich werden … Zensur in der DDR –*

Zensur in Spanien unter Franco. Ein interkultureller Vergleich. Impressum-Seite. [137]

2012 f: **[Interpretation] <Labyrinth auf Buchumschlag und Bandtitel/-thema> von *KKK – Kulturen, Kommunikation, Kontakte*** (Berlin: Frank & Timme). Band 8 (2012): Mareike KÜHN: *<Opera dei pupi>. Sizilianisches Marionettentheater im Wandel.* Impressum-Seite. [138]

2012 g: **[Interpretation] <Labyrinth auf Buchumschlag und Bandtitel/-thema> von *KKK – Kulturen, Kommunikation, Kontakte*** (Berlin: Frank & Timme). Band 9 (2012): Ursula WIEDEMANN: *Biometrie – Stand und Chancen der Vermessung des Menschen.* Impressum-Seite. [139]

2012 h: **[Interpretation] <Labyrinth auf Buchumschlag und Bandtitel/-thema> von *KKK – Kulturen, Kommunikation, Kontakte*** (Berlin: Frank & Timme). Band 10 (2012): Kristin VOIGT: *Informelle Wissenschaftskommunikation und Social Media.* Impressum-Seite. [140]

2012 i: **[Interpretation] <Labyrinth auf Buchumschlag und Bandtitel/-thema> von *KKK – Kulturen, Kommunikation, Kontakte*** (Berlin: Frank & Timme). Band 11 (2012): Christoph SCHUBERT / Teresa PHAM [Hrsg.]: *RaumTexte – Text-Räume. Sprachwissenschaftliche Studien zur Verortung im Diskurs.* Impressum-Seite. [141]

2012 j: **[Interpretation] <Labyrinth auf Buchumschlag und Bandtitel/-thema> von *KKK – Kulturen, Kommunikation, Kontakte*** (Berlin: Frank & Timme). Band 12 (2012): Sabine ROHMIG: *Literarischer Kulturtransfer. Afrikanismen in frankophonen Romanen Schwarzafrikas.* Impressum-Seite. [142]

2012 k: **[Interpretation] <Labyrinth auf Buchumschlag und Bandtitel/-thema> von *KKK – Kulturen, Kommunikation, Kontakte*** (Berlin: Frank & Timme). Band 14 (2012): Belén SANTANA LÓPEZ: *Lachen – Humor – Komik. Eine systematische Interkulturalitätsanalyse. Deutsch und Spanisch.* Impressum-Seite. [143]

2012 l: **[Interpretation] <Labyrinth auf Buchumschlag und Bandtitel/-thema> von *KKK – Kulturen, Kommunikation, Kontakte*** (Berlin: Frank & Timme). Band 15 (2012): Christina HOFMANN-RANDALL: *Das spanische Hofzeremoniell 1500–1700.* Impressum-Seite. [144]

2013 a : **[Interpretation] <Labyrinth auf Buchumschlag und Bandtitel/-thema> von *KKK – Kulturen, Kommunikation, Kontakte*** (Berlin: Frank & Timme). Band 16 (2013): Stephan Theilig: *Türken, Mohren und Tataren. Muslimische (Lebens-) Welten in Brandenburg-Preußen im 18. Jahrhundert*. Impressum-Seite. [145]

2013 b : **[Interpretation] <Labyrinth auf Buchumschlag und Bandtitel/-thema> von *KKK – Kulturen, Kommunikation, Kontakte*** (Berlin: Frank & Timme). Band 17 (2013): Jenny Metzig: *Die Wahrnehmung kultureller Eigenheiten im Zusammenleben bikultureller Paare*. Impressum-Seite. [146]

2013 c : Klaus-Dieter Baumann / Hartwig Kalverkämper: **Vorwort** [zu diesem Band]. In: Baumann, Klaus-Dieter / Kalverkämper, Hartwig [Hrsg.] (2013): **Theorie und Praxis des Dolmetschens und Übersetzens in fachlichen Kontexten.** Berlin: Frank & Timme. (= TransÜD. Arbeiten zur Theorie und Praxis des Übersetzens und Dolmetschens. 63). S. 13–27. [147]

2013 d : **Körperkommunikation als Teil von Translationskultur.** In: Baumann, Klaus-Dieter / Kalverkämper, Hartwig [Hrsg.] (2013): *Theorie und Praxis des Dolmetschens und Übersetzens in fachlichen Kontexten*. Berlin: Frank & Timme. (= TransÜD. Arbeiten zur Theorie und Praxis des Übersetzens und Dolmetschens. 63). S. 51–113. [148]

2013 e : **Die Vagheit versuchen – der Essay: eine Gattung, ihr Dichter, deren Interpretin und ihr Werk.** In: Ruzzenenti, Silvia (2013): *„Präzise, doch ungenau" – Tradurre il saggio. Un approccio olistico al* poetischer Essay *di Durs Grünbein*. Berlin: Frank & Timme. (= TransÜD. Arbeiten zur Theorie und Praxis des Übersetzens und Dolmetschens. 64). S. XVII–XXIII. [7 Seiten] [149]

2014 a : **[Interpretation] <Labyrinth auf Buchumschlag und Bandtitel/-thema> von *KKK – Kulturen, Kommunikation, Kontakte*** (Berlin: Frank & Timme). Band 18 (2014): Marja E. Meinl: *Electronic Complaints. An Empirical Study on British English and German Complaints on eBay*. Impressum-Seite. [150]

2014 b : **Rhetorik und Globalisierung: Herausforderungen an eine Leistungsdisziplin.** In: Ueding, Gert / Kalivoda, Gregor [Hrsg.] (2014): *Wege moderner Rhetorikforschung. Klassische Fundamente und interdisziplinäre Entwicklung*. Berlin – Boston: de Gruyter. (= Rhetorik-Forschungen. 21). S. 725–774. [151]

2014 c: **Die Kulturgeschichte des Tanzes als Kommunikationsgeschichte – ein Streifzug anhand von Bildern aus vier Jahrtausenden.** [Mit einer Galerie von 28 Darstellungen zum Thema ‚Tanz(en)' – von der altägyptischen Wandmalerei bis zum Break Dance]. In: Möpert, Birte (2014): *Die Fachsprache des Tanzes.* Berlin: Frank & Timme. (= Forum für Fachsprachen-Forschung. 112). S. 15–52. [152]

2014 d: **Wissenstransfer und Wissenschaftsvernetzung als Chance der interkulturellen Verständigung.** In: Manerko, Larissa Alexandrovna / Baumann, Klaus-Dieter / Kalverkämper, Hartwig [Eds.] (2014): *Terminology Science in Russia today: From the Past to the Future.* Berlin: Frank & Timme. Verlag für wissenschaftliche Literatur. (= Forum für Fachsprachen-Forschung. 116). S. 35–62. [153]

2015 a: **[Interpretation] <Labyrinth auf Buchumschlag und Bandtitel/-thema> von *KKK – Kulturen, Kommunikation, Kontakte*** (Berlin: Frank & Timme). Band 19 (2015): Michael Scholz-Hänsel / David Sánchez Cano [Hrsg./Ed.]: *Spanische Kunst von El Greco bis Dalí / Arte Español del Greco hasta Dalí. Ambiguitäten statt Stereotype / Ambigüedades en lugar de estereotipos.* Impressum-Seite. [154]

2015 b: **[Interpretation] <Labyrinth auf Buchumschlag und Bandtitel/-thema> von *KKK – Kulturen, Kommunikation, Kontakte*** (Berlin: Frank & Timme). Band 20 (2015): Ramona Jakobs: *Der kultivierte Dialog in der italienischen Renaissance. Eine sprechakttheoretische Analyse des Libro del Cortegiano (1528).* Impressum-Seite. [155]

2015 c: **[Interpretation] <Labyrinth auf Buchumschlag und Bandtitel/-thema> von *KKK – Kulturen, Kommunikation, Kontakte*** (Berlin: Frank & Timme). Band 21 (2015): Bianka Schönbrunn: *Emotionalität in der Berichterstattung deutscher und französischer Tageszeitungen. Ein interkultureller Vergleich.* Impressum-Seite. [156]

2015 d: **Persönliche Erinnerungsorte – eine Initiative für die Wissenschaftsgeschichte.** In: Kalverkämper, Hartwig (2015): *Wissenschaft als Berufung.* Berlin: Frank & Timme. (= Zeit-Zeugnis. 1). S. 9–18. [157]
Online auf der Homepage des Verlages: www.frank-timme.de

2015 e : KALIVODA, Georg / KALVERKÄMPER, Hartwig / UEDING, Gert: **Vorwort der Reihenherausgeber.** (Zur Aktualität der Rhetorik in Geschichte und Gegenwart und dementsprechend zur Konzeption der Reihe *Handbücher Rhetorik*). Berlin – Boston: de Gruyter. S. V–VI. In: [Grundsatz in jedem der geplanten 13 Bände der Reihe]. [158]

2016 a : **Wunden Lateinamerikas – das Leiden der Gesellschaft an sich selbst in Paradigmen. Zwei Länder – zwei Tatbestände: *Rassismus in Peru* und *Frauenmorde in Nordmexico*. Zur Einführung.** In: BUHL, Lisa / WOLF, Katharina-Elisa: *Wunden Lateinamerikas*. Hrsg. v. Hartwig Kalverkämper. Berlin: Frank & Timme (= *KKK – Kulturen – Kommunikation – Kontakte*) [im Erscheinen]. [159]

2016 b : **Quintilian: Lehrer und Redner.** In: ERLER, Michael / TORNAU, Christian [Hrsg.] (2016): *Antike Rhetorik und ihre Rezeption.* [Kap. 2.3. Rhetorische Theorie in Rom]. Berlin – Boston: de Gruyter. (= Handbücher Rhetorik. 1) [im Erscheinen]. [160]

2016 c : **Kulturwissenschaftliche Orientierung in der Fachsprachenforschung.** In: JÄGER, Ludwig / HOLLY, Werner / KRAPP, Peter / WEBER, Samuel [Hrsg.] (2016): *Sprache – Kultur – Kommunikation / Language – Culture – Communication. Ein internationales Handbuch zu Linguistik als Kulturwissenschaft / An International Handbook of Linguistics as Cultural Study.* Artikel Nr. 83. Berlin – New York: Mouton de Gruyter. (= ‚HSK' – Handbücher zur Sprach- und Kommunikationswissenschaft / Handbooks of Linguistics and Communication Science / Manuels de linguistique et des sciences de communication) [im Erscheinen]. [161]

3. Rezensionen

1977 a : GÜLICH, Elisabeth / RAIBLE, Wolfgang [Hrsg.] (1972, ^{2}1975): *Textsorten. Differenzierungskriterien aus linguistischer Sicht.* 1. Aufl. Frankfurt: Athenäum / 2. Aufl. Wiesbaden: Athenaion. (= Athenäum- / Athenaion-Skripten Linguistik. 5). In: *Praxis Deutsch*, Heft 23: „Textanalyse – linguistisch", S. 27–28. [1]

1977 b : POPELAR, Inge (1976): *Das Akademiewörterbuch von 1694 – das Wörterbuch des Honnête Homme?* Tübingen: Niemeyer. (= Beihefte zur Zeitschrift für Romanische Philologie. 152). In: *Romanistisches Jahrbuch* 28, S. 191–195. [2]

1978 : WEINRICH, Harald (1976): *Sprache in Texten*. Stuttgart: Klett. In: *Zeitschrift für französische Sprache und Literatur* 88, S. 178–183. [3]

1980 a : SCHERWINSKY, Felix (1978): *Die Neologismen in der modernen französischen Science-Fiction*. Meisenheim am Glan: Hain. (= Untersuchungen zur Romanischen Philologie. 13). In: *Romanische Forschungen* 92, S. 440– 442. [4]

1980 b : GSELL, Otto (1979): *Gegensatzrelationen im Wortschatz romanischer Sprachen. Untersuchungen zur lexikalischen Struktur des Französischen, Italienischen, Rumänischen und Spanischen*. Tübingen: Niemeyer. (= Beihefte zur Zeitschrift für Romanische Philologie. 172). In: *Romanistisches Jahrbuch* 31, S. 153–159. [5]

1980 c : BAUM, Richard (1976): *„Dependenzgrammatik". Tesnières Modell der Sprachbeschreibung in wissenschaftsgeschichtlicher und kritischer Sicht*. Tübingen: Niemeyer. (= Beihefte zur Zeitschrift für Romanische Philologie. 151). In: *Zeitschrift für französische Sprache und Literatur* 90, S. 289–308. [6]

1981 : LÉON, Pierre / ROSSO, Mario [Éds.] (1980): *Hommages à Georges Faure. Problèmes de prosodie*. I.: *„Approches théoriques"*. Ottawa: Didier. (= Studia Phonetica. 17). In: *Zeitschrift für Romanische Philologie* 97, S. 578– 582. [7]

1982 : TESNIÈRE, Lucien (1980): *Grundzüge der strukturalen Syntax. [Éléments de syntaxe structurale]*. Herausgegeben und übersetzt von Ulrich Engel. Stuttgart: Klett-Cotta. In: *Zeitschrift für Romanische Philologie* 98, S. 420–425. [8]

1984 : KOCOUREK, Rostislav (1982): *La langue française de la technique et de la science*. Wiesbaden: Brandstetter. In: *Romanische Forschungen* 96, S. 125–131. [9]

1985 a : IHLE-SCHMIDT, Lieselotte (1983): *Studien zur französischen Wirtschaftsfachsprache*. Bern – Frankfurt/M.: Lang. (= Europäische Hochschulschriften. Reihe 13: Französische Sprache und Literatur. 83). In: *Zeitschrift für Romanische Philologie*. 101, S. 147–154. [10]

1985 b : DRASKAU, Jennifer / HØEDT, Jørgen [Eds.] (1984): *The World of LSP – II*. Copenhagen: Nyt Nordisk Forlag. In: *Special Language / Fachsprache* 7, S. 158–160. [11]

1987 a : SCHWARZE, Christoph / WUNDERLICH, Dieter [Hrsg.] (1985): *Handbuch der Lexikologie*. Königstein/Ts.: Athenäum. In: *Fremdsprachen und Hochschulen* (Arbeitskreis der Sprachenzentren, Sprachlehrinstitute und Fremdspracheninstitute, ‚aks') 20, S. 160–169. [12]

1987 b : Strosetzki, Christoph (1985): *Balzacs Rhetorik und die Literatur der Physiologien*. Stuttgart: Steiner. (= Akademie der Wissenschaften und der Literatur, Mainz. Abhandlungen der geistes- und sozialwissenschaftlichen Klasse. 1985, Nr. 6). In: *Rhetorik. Ein internationales Jahrbuch* 6, S. 172–174. [13]

1988 : Niederehe, Hans-Josef / Schlieben-Lange, Brigitte [Hrsg.] (1987): *Die Frühgeschichte der romanischen Philologie: von Dante bis Diez. (Beiträge zum deutschen Romanistentag in Siegen, 30. 9.–3. 10. 1985)*. Tübingen: Narr. (= Tübinger Beiträge zur Linguistik. 303). In: *Archiv für das Studium der neueren Sprachen und Literaturen* 140. Jahrgang, 225. Band, 2. Halbjahresband, S. 423–426. [14]

1991 a : Weber, Otto [Hrsg.] (1989): *Fachkommunikation in deutscher Sprache. Ergebnisse, Probleme und Methoden der Fachsprachenforschung*. Leipzig: VEB Verlag Enzyklopädie. (= Linguistische Studien). In: *UNESCO / ALSED – LSP Newsletter* (The Copenhagen School of Economics) 14, Nr. 2, S. 51–60. [15]

1991 b : Kapp, Volker [Hrsg.] (1990): *Die Sprache der Zeichen und Bilder. Rhetorik und nonverbale Kommunikation in der frühen Neuzeit*. Marburg: Hitzeroth. (= Ars Rhetorica. 1). In: *Rhetorik. Ein internationales Jahrbuch* 10, S. 175–177. [16]

1991 c : Ludwig, Otto (1988): *Der Schulaufsatz. Seine Geschichte in Deutschland*. Berlin – New York: de Gruyter. In: *Fremdsprachen und Hochschulen* (Arbeitskreis der Sprachenzentren, Sprachlehrinstitute und Fremdspracheninstitute, ‚aks') 31, S. 100–118. [17]

1992 : Becker, Thomas / Jäger, Ludwig / Michaeli, Walter / Schmalen, Heinrich [Hrsg.] (1990): *Sprache und Technik. Gestalten verständlicher technischer Texte. Konzepte, Probleme, Erfahrungen*. Aachen: Alano Verlag / Rader Publikationen. In: *Info DaF. Informationen Deutsch als Fremdsprache* 19, Nr. 3, Juni 1992, S. 389–398. [18]

1993 : Göttert, Karl-Heinz (1991): *Einführung in die Rhetorik. Grundbegriffe – Geschichte – Rezeption*. München: Fink. (= Uni-Taschenbücher. 1599). ▪▪▪ Kopperschmidt, Josef [Hrsg.] (1990–1991): *Rhetorik*. Zwei Bände: *I: Rhetorik als Texttheorie*. 1990. *II: Wirkungsgeschichte der Rhetorik*. 1991. Darmstadt: Wissenschaftliche Buchgesellschaft. ▪▪▪ Loeb-

BERT, Michael F. [Hrsg.] (1991): *Rhetorik*. Für die Sekundarstufe herausgegeben. Stuttgart: Reclam. (= Arbeitstexte für den Unterricht. Universal-Bibliothek Nr. 15021).
Sammelrezension (3 Bücher) in: *Rhetorik. Ein internationales Jahrbuch* 12, S. 169–172. [19]

1994 a : KRETZENBACHER, Heinz Leonhard (1992): *Wissenschaftssprache*. Heidelberg: Groos. (= Studienbibliographien Sprachwissenschaft. 5). In: *Fachsprache / International Journal of LSP* 16, S. 45–46. [20]

1994 b : BARNETT, Dene (1987): *The Art of Gesture: The practices and principles of 18th century acting*. With the assistance of Jeanette Massy-Westropp. Heidelberg: Winter. (= Reihe Siegen. Beiträge zur Literatur- und Sprachwissenschaft. 64). ▪▪▪ BEHRENS, Rudolf / GALLE, Roland [Hrsg.] (1993): *Leib-Zeichen. Körperbilder, Rhetorik und Anthropologie im 18. Jahrhundert*. Würzburg: Königshausen & Neumann. ▪▪▪ DOERMER-TRAMITZ, Christiane (1990): *... auf den ersten Blick. Über die ersten dreißig Sekunden einer Begegnung von Mann und Frau*. Opladen: Westdeutscher Verlag. ▪▪▪ KORTE, Barbara (1993): *Körpersprache in der Literatur. Theorie und Geschichte am Beispiel englischer Erzählprosa*. Tübingen – Basel: Francke. ▪▪▪ MORRIS, Desmond (1986): *Körpersprache. Bodywatching. [Bodywatching. A Field Guide to the Human Species]*. München: Heyne. ▪▪▪ ROWLAND, Diana (1994): *Japan-Knigge für Manager*. Frankfurt – New York: Campus. ▪▪▪ SCHMITT, Jean-Claude (1992): *Die Logik der Gesten im europäischen Mittelalter. [La raison des gestes dans l'Occident médiéval]*. Aus dem Französischen von Rolf Schubert und Bodo Schulze. Stuttgart: Klett-Cotta. ▪▪▪ SCHNEIDER, Lothar (1991): *Nonverbale Zeugnisse gegen sich selbst. Zur Bedeutung nichtsprachlicher Begleiterscheinungen der Aussage für die forensische Glaubwürdigkeitsbeurteilung*. Tübingen: Attempto. (= Neue Methoden im Recht. 7). ▪▪▪ TRAMITZ, Christiane (1993): *Irren ist männlich. Weibliche Körpersprache und ihre Wirkung auf Männer*. München: C. Bertelsmann. ▪▪▪ WEINRICH, Lotte (1992): *Verbale und nonverbale Strategien in Fernsehgesprächen. Eine explorative Studie*. Tübingen: Niemeyer. (= Medien in Forschung + Unterricht. Serie A. 36).
Sammelrezension (10 Bücher) in: *Rhetorik. Ein internationales Jahrbuch* 13: „Körper und Sprache", S. 131– 169. [21]

1996 : BUNGARTEN, Theo [Hrsg.] (1993): *Fachsprachentheorie*. I.: *Fachsprachliche Terminologie – Begriffs- und Sachsysteme –*

Methodologie. II.: *Konzeptionen und theoretische Richtungen*. Tostedt: Attikon. In: *Fachsprache / International Journal of LSP* 18, S. 36–56. [22]

2007 : Gläser, Rosemarie (2005): *Eigennamen in der Arbeitswelt*. Leipzig: Leipziger Universitätsverlag. (= Onomastica Lipsiensia. Leipziger Untersuchungen zur Namenforschung. 3). In: *Beiträge zur Namenforschung*. N.F. 42, S. 227–247. [23]

Ω

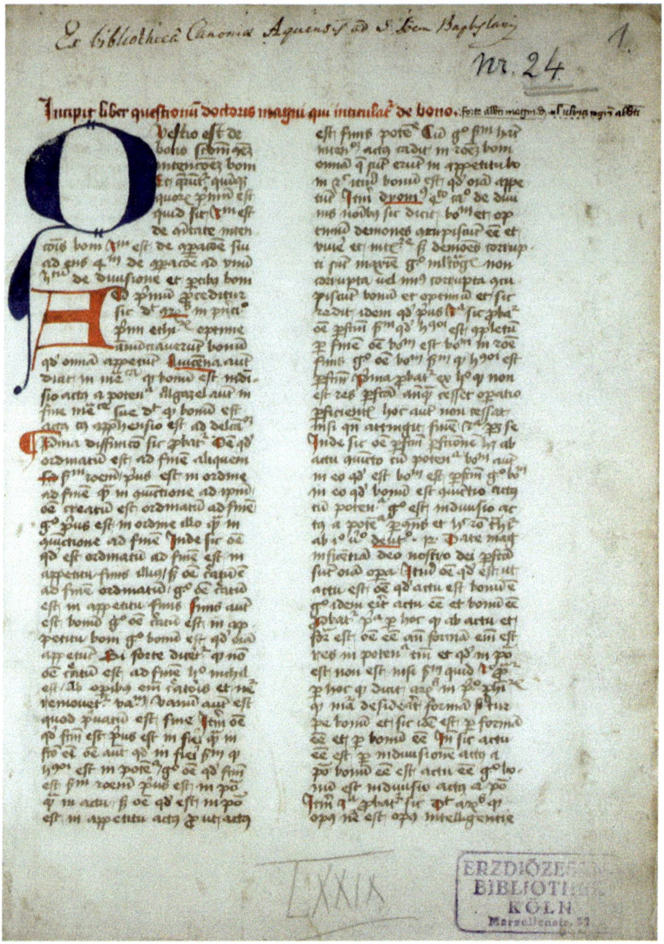

Albertus Magnus (um 1200–1280): ***De bono***
(*Über das Gute*) Codex 1024, folium 1r

Über den Autor

Geboren am 4. Mai 1949 in Essen (NRW). Nach dem Abitur (Latinum, Graecum) am Helmholtz-Gymnasium 1968 studierte Kalverkämper an der Westfälischen Wilhelms-Universität in Münster/W. Germanistik, Romanistik und Klassische Philologie (Griechisch, Latein). Zu seinen akademischen Lehrern in Münster gehörten Wolfgang ROTHE (Romanistik), Jost TRIER (Germanistik), Otto HILTBRUNNER (Latinistik), Heinrich LAUSBERG (Antike und Moderne Rhetorik). Mit der Berufung von Wolfgang Rothe an die Universität Düsseldorf 1972 wechselte Kalverkämper zum SS 1973 als dessen Doktorand dorthin. Nach dem plötzlichen Tod von Wolfgang Rothe (Dezember 1974) übernahm Harald WEINRICH in Bielefeld die Betreuung der Dissertation, woraufhin Kalverkämper im SS 1975 an die Universität Bielefeld wechselte. Kalverkämper promovierte dort (Harald Weinrich, Wolfgang Raible, Wilhelm Voßkamp) im Juli 1976 mit seiner Dissertation *Eigennamen und Kontext*, die dann 1978 als *Textlinguistik der Eigennamen* bei Klett-Cotta publiziert wurde. Die Promotion in Romanistik bestand er mit *summa cum laude*.

Er folgte der Einladung von Wolfgang RAIBLE auf eine Assistentenstelle nach Siegen/W. (zum WS 1976/77), von der er im Zusammenhang der Rufannahme von Raible nach Freiburg/Br. ebenfalls dorthin wechselte. Nach der sechsjährigen Assistentenzeit reichte Kalverkämper im Juli 1984 seine Habilitationsschrift *Fächer und Fachtexte zwischen französischer Klassik und Aufklärung (1650–1750)* ein und habilitierte sich an der Albert-Ludwigs-Universität in Freiburg/Br. Februar 1985 für das Fach Romanische Philologie (*Venia legendi*).

Ihm wurde ein Heisenberg-Stipendium zuerkannt, das er aber wegen angebotener Lehrstuhlvertretungen und Gastprofessuren in Deutschland und im Ausland (Dänemark, Volksrepublik China) nicht antrat.

Seine Mitarbeit im 1985 gegründeten Freiburger Sonderforschungsbereich 321 *Übergänge und Spannungsfelder zwischen Mündlichkeit und Schriftlichkeit* mit seinem Projekt „Historische fachsprachlich-mündliche Kommunikation in der Romania“ beendete er,

als er im Oktober 1988 die Professur für *Deutsch als Fremdsprache, mit Zielgruppe Lateinamerika* an der FernUniversität Hagen übernahm. Dort entwickelte er einen neuartigen Sprachkurs für die Fremdsprachen-Selbsterlernung im Fernstudium, der sich insbesondere an Menschen aus Lateinamerika richtet: *Fernstudienkurs Deutsch. Ein Weg zu wissenschaftlichen, wirtshaftlivchen und kulturellen Kontakten. Ein Kurs für Lerner mit spanischer Muttersprache in Mittel- und Südamerika*; das Projekt wurde mit zwölf Studienbriefen erfolgreich im September 1993 zu Ende geführt (publiziert 1994–1995, 2., überarb. Aufl. 1996).

1993 erhielt Kalverkämper den Ruf an die Humboldt-Universität zu Berlin auf die Professur für *Romanistik (Französisch, Spanisch) und Angewandte Linguistik (Fachkommunikationsforschung [IFK – Interkulturelle Fachkommunikation], Translationswissenschaft) sowie Allgemeine und Romanische Kulturwissenschaft*, die er zum Oktober 1993 antrat.

Im Jahr 1998 wurde er der erste deutsche Ehrendoktor (Dr. h.c.) der Universität Vaasa (Finnland), mit der urkundlichen Begründung: für „Herausragende wissenschaftliche Leistungen auf den Gebieten der Textlinguistik, Fachsprachenforschung, der modernen Kommunikation und Rhetorik“.

Neben seiner Tätigkeit an der Humboldt-Universität wurde er in der Zeitspanne 2000–2003 Leiter des Fachbereichs ‚Interkulturelle Kommunikation / Fachkommunikation: Sprache und Recht / Lexikographie‘ der Accademia Europea Bolzano / Europäischen Akademie Bozen (Italien), den er organisatorisch, wissenschaftlich und arbeitstechnisch betreute; inzwischen heißt der Fachbereich aufgrund seines Vorschlags ‚Istituto di

Comunicazione specialistica e Plurilinguismo / EURAC-Institut für Fachkommunikation und Mehrsprachigkeit'.

Kalverkämper hat sich durch Forschungsarbeiten zur Namenkunde (Onomastik), zur Textlinguistik, zur Fachsprachenforschung, zur Semiotik (insbesondere zur Körperkommunikation), zur Rhetorik und zur Allgemeinen Kulturwissenschaft mit interdisziplinärem Format ausgewiesen.

Er gibt Buch-Reihen heraus zu den zentralen Themen Romanistik (Uni Wissen Romanistik *[Französisch / Italienisch / Spanisch]*), Fachkommunikationsforschung (*FFF – Forum für Fachsprachen-Forschung*), Translationswissenschaft (*TransÜD. Arbeiten zur Theorie und Praxis des Übersetzens und Dolmetschens*), Kulturwissenschaft (*KKK – Kulturen, Kommunikation, Kontakte*), Rhetorik (*Handbücher Rhetorik*) und Wissenschafts- und Geistesgeschichte (*ZeitZeugnis*).

In ca. 170 Aufsätzen hat er sich den verschiedenen Disziplinen und ihrer Vernetzung sowie breiten Fachthemen gewidmet.

Zu seinem 60. Geburtstag wurde ihm eine von seinem Leipziger Freund und Kollegen Klaus-Dieter Baumann herausgegebene zweibändige Festschrift gewidmet: *Fach – Translat – Kultur. Interdisziplinäre Aspekte der vernetzten Vielfalt.* Berlin: Frank & Timme 2011 (1560 S., 2 Bände im Schuber).

Sein Erreichen der Altersgrenze mit 65 Jahren feierte die WissenschaftlerInnengemeinschaft mit einem internationalen Symposium *Identität von Disziplinen* als Verabschiedungs-Festtagung, Berlin, 5. u. 6. Mai 2014, auf der er auch seine Abschiedsvorlesung „Das Verhältnis von Theorie und Praxis bei den wissenschaftlichen Disziplinen" hielt.

Hartwig Kalverkämper wohnt in Berlin, ist verheiratet und hat fünf Kinder (Daniela, Maria-Sibylla, Marilena und die Zwillinge Laurin und Leander).

Janus-Statue, eine Doppelherme, Vatikan-Museum (Vatikanstadt)

Ω □□□□□□□□□ α

ZeitZeugnis. Vitale Historiographien aus den Wissenschaften

Bd. 1 Hartwig Kalverkämper: Wissenschaft als Berufung. 250 Seiten. ISBN 978-3-7329-0195-1

Bd. 2 Richard Brütting: Italien – erlebt, erzählt, erforscht. Von frühen Italienreisen zu Italienischen Kulturstudien. 252 Seiten. ISBN 978-3-7329-0368-9

Bd. 3 Helmut F. Mikelskis: Bachelor and Master of Disaster – Abschied von einem Universitätsstudium als Ort humaner Bildung? 122 Seiten. ISBN 978-3-7329-0383-2

Bd. 4 Ludwig Stockinger: Germanistische Literaturwissenschaft nach der deutschen Einheit. Ein Leipziger Erfahrungsbericht. 318 Seiten. ISBN 978-3-7329-0605-5

Bd. 5 Helen Leuninger: Universum Universität. Akademische Episoden aus fünf Jahrzehnten. 150 Seiten. ISBN 978-3-7329-0675-8

Bd. 6 Jürgen Lehmann: Wege nach Westen – Wege nach Osten. Erinnerungen an eine Jugend in Deutschland. 260 Seiten. ISBN 978-3-7329-0736-6

Bd. 7 Ulla Fix: Sprachwissenschaftlerin zwischen *Ost* und *West*. Erlebnisse, Überlegungen und Erfahrungen. 194 Seiten. ISBN 978-3-7329-0756-4

Frank & Timme